光文社古典新訳文庫

政治学(上)

アリストテレス

三浦 洋訳

kobunsha classics

光文社

Title : ΤΑ ΠΟΛΙΤΙΚΑ

Author : ΑΡΙΣΤΟΤΕΛΗΣ

凡例

一　本訳の底本としたのは、Oxford Classical Texts (OCT) に収められているロスの校訂本：Ross, W. D., *Aristotelis Politica*, recognovit brevique adnotatione critica instruxit W. D. Ross, Oxford, 1957 である。訳文の下部にある数字とアルファベットは、十九世紀にドイツで刊行されたアリストテレス全集（通称「ベッカー版」）における当該箇所の頁・欄・行を示す参照番号で、参照箇所を指定する場合はこの参照番号を用いる。なお、底本と異なる読み方をした箇所は注に明記した。

二　注にアルファベットの略号で示す出典は以下の通りである。

D……Diehl, E., *Anthologia Lyrica Graeca*. 2Bde., 2. Ausgabe, Leipzig, 1936–1942.

K……Kock, T., *Comicorum Atticorum Fragmenta*, 3Bde., Leipzig, 1880–1888.

N……Nauck, A., *Tragicorum Graecorum Fragmenta* , 2.Ausgabe, Leipzig, 1889 : reprinted with Supplementum continens nova fragmenta Euripidea etc., ed. Snell, B., Hildesheim, 1964.

DK……Diels, H., und Kranz, W., *Die Fragmente der Vorsokratiker*. 3Bde., Berlin, 1951–1952.

三　底本に注はなく、付せられた注はすべて訳者によるものである。

四　各巻・各章の内容を示す見出しと目次、訳文中の太字の見出しは訳者が付したものである。

五　記号等の使用については以下の通りである。

「　」……ひとかたまりの語句の単位を示したり、語句を強調したりする場合に用いる。

『　』……書名や作品名を示す場合に用いる。訳注で著者名を付さずに示したものは、すべてアリストテレスの著作である。

（　）……底本で丸括弧となっている場合、または、語の意味を訳者が補足説明する場合に用いる。

［　］……底本にはないが、訳者が補足として挿入した場合に用いる。

〈……〉……底本の原文に欠落がある場合に用いる。

傍点……「解説」において訳者が語句を強調したい場合に用いる。

六　訳文中の改行は、必ずしも底本に従わない。また、底本にはないが、論点を整理するため、「第一に……第二に……」などと語句を補う場合がある。

七　ギリシャ語のカタカナ表記については、固有名詞を除いては母音の長短を区別し

(例：デーミウールゴス、ポリーテイアー)、固有名詞、または短い母音表記が一般的な語句は短母音に統一する(例：ソークラテースではなくソクラテス、アゴラーではなくアゴラ)。また、χはκと区別せずk音として扱い、θはτと区別せずt音として扱う。ただし、φはp音ではなくf音として扱う(例：デルポイではなくデルフォイ)。

八　ギリシャ神話の内容は、ホメロスの『イリアス』と『オデュッセイア』、ヘシオドスの『神統記』、アポロドロスの『ビブリオテーケー』、オヴィディウスの『変身物語』など多くの作品に含まれているが、注や「解説」で参照したり、引用したりする場合は一括して「ギリシャ神話」と称し、個々の典拠は挙げない。

アリストテレス『政治学（上）』＊目次

第三巻　国家、国制、市民の関係　251

訳者まえがき

「人間は自然本性的に国家を形成する動物である」という名言は、古代ギリシャの哲学者アリストテレス（紀元前三八四—前三二二年）が残したものですが、この『政治学』の第一巻第二章にあります。読み始めると、数頁進んだところで出会うでしょう。もっとも、この新訳で「国家を形成する動物」と訳した部分は、従来、「国家的動物」、「ポリス的動物」、「政治的動物」と訳されることもあったため、なぜ多様な和訳が可能なのかを最初に説明しておきます。

古代ギリシャに存在したアテナイやスパルタなどの都市国家は、「ポリス」と呼ばれていました。アテナイの場合、全盛期の紀元前五世紀の全人口は二、三十万人程度で、領土の面積は佐賀県くらいだったと推測されていますので、規模では現代の典型的な国家に及びません。共同体としての成り立ちにおいても、近代的な国家の概念には収まりにくい点が多々ありますが、一つの地域の人間集団が政治的支配によってまとまっていたという、極めて緩やかな意味で「ポリス」は「国家」ととらえられます。

何より、「政治」を意味する英語の politics は、本書の原題「タ・ポリーティカ」と同じく、もともとは「ポリス」の形容詞形であり、「国家に関するさまざまな事柄」を意味します。したがって、本書を『国家学』ないし『国家論』と呼ぶことも十分に可能ですが、訳者は『政治学』という伝統的な書名に従った上で、「ポリス」から派生した形容詞を訳す際は、「国家を運営する」、「国家を形成する」などと表現し、「政治」あるいは「政治的」という語の使用は最小限にとどめました。そこには、家の政治である「家政」から、国家の運営を明確に区別するという意図もあります。

また、本書の大部分を占める内容からすれば、『国制論』という書名で呼ぶことも可能だと思われます。アリストテレスは第四巻第十一章で、「ある意味では、国制は国家にとっての生き方」であると述べていますが、政治学の実践的な目的が最善の国家の実現である以上、主要な課題は「最善の国制」の探究になるわけです。これは、アリストテレスの師プラトンが『国家』と『法律』の両著作で「最善の国制」を考察したことへの、批判を含んだ応答の試みでもあります。

ところが、「最善の国制」の探究との関連で、全八巻（この新訳では〈上〉第一―四巻、〈下〉第五―八巻に分割)の『政治学』の構成には問題点が指摘されてきました。それは、次に示す標準的な①の配列よりも、②の配列の方がよいという、一部の研究者の主張に集約されます。

① 第一―三巻→第四―六巻→第七―八巻
② 第一―三巻→第七―八巻→第四―六巻

このように二通りの配列が提案された理由は複雑なため、「解説」であらためて述べますが、大まかにいうと、「最善の国制」に関する考察の序文に当たる論述が、第三巻の最終第十八章、第四巻第一章、第七巻第一章の三カ所に見られることにあります。つまり、古来の①の配列に固執せず、②を採用しても第三巻第十八章と第七巻第一章を接続させることができ、むしろ議論の流れとして①より自然だとの見方があるということです。しかし、実際には①も②も難点を抱えています。それゆえ、本書を読み進める際には、全八巻が次のような分岐構造になっていると想定し、三つのグループは緩やかに関連し合っていると考えるのがよいでしょう。

第一―三巻（国家共同体論の原論）
第四―六巻（現実的な最善の国制の探究）
第七―八巻（理想的な最善の国制の探究）

ここでいう「現実的な最善の国制の探究」とは、第三巻第七章で示される六種類の国制を基盤にした探究を指し、「理想的な最善の国制の探究」とは、特定の国制の種類にこだわらない純理論的な探究を指します。六種類の国制は、次の通りです。

〈支配者数での分類〉	〈正しい国制〉	〈逸脱した国制〉
単独者による支配	王制	独裁制（僭主《せんしゅ》制）
少数者による支配	貴族制（最優秀者支配制）	寡頭制
多数者による支配	共和制	民主制

民主制が〈逸脱した国制〉に含まれていることは意外に思われるかもしれませんが、

これは、『政治学』の前篇に当たる『ニコマコス倫理学』第八巻第十章で既に述べられていました。しかし、『政治学』第四―六巻では、民主制と他の国制との混合が推奨され、より優れた国制のあり方が模索されます。

この（上）第一―四巻の主部となるのは、家の発生から国家共同体の形成に至る自然発生論（第一巻）を基礎に置き、先人の国家論などの吟味（第二巻）を経て、「国家とは何か」、「市民とは何か」と原理的に問う政治学の原論（第三巻）ですが、第一巻には経済学に関わる内容も含まれます。「知の巨人」アリストテレスが、財産、貨幣、金融に向ける眼差しは鋭く、自然に基づく家政学の観点からの経済学批判が展開されるのです。その自然主義的な政治経済思想に普遍性があればこそ、現代のロールズとサンデルの正義論、センとヌスバウムの能力論をはじめ、近世のホッブズ、モンテスキュー、ルソー、ヘーゲル、マルクスなどの社会哲学に影響を与えたわけです。

ちなみに、訳者の印象に残った本書の言葉をつなぎ合わせると、「人間は、民主制国家の運営者を籤引《くじ》きで決め、全員が公費で共同食事を行う動物である」となります。何だか、近未来のポリスのようではありませんか？　政治哲学の古典中の古典が提示する多様な国家像は、なお現代に教訓と模範を指し示してくれることでしょう。

政治学（上）

第一巻　共同体についての緒論と家政論

第一章　最高の共同体としての国家

善の中で最高のものを目指す

1252a

およそ国家[1]というものは、私たちが目《ま》の当たりにしているように、どれもが一種の共同体であり、どの共同体も何らかの善のために形成されている。それは、万人が、善いと考えた目的のために万事を行うからにほかならない。それゆえ、多くの共同体のすべてが何らかの善を目指していることは明らかだけれども、とりわけ、あらゆる善の中で最高のものさえも目指すのが、他の一切の共同体を包括する最高の共同体である。これこそが国家と呼ばれるものであり、すなわち国家共同体である。

したがって、共同体（共同関係）[2]ならばみな同じはずだと考え、［市民による］国家[3]の支配でも、王国の支配でも、家の中の支配でも、主人の奴隷に対する支配でも、支配者というものは変わらないと思って主張を展開する人々は適切さを欠いている。なぜなら、そうした人々は、それぞれの共同体の違いが被支配者の数の多寡にあると考え、質的に種類の異なる共同体だとはとらえないからである。すなわち、被支配者が少なければ主人の奴隷に対する専制的支配となり、やや多くなれば家の中の支配、もっと多くなれば国家か王国の支配になるというように考え、大きな家と小さな国家に違いはないととらえているのである。さらに、国家と王国の違いをとらえるときにも、支配者が自分ひとりで権力の座に就けば王国になり、権力者に必要な知識の諸箇条に基づきながら支配者と被支配者が交替で権力の座に就けば国家になるというように、支配者の数の違いに帰しているのであるが、いずれも真実ではない[4]。

1　原語は polis で、古代の都市国家を指す。文脈によって意味内容の中心が変わるため、「国家」、「都市」、「首都」と訳し分ける。

2　原語は koinōniā。人間同士が関わり合う「共同関係」を意味するが、その関係によって形成される「共同体」も指す。「解説」参照。

3　原語は politikon で、「国家的」を意味する形容詞だが、自然な文になるよう名詞形で訳した。この段落で言及される「国家」は、市民が交替で支配する「共和国」とも解釈でき、その場合、politikon は「市民的支配」を含意する。本巻第七章注3、第二巻第六章注21、第三巻第十八章注2参照。

要素に分ける探究方法

いま述べたことは、これまで私たちを導いてきた探究方法に従って考察すれば明確になるだろう。すなわち、国家以外の事物であっても、要素の結合から成る場合は、結合されていない要素へと分ける必要がある（すなわち、分けられた要素が、全体を構成する最小の部分である）。同様に国家の場合も、〔市民や奴隷などの〕構成要素について考察すれば、それらの要素同士がどう異なるかということ、また、先に述べた国家の支配、王国の支配、家の中の支配、主人の奴隷に対する支配のそれぞれについて、支配者が持つべき何らかの支配術を得られるかどうかということも、いっそうよく見えるようになるだろう。

4　プラトン『政治家』二五八E—二五九Cでは、どの共同体の支配者も同一の知識を持つゆえに違いはないという議論が展開されており、それに対する批判とも考えられる。

5　以下で説明されるように、全体と部分の関係を考察する方法。国家を含め、自然的に形成された事物のすべてがこの方法で解明されることは、本書で繰り返し述べられる。

第二章　国家に至る共同体の自然発生

家の発生

そこで、いま私たちが研究対象にしている［共同体という］事物について、どのように自然発生するか[1]を最初のところから見てゆけば、他の自然発生物の場合と同様に最善の方法でそれらを研究できるだろう。

まず、互いに相手を必要とし、相手なしでは生きられない者同士が一対の組になるのは必然である。例えば、生殖のために男性と女性は組になる（これもやはり、人間に特有の意図的な行為ではなく、他の動物や植物の場合と同様、自分自身と似たような他の個体を残したいという欲求を持つことは自然的なのである）。また、自然的な性質に基づいて支配者になる者と被支配者になる者とが、互いを活かして生存するために組になる場合もそうである。つまり、知性によって先を見通せる者こそが自然的な支配者であり、主人になる性質の者である。他方、その見通された事柄[2]を、身体に

a30

よって仕事として行える[3]者が被支配者、すなわち、自然的に奴隷になる性質の者である。それゆえ、同一の事柄が、主人のためにもなれば、奴隷のためにもなるわけである。

このようなことから、女性と奴隷との間にも区別があり、それは自然的な性質に基づく。なぜ女性と奴隷の性質が異なるのかといえば、自然は一つの目的のために一つのものを作るからであり、鍛冶屋がデルフォイで使う小刀[4]を万能用に作るような貧乏性の振る舞いをしないからである。実際、人間が作る道具の一つ一つも、多くの働きに奉仕するのではなく、自然発生物と同様に一つの働きに奉仕するとき、最も見事に目的を達するだろう。

1252b

1　原語は phyomena。本章の重要語である「自然（physis）」の同系語がここから使われている。
2　ロスは tauta を削除しているが、写本通りに読む。
3　ロスは ponein（苦労して行う）と修正しているが、写本通りに poiein と読む。
4　詳細は不明だが、アテナイの北西に位置する聖地デルフォイの神殿では動物の供犠が行われたことから、屠畜のほか、皮を剝いだり肉を切ったりするのに同じ小刀が使われたと推測される。この推測に基づいて「万能用に作る」と訳した。

それに対し、ギリシャ人以外の民族のところでは、女性と奴隷が同じ地位にある。その原因は、自然的に支配者になる性質の者が異民族には存在しないため、共同体が女性の奴隷と男性の奴隷から成ることにある。[5]それゆえ詩人たちは、「ギリシャ人が異民族を支配するのは十分にありそうなこと」[6]と語るのであり、要するに、異民族であることと奴隷であることは、自然的な性質の点で同じだというのである。

かくして、男性と女性、主人と奴隷という二つの共同関係から最初に発生するのが家である。それゆえ、ヘシオドス[7]が詩の中で「［農民が］最初に持つのは、家と妻と耕作用の牛」[8]と語ったのも正しい。なぜなら、貧しい者にとっては、牛が家内奴隷の代わりになるからである。

以上のように、毎日の生活のために自然的に形成された共同体が家なのであり、家の構成員たちのことを、カロンダス[9]は「穀櫃《こくびつ》[10]をともにする者たち」、クレタのエピメニデス[11]は「秣桶《まぐさおけ》をともにする者たち」と呼んでいる。

村の発生

それに対し、さらなる必要性のために、多くの家から形成される最初の共同体が村[12]

であるが、その必要性とは、いま述べたような毎日の生活のためということではない。[13] 最も自然的に生じた村は、一つの家から分家して形成された場合だと推察され、そのような場合、「乳をともにする者たち」と呼ばれる子や孫から構成される村になるのである。

---

5 見かけ上は奴隷を支配する主人がいるとしても、その人物は支配者になるべき性質を持っていないゆえに、実質的には奴隷だけが存在するという意味であろう。
6 紀元前五世紀の悲劇詩人エウリピデスの『アウリスのイフィゲネイア』一四〇〇におけるイフィゲネイアの台詞。
7 紀元前七〇〇年頃に活躍したと推測される叙事詩人。
8 ヘシオドス『仕事と日々』四〇五。
9 紀元前六世紀にシチリア島で活躍した立法家。
10 正確にはパンや小麦粉を貯蔵する容器のことだが、それに近い和語を採用した。
11 伝説的な予言者で、紀元前六〇〇年頃か五〇〇年頃に活動したらしい。クレタは地中海東部の島。
12 従来の訳語に従ったが、「集落」あるいは「村落」と訳すこともできる。
13 明示されてはいないが、例えば、血縁関係を持つ一族の互助や繁栄のために必要だという意味であろう。

そして、最初の頃の国家が王国であったことや、現在もなお、いくつかの民族の国家が王国であることも、同じ発生原因に基づく。[14] つまり、もともと「家長という」王が支配していた家が多数集まってできたからである。どの家も長老が支配する王国であり、その結果、分家してできた家々も血縁上の同族であるゆえに同じ状態になるわけである。まさにこれこそ、「めいめいが子どもたちと妻たちを支配している」[15]とホメロスが述べる通りである。こうなった理由は、ホメロスによれば「村を形成せずに」分散して暮らしているからだが、現実にも、古い時代の人々は分散した仕方で居住していたのである。さらには、神々さえも王制によって支配されていると、誰もが主張する。[16] それは、人間たち自身も現在なお王制の支配下に置かれているか、あるいは、古い時代に王制があったかのいずれかに起因する。つまり、人間たちは神々を擬人化して姿も似せてしまうが、それと同様に、神々の生き方まで似せてしまうのである。

国家の発生

そして、多くの村から形成される究極の共同体が国家である。いわば国家は、あらゆる意味での自足[17]を既に極限まで達成した共同体であり、そもそもは生きるために発

b20

b30 生したのだが、善く生きるために存在しているのである。それゆえ、あらゆる国家は、その基礎になった最初の二つの共同体（家と村）も自然的に発生した以上、自然的に存在していることになる。

つまり、国家は最初の二つの共同体にとっての究極目的であり、一般的には、自然本性こそが自然発生物にとっての究極目的なのである。なぜなら、人間でも馬でも家[18]でも同じであるが、発生過程を経て形成される個々のものは、発生が完結して究極目

14　前段落では多くの家から村が形成されると述べられたのに対し、この段落では、村の段階を経ずに多くの家から王国が形成される理由が説明される。

15　ホメロス『オデュッセイア』第九歌一一四―一一五。一つ目の巨人キュクロプスが個々に離れて暮らし、公共の広場（アゴラ）や法律を持たないようすを描写した箇所のため、村を形成しない例として引用されたと考えられる。

16　最高神ゼウスを神々の王に見立てているという意味であろう。本巻第十二章一二五九b一四では、ゼウスが「すべてのものの王」と表現されている。

17　『ニコマコス倫理学』第一巻第七章一〇九七b六―一六では、自足が幸福の条件の一つに挙げられているが、ここでは幸福（善く生きること）の条件の総体を意味している。なお、国家の自足については本書第七巻第四章で論じられる。

的に達したときに完成状態となり、その個々の完成状態こそが人間や馬や家の「自然
本性」だと私たちはいうからである。
さらに、一般的には、発生の究極目的として目指されるものは最善の状態であり、
共同体の場合でいえば、「自足」が究極目的かつ最善の状態なのである。
1253a したがって、以上から明らかなように、国家は自然的に存在するものに属する。そ
して、明らかに、人間は自然本性的に国家を形成する動物である[19]。それゆえ、もしも
何らかの偶然の結果ではなく、自然本性が原因で国家に帰属しない者が存在するなら、
その者は人間として劣悪な存在か、人間を超えた存在かのいずれかであろう。それは
ちょうど、「同胞を持たず、市民規範を持たず、家庭を持たない者[20]」とホメロスも非
難するような者であって、自然本性的にそのような性質の者は、好戦的で争いたがる
性質も同時に持つのである。それはあたかも、将棋の駒が他の駒との連携を失い、孤
立して戦うほかなくなったときのようである[21]。

言葉の役割

では、なぜ人間が、あらゆる種類の蜂や群生動物のすべてにも優り、国家を形成す

る動物になっているのかといえば、その理由は明らかである。すなわち、私たちが常々述べているように「自然は何も無駄には作らない」[22]のであり、動物の中で人間だけが［自然の作った］言葉を持つからなのである。

確かに、声だけならば、苦や快を示すしるしであるゆえに人間以外の動物にも備わっている（つまり、声を持つ動物の自然本性は、苦と快の感覚を持ち、その感覚を互いにしるしで伝え合うところまでは達している）。それに対して、言葉の役割は、有益性と有害性を明示するところにあり、したがってまた、正義と不正も明示できる　a10

18　最初の共同体としての家は自然発生物であるゆえに人間や馬と並列されている。しかし、建造物としての家の場合も、『自然学』第二巻第八章一九九a一二―二〇で説明されるように、完成状態が家の本性を持つことに変わりはない。

19　『ニコマコス倫理学』第一巻第七章一〇九七b一一にも同じ記述があり、そこでも国家の自足が論題にされている。

20　ホメロス『イリアス』第九歌六三。

21　どのような将棋なのかが不明なため、大意を推測して訳した。

22　『動物部分論』第二巻第十三章六五八a八―九をはじめ、アリストテレスの自然哲学の著作に頻出する句。

のである。なぜなら、善と悪、正義と不正などの感覚を人間だけが持つことこそ、他の動物と対比される固有の特性だからである。つまり、「言葉による」善と悪、正義と不正などの共有が、家や国家を作り出すのである。

国家は個人より自然本性的に先である

また、共同体の発生順ではなく、自然本性的な序列からいえば、国家の方が家や個人(私たちの一人一人)より先なるものである。なぜなら、全体は必然的に部分より先なるものだからである。例えば、身体の全体が滅びたならば、足も手も存在しなくなるだろう(ただし、石で作られた像の一部を「手」と呼ぶときのように、名前だけの「手」である場合は話が別で、死体の「手」もその種のものになるだろう)。すべてのものは働きによって、すなわち力によって定義されるのだから、死体の手や石の手のようなものは、生きた手と同じだというべきではなく、名前だけが同じだというべきなのである。

以上より、国家は自然的に存在すること、かつ、個人より先なるものであることが明らかとなった。つまり、個人は国家から切り離されると自足できない以上、個人と国家の関係は、他の事物における部分と全体の関係と同様だということになるわけである。他方、国家に参加する能力がないか、もしくは、既に自足しているゆえに何も必要としない者は、国家のいかなる部分にもならないから、それは獣であるか、あるいは神である。

それゆえ、獣でも神でもない限り、どの個人のうちにも、自足に必要な国家共同体を求める欲求が自然的にある。とはいえ、国家共同体を最初に構築した者こそ、最大の善の原因になった人物である。なぜこう述べるかというと、人間は、完成状態に達すれば動物の中で最善の存在になるが、それだけにまた、法と裁きから離れれば万物の中で最悪の存在になりもするからである。つまり、不正が武器を手にすると、最大の脅威になるわけである。人間は生来、思慮と徳が利用するための武器[23]を持っているが、それらの武器は、正反対の悪徳の発揮にも最大限に利用しうる。したがって、徳を欠けば、人間は最も不敬虔で最も野蛮な存在になり、性欲や食欲に関わる行動においても劣悪さを極めるのである。しかし、正義は国家的に実現されるものである［か

a30

23　比喩的な用語法で、人間のさまざまな能力を指すと考えられる。

ら、個人の不正を抑止できる」。なぜなら、裁きこそが国家共同体の秩序であり、裁き[24]とは正義に関する判定にほかならないからである。

24　ロスは dikaiosynē（正義）と修正しているが、写本通りに dikē と読む。

第三章　家政の部分

家人同士の三種類の関係

国家を構成する部分としての共同体（家と村）のことは明瞭になったので、最初に家政について述べなければならない。なぜなら、どの国家も複数の家から構成されているからである。そして、家政にも部分が存在し、それらの部分は、家というものを成り立たせている「家人同士の関係という」単位へと、さらに分割したものに対応する。

家は、究極的には複数の奴隷と複数の自由人から成り立っていることになるが、まずは「家人同士の関係という」最小単位に分割し、その各部分について探究するべきである。家の場合、基礎的な最小単位となるのは主人と奴隷、夫と妻、父親と子どもたちの関係であるから、これらの三種類について、それぞれの関係とはそもそも何かということ、また、どのような性質の関係であるべきかということを考察しなければ

1253b

ならないだろう。すなわち、これらの関係の各々に対応する家政術として考察されるのが、第一に、主人の奴隷に対する支配術、第二に、結婚生活の術（妻と夫の結び付きを表す名称がないので、こう呼ぶ）、そして第三に、子どもをもうける術[1]（これを指す固有の名称も存在しないので、こう呼ぶ）である。

そこで、家政術には、いま述べた三種類の術が部分として存在するものとしよう。しかし、これら以外に家政術の部分が存在するという見解を持つ人々がおり、その部分こそが家政そのものだと考える人々もいれば、その部分こそが家政の最大の部分だと考える人々も存在する。その部分が実状としてどうなのか、この点については考察を要するわけだが、その部分とは、財貨の獲得術（金儲けの術）[2]と呼ばれるもので

1　生殖よりも、父親から息子への後継のための「後継者をもうける術」を意味し、本巻第十二章一二五九a三八では「父親の術」と呼ばれた上、第七巻第十六章でその問題が論じられる。

2　本巻第八―十一章で論じられる。「家政」の原語 oikonomiā は、「経済」を意味する英語 economy の語源であるが、財貨を獲得して経済的に豊かになることこそ家政の本旨だとする思想が古代にもあったことを、この記述が伝えている。

ある。

しかし、まずは主人と奴隷の関係について論述してゆこう。その目的は、日常生活に欠かせないという意味での必要性の観点から両者の関係を知ることにある。さらには、主人と奴隷の関係を理解する上で、現在の考え方を改善しうるような何らかの認識を得られるかどうか、確かめることも論述の目的となる。なぜこう述べるかというと、ある人々の見方によれば、主人の奴隷に対する支配術は一種の知識であり、この議論の始めでも述べたように[3]、家政でも、主人の奴隷に対する支配でも、国家の支配でも、王国の支配でも、支配術はみな同じだという見解があるからである。他方、主人の奴隷に対する支配は自然に反するという見方をする人々もおり、その理由として、奴隷と自由人に分けられるのは人為的な取り決めによるという点を挙げる。つまり、両者は自然的には何ら異ならないのだから、強制的に分けられているにすぎず、正しいことではないと考えているのである。

b20

3　本巻第一章一二五二a七―一六で述べられている。

第四章　家政の道具としての奴隷

命を持つ道具

さて、所有財産は家の部分であり、それに対応して財産の獲得術[1]も家政の部分だということになる（なぜなら、日常生活に必要不可欠なものがなければ、生きることも、善く生きることも不可能だからである）。それゆえ、家政術を行使する者にも固有の道具がなければならないのであるが、それはちょうど、一定の目的を持つ術が仕事を完遂しようとすれば、それに固有の道具が存在しなければならないのと同様なのである。

そこで、道具について考えると、道具には、命を持たないものと、命を持つものとがある。例えば、航海術を実践する船長にとって、舵は命を持たない道具だが、見張り役の水夫は命を持つ道具である。すなわち、手下の者は、種類からいえば、当の術にとっての道具に含まれるのである。このように、命を持つ手下も道具に含まれる上、およそ所有物というものは生活のための道具であるから、結局のところ、所有財産は生活の道具の総体であることになる。したがって、「主人に所有されている」奴隷は命を持つ所有物の一つであり、奴隷を含め、あらゆる手下（命を持つ道具）は、いわば多くの道具の中でも筆頭の道具なのである。

なぜ手下が筆頭の道具として必要不可欠なのかを理解するには、命を持たない道具のそれぞれが使い手から命令されて、あるいは命令されるだろうと予知して、その仕事を自ら完遂する能力を持つという、ありえない事態を仮定してみればよい。それはちょうど、ダイダロス[2]の作った彫像とヘファイストス[3]の作った鼎《かなえ》が「ひとりでに、神々の集う場に入り込んできた」[4]と詩人が語るようにして、織機《しょっき》の梭《ひ》が自分で布を

1　原語は ktētikē。「所有術」とも訳せるが、財産を所有するにいたる獲得の過程に焦点が合わせられているため、こう訳した。

2　アテナイの伝説的な名匠。『魂について』第一巻第三章四〇六b一八―一九には、木製のアフロディテ像を動かそうとして水銀を注入したという伝聞が記されている。

3　ギリシャ神話の鍛冶の神で、ゼウスとヘラの子。

4　ホメロス『イリアス』第十八歌三七六。

1254a 織り、竪琴の撥《ばち》が自分で音を鳴らすような事態である。もしもこのような事態が現実にあったならば、大工の棟梁には手下が要らず、主人には奴隷が要らなかったことだろう。

実践のための手下

ところで、所有財産は道具の総体だと述べたが、一般に「道具」の名で呼ばれるものは何かを制作するための道具であるのに対し、所有物は何かを実践するための道具である。例えば、織機の梭の場合、使用されることとそれ自体の他に、制作物として布という別のものが生じるのに対し、衣服や寝椅子の場合、使用されるだけである。さらに、実践と制作は、種類の違う活動でありながら両方とも道具を必要とするので、必然的に、実践のための道具と制作のための道具も、同じく種類上の違いを持つことになる。この違いを踏まえると、生活というのは実践であって制作ではないから、奴隷もまた、実践のための手下だということになるのである。

また、所有物は、部分について語るときと同じような仕方で語られる。すなわち、「AはBの部分である」と語るとき、AとBが部分と全体の関係にあることだけではなく、Aの存在が完全にBに帰属していることも意味するわけであるが、所有物（奴隷）と所有主（主人）の関係も同様である。それゆえ、かたや主人について「奴隷の主人」と語るときには、所有物と所有主の関係を意味するだけで、主人が奴隷に帰属することを意味しない。しかし、かたや奴隷について「主人の奴隷」と語るときは、両者の関係を意味するにとどまらず、奴隷の存在が完全に主人に帰属していることも意味するのである。[6]

以上より、奴隷の自然本性とはどのようなものか、また、奴隷の能力とはどのようなものかが明らかとなった。すなわち、人間でありながらも、その自然本性ゆえに、自分が自分自身の所有物ではなく、他者の所有物になる者、これが自然本性的な奴隷[7]

5　本章が示すような手下も含めた意味での道具。人間が行う活動を、観想、実践、制作に三分割するアリストテレスの思想では、哲学的な観想だけが道具を必要としない。

6　邦訳では「の」で表されるギリシャ語の名詞の属格が、単に関係を示す場合と、帰属も含めて示す場合が区別されている。「奴隷の主人」は「プラトンの兄」のように前者であり、「主人の奴隷」は「プラトンの手」のように後者である。

7　アリストテレスの奴隷論をめぐる問題については「解説」参照。

である。つまり、人間ではあっても誰かの所有物になっている人間は他者に帰属しているのであり、この所有物は実践のための道具であるとともに、「命を持つゆえに」所有主から離れて動ける道具なのである。[8]

8
最後の文は、事実上、類と種差を明示した奴隷の定義である。「所有物」が類、「命を持つ」と「実践のための道具」が二つの種差になっており、本章全体がこの三点をめぐる議論で構成されている。

第五章　隷従は自然に反するか

自然全体の支配と被支配

いま「自然本性的な奴隷」と述べたが、次に考察しなければならないのは、そのような者が自然的に存在するのかどうかということである。また、ある者にとっては奴隷として隷従するのがより善いことで、正しいことでもあるといった事態があるのかどうか、あるいは、あらゆる隷従[1]は自然に反するものなのかという問題を考察しなければならない。

この問題に取り組む場合、論理的に研究するのも、現実に起こっていることから理 a20
解するのも、困難ではない。なぜなら、第一に、支配することと支配されることは、必要不可欠であるばかりではなく、支配者と被支配者の双方のためにもなるからである。それゆえ、生まれたときから既に、ある者は支配される側へ、ある者は支配する側へというように分けられている場合もある。さらには第二に、支配する側のものにも、支配される側のものにも多くの種類があり、とくに支配される側のものが優れた種類のものであればあるほど、支配それ自体も優れたものになるのが常である。例えば、人間が獣を支配することに比べ、人間が人間を支配することの方が優れているのである。というのも、一般に、より優れたものによってなし遂げられる働きは、より優れた働きになるのであるが、いま述べているように、かたや支配し、かたや支配される場合には、その両者がいてはじめてなし遂げられる何か一つの働きが存在する［ゆえに、支配者だけではなく被支配者も重要になる］からである。

すなわち、およそ複数の要素（それらは、連続していても、分離されていてもかまわない）[2]から構成されているものは、要素の共同によって何か一つの働きを実現しているとき、その内部では支配するものと支配されるものに分かれているようすが総じて明瞭に見られる。そして、こうした支配と被支配の関係が、命を持つものの内部に

1　原語は douleia。従来は「奴隷制」と訳されることが多かったが、ここでは、強制力を伴う国家制度のようなものを述べているのではない。ある個人が隷従する、すなわち奴隷になることが自然に即するか、それとも反するかという問題設定である。

2　複数の要素が連続している例は、後述される魂と身体、分離されている例は、主人と奴隷。

も存在するのは、この支配関係が自然の全体に由来するからにほかならない。実際のところ、自然物の中で生を持たないものにさえも一種の支配が存在し、例えば、和音[3]における根音の支配などがそうである。

生き物に見られる支配関係

しかし、和音のように生を持たないものは、おそらく目下の考察の範囲外にあるから、生を持つものについての考察に絞れば、第一に、生き物は魂と身体から成る。このうち魂は支配するものであり、身体は支配されるものであるが、この支配関係は自然的である。第二に、自然的に存在するものについて考察するときには、自然本性をより善く保持しているものを対象とするべきであり、自然本性が損なわれたものを対象とするべきではない。それゆえ、人間の研究を行う場合も、身体に関してであれ、魂に関してであれ、最善の状態にある人間を対象にするべきであり、そうすることによって、魂が身体を支配する関係が明確になる。なぜこう述べるかというと、「放縦などのように」劣悪な性質の人間たち、あるいは一時的に劣悪な状態にある人間たちに関しては、その劣った状態と反自然性ゆえに、しばしば身体が魂を支配していると

1254b

考えられるようになるからである。

このように、まず何よりも生き物（魂を持つもの）の内部において、主人の奴隷に対する支配も、国家の支配も、私たちが述べる通りの自然的な仕方で存在するのが見て取れる。すなわち、魂の身体に対する支配は、主人の奴隷に対する支配に相当する[4]のに対し、知性の欲求に対する支配は、国家の支配や王国の支配に相当する[5]のである。これらの支配関係において明瞭に見られるのは、まず、身体にとっては魂によって支配されることが自然に即しており、身体のためにもなるということである。また、感

3　原語はharmoniā。「音階」と解釈し、音階の主音が支配していると考えることもできる。

4　本巻第二章一二五二a三一―三四で述べられているように、知性を持つものが知性を持たないものに対し、一方向的に支配する仕方を指す。この場合でも、支配は支配者と被支配者の双方のためになるので、本章の第一の論点（一二五四a二一―二四）に対応する。

5　『ニコマコス倫理学』第一巻第十三章一一〇二b一三―一一〇三a三で述べられているように、知性（理性）の言葉に聴き従う欲求は、ある意味では理性的であるから、自ら進んで支配に服する。市民が自ら進んで支配者に従う国家、あるいは国王に従う王国も同様だというのが、ここでの論点。これは、優れた被支配者に言及する本章の第二の論点（一二五四a二四―二八）に対応する。

情的な部分である欲求にとっては、理性を備えた部分である知性によって支配されることが自然に即しており、欲求のためにもなるのである。一方、これらの支配者と被支配者が対等になってしまうか、あるいは立場が逆転してしまうならば、いずれの者にとっても有害になる。

今度は、人間が他の動物を支配する関係を見ると、いま述べたのと同様に自然に即 b10 しており、支配されるもののためになっている。すなわち、野生の獣に比べ、従順な性質を持つ動物は自然本性が優れているので、そのように家畜向きの動物はすべて、人間によって支配される方が善いのである。というのも、家畜になることで生存[6]が確保されるとともに、従順な性質が活かされるからである。

さらに、人間同士の支配関係を見ると、男性は自然的に優り、女性は劣るので、支配者と被支配者の関係にある。[7]これと同様に、すべての人間の間でも、優る者が支配し、劣る者が支配されるのでなくてはならない。

結論

以上から導かれる結論は、魂と身体、人間と獣には優劣の差があり（身体の行使を自分の働きとし、かつ、それを自分の為しうる最善の働きとするようなものはみな、身体と同じように劣位に置かれる)、それらと同じ程度の差をもって人間の中で劣位に置かれている者、これこそが自然本性的な奴隷にほかならないということである。そして、自然本性的な奴隷にとっては、身体や獣の場合もそうであるように、自分より優れたものによる支配に服することが、より善いことなのである。なぜなら、他者の所有物になりうる者(だからこそ、現実にも他者の所有物になっている)で、道理ある言葉を「聴くという」感覚で受け取る程度には道理に関われるが、自分では道理を持っていない者は自然本性的な奴隷だからである。なぜ「言葉を感覚で受け取る」

b20

6　原語はsōtēria。命が救われることを意味するが、アリストテレスの用語法では、本巻第二章一二五二a三一にも見られるように、既に存在する事物や性質を「活かす」という含意もあるため、その内容を補って訳した。第五巻第九章一三一〇a三六では、同じ語が国制と個人の関係について用いられている。

7　後続文を参照すれば、男性の女性に対する支配は「国家の支配」か「王国の支配」に相当する。一方、先に述べられた人間の家畜に対する支配は「主人の奴隷に対する支配」に相当する。

という条件も加えたかといえば、人間以外の動物の場合、言葉ではなく、外部から何らかの［物理的な］作用を受け取り、それに従うだけだからである。しかしなお、所有主が使用する上では、奴隷と動物の違いはわずかにすぎない。なぜなら、日常生活の中で必要不可欠となる助力のうち、身体を使うものは両者から、すなわち、奴隷からも家畜の動物からも得られるからである。

したがって、自由人の身体と奴隷の身体が、異なって作り上げられているのも、自然の望んだことである。すなわち、奴隷の方は、日常生活に必要不可欠な身体の使用に向くよう屈強になっているのに対し、自由人の方は、まっすぐに伸びた体形を持ち、日常生活に必要不可欠な作業には向かないけれども、国家における市民生活には適した身体になっているのである（この市民生活も、戦争の時に必要な生活と平和な時に必要な生活とに分かれる）。とはいえ、しばしば正反対の状態も起こり、自由人の身体を持った奴隷もいれば、自由人の魂を持った奴隷もいる。このような不規則さはあるにせよ、次に述べることだけは少なくとも明らかである。すなわち、仮に身体の点だけでも、神々の姿に匹敵するほど一般人より優れた姿の人物がいたならば、他の人々はその人物に隷従して当然だと誰もが主張するだろう。そして、身体の場合でさえ、これが真実であるのならば、なおさら魂に関しては優劣をはっきりさせることが大いに正しい。しかしながら、魂の美しさを見極めることは、身体の美しさを見極めることほど容易ではないのである。

1255a かくして、いまや明らかなのは、ある人々は自然本性的に自由人であり、ある人々は自然本性的に奴隷であること、また、自然本性的に奴隷である者にとっては、隷従することが奴隷自身のためにもなり、正しくもあるということである。

第六章　自然的な隷従と法的な隷従

奴隷と戦争の関わり

しかし、いま述べたのとは正反対に隷従は正しくないと主張する人々がおり、その人々の語る内容も、ある意味では正しいことを見て取るのは難しくない。なぜなら、「隷従する」や「奴隷」という言葉は二通りの意味で使われるからである。すなわち、自然的に「隷従する」ことや「奴隷」であることを意味する他に、法的に「隷従する」ことや「奴隷」であることを意味する使い方も存在するのである。

ここでいう「法」とは、戦争によって征服された者は征服者のものになると定めた一種の協定のことである[1]。そこで、この協定が正義だという見解に対しては、法の専門家たちの多くが、ちょうど弁論家に対して違法提案だと公訴するときのように、異議を申し立てる。その理由は、もしも［戦争で］力に屈した者たちが、力ずくで制圧できる者たち、つまり力で優る者たちの奴隷になり、被支配者になるべきなのだとしたら、それは恐ろしいことだというものである。この異議申し立てに賛成する者もいれば、先の協定に賛成する者もおり、知者たちの間で意見は分かれているのである。

徳と力と正義についての諸見解

こうした意見対立の根源であり、対立し合う意見を交錯させる原因にもなっているのは、徳というものが、ある意味では〔富や権力など〕補助的条件[2]に恵まれているときにこそ最も力を発揮できるという事実である。また、力で優る者が、〔徳や富など〕何らかの善の点で常に優越しているという事実もあることから〔徳と力が同一視され〕、先の協定への賛成者にも反対者にも、「徳なくして力なし」という見解が共通に生じる。そのため、論争の的は、この見解から導かれる「正義」だけに絞られるのである。

1　プラトン『ゴルギアス』に登場するカリクレスは、強者による弱者の征服を「自然的」だと主張するが、ここでは「法的」と見なす思想が紹介されている。

2　原語の khorēgia は、富裕市民が演劇のコロス（合唱舞踊隊）のために費用をまかなうことを意味する言葉で、ここでは徳を行使するための必要条件がそろった状態を指している。同様の用語法は『ニコマコス倫理学』第十巻第八章一一七八a二四にも見られる。

すなわち、「徳なくして力なし」という同じ論拠に基づきつつ、かたや協定に異議申し立てを行う人々は、正義とは敗者に対する善意[3]だと考え、かたや協定に賛成する人々は、正義とはまさに力で優る者が支配することだと考えるわけである。[4]つまり、双方の議論を個別に見ればこんなに隔っているけれども、徳の点でより優れた者こそが支配するべきであり、主人として奴隷を従えるべきだという論理[5]が否定されて一方の議論が強固さと説得力を失えば、他方の議論も同様に失うのである。

しかしながら、そうした議論とは別に、一種の正義だと考えられるもの（すなわち、一種の正義である法）に全面的に固執する人々が存在する。それらの人々は、戦争によって奴隷になることを、法（協定）に基づくゆえに正義にかなうと主張するのであるが、同時に、その考え方を否定するような内容も主張している。なぜなら、そもそも戦争の発端が正義にかなっていないこともありうる上、たとえ戦争に関する協定があったとしても、隷従するにふさわしくない者を「奴隷」と呼ぶ人は誰もいないだろうからである（もしそうでなかったならば、最も高貴な生まれで高名な人物が捕らわれて売られるたびに奴隷になったり、奴隷の子どもと見なされたりするようなことが起こってしまうだろう）。そうであればこそ、法という正義に固執する人々は、隷従するにふさわしくない者を「奴隷」と呼ぼうとはせず、ギリシャ人以外の民族の者に限ってそう呼ぶのである。

けれども、ギリシャ人以外の民族の者に限って「奴隷」と呼ぶところを見ると、法という正義に固執する人々が求めている「奴隷」とは、私たちが当初から述べている「自然本性的な奴隷」以外の何ものでもない。というのも、「隷従するにふさわしくない者は奴隷ではないのなら」奴隷である者はどこにいても奴隷であるし、奴隷でない者はどこにいても奴隷ではないと主張せざるをえないからである。そして、奴隷の自然

3　ロスは anoia（無知）と修正しているが、写本通りに eunoia と読む。なお、この段落は本書の難解な箇所として知られ、ロスの修正は一つの解決策ではあるけれども、次注のように解釈すれば理解可能になると考えられる。

4　「徳なくして力なし」ということを、協定に異議を唱える人々は「善意を示せるような徳を伴ってはじめて力の行使が許される（強い戦力を持っていても、徳を伴っているとは限らない）」と考えるのに対し、協定に賛成する人々は「力があるということは、既に徳を備えているということだ」と考え、徳による支配を協定が含意していると見なす。

5　「徳なくして力なし」という見解を、そのまま奴隷支配に適用した論理。

a30

本性とは正反対の「生まれの善さ」[6]についても同様になる。すなわち、ギリシャ人は自分たちの生まれの善さについて、自分たちの地域内に限らず、どこでも通用すると信じている一方、ギリシャ人以外の民族の生まれの善さについては、それぞれの地域内でのみ通用すると考えているのである。その理由になっているのは、「生まれの善さ」や「自由」というものには、どこでも通用する絶対的なものと、限られた地域内でのみ通用する条件付きのものがあるという考え方である。それはちょうど、テオデクテスの作品の中でヘレネが次のように語っているのと似ている。[7]

両親の家系がともに神々に遡るこの私を
婢《はしため》と呼ぶにふさわしいなどと誰が思うだろうか

しかし、このように「家系が決定的な要因だと」語るならば、奴隷と自由人を区別する基準は美徳と悪徳の他にはなくなり、生まれの善い人と悪い人の区別についても同様になる。なぜなら、人間から人間が生まれ、獣から獣が生まれるように、善い人から善い人が生まれるのも当然だという考え方に基づいているからである。だが、確か

1255b

に自然は、そのようにすることを多くの場合に望むとはいえ、そのようにできない場合もある[8][ので、例外を認めつつも自然の原理を理解するべきである]。

総括

以上より明らかなのは、先に述べた意見対立が起こるのには一定の理由があり、その一つは、奴隷になっている者が必ずしも自然本性的な奴隷ではない場合や、自由人になっている者が必ずしも自然本性的な自由人ではない場合があるということである[9]。もう一つは、ある人々の間では、自然本性的な奴隷と自然本性的な自由人が正当に区

6　「名門の出」を意味し、第三巻第十三章一二八三a三七では「一族の有徳性」と説明されているが、ここでは奴隷の自然本性と対立する性質を指している。

7　テオデクテスは紀元前四世紀の悲劇詩人で弁論家。後続の引用は、その作品『ヘレネ』の断片三（N）。神々を祖先に持つ者の生まれの善さは絶対的だという考え方を示す引用であろう。

8　本巻第五章一二五四b二七—三四には、そうした不規則な例への言及がある。

9　本章で説明される協定に異議申し立てを行う人々が存在する一つの理由。

分されているため、前者は奴隷になり、後者は主人になることが両者のためにもなれば、正義にもかなっていることで[10]、換言すれば、自然本来の支配という意味で一方が支配され、他方が支配するべき場合があることから、主人の奴隷に対する支配もその意味で必然になることである[11]。しかしながら、支配の仕方が劣悪になれば、支配者と被支配者いずれのためにもならない。というのも、部分と全体の関係[12]にある二者に対 b10
しては同じものが両者のためになるからであり、身体と魂の関係もそうであるし、所有物という意味で主人の一部（すなわち、命を持ち、主人の身体から離れて存在するような部分）になっている奴隷と主人の関係もそうである。

それゆえ、自然に基づき、それぞれの自然本性にふさわしい仕方で奴隷と主人が関係を結んでいるときには、何か両者のためになることも存在すれば、互いに友愛も存在するのである[13]。それに対し、自然に基づいてではなく法に基づき、強制的に両者の関係が作られているときには正反対の結果が生じるのである。

10　ロスは kai dikaion を削除しているが、写本通りに読む。
11　本章で説明される協定に賛成する人々が存在する一つの理由。
12　本巻第四章一二五四 a 八―一三で説明された関係。
13　主人と奴隷の間に成り立つ人間同士としての友愛については『ニコマコス倫理学』第八巻第十一章一一六一 b 五―八で述べられている。

第七章　主人の知識と奴隷の知識

仕事が違えば奴隷も違う理由

これまでに述べてきたことからも明らかなように、主人の奴隷に対する支配と、国家の支配は同じものではない[1]。また、あらゆる支配は同じものだという主張[2]を展開する人々も存在するが、そうではない。なぜなら、国家の支配では、自然に基づく支配の対象が自由人であるのに対し、主人の支配では、自然に基づく支配の対象が奴隷だからである。また、どの家も一人の家長が家政を行うゆえに、家の中の支配は単独支配であるのに対し、［市民的支配という意味での］国家の支配は[3]、対等で自由な人々によって行われるという違いがある。

このうち、いま問題にしている主人の奴隷に対する支配を取り出せば、「主人」と当人が呼ばれるのは、支配のための知識を持つことに基づくのではない。ただ、現実にそのような立場の者であるという事実に基づくのであり、知識の所有を条件としな

b20

い点では奴隷や自由人にしても同様である。とはいえ、奴隷を支配するための主人の知識がありうるだろうし、主人に仕えるための奴隷の知識といったものもありうるかもしれない。[4]

まず、奴隷の知識があるとすれば、それはちょうどシュラクサイの人々がかつて教えていたようなものになるだろう。すなわち当地では、報酬を受け取って、日常的な奴隷の務めを奴隷たちに教える者が存在した。さらには、料理術の知識などのように奴隷の務めの範囲に入りうる他のものも含め、もっと幅広い知識の学習が行われていたことだろう。なぜこう述べたかといえば、奴隷の務めの中には、高級な性質を比較

1 二つの支配の違いは本巻第五章一二五四b四―六で端的に説明されている。
2 本巻第一章一二五二a七―一六で、この主張に言及されている。
3 王国と独裁制国家を除く一般的な国家の支配が念頭に置かれている。
4 本巻第十三章では、「奴隷の徳」を含め、家人の持つべき「性格的な徳（倫理的な徳）」が論じられるが、それに先立って本章では知識の問題が扱われる。
5 シチリア島東岸にあった都市国家で、現在のシラクサ市に当たる。
6 原語は paidas で、「子どもたちに」の意味を持つが、この語は奴隷の呼称でもあった。

的多く持つ仕事と、高級ではないものの日常的な必要性では優る仕事があり、仕事の種類が違えば、それを受け持つ奴隷も違うことは、「奴隷の前に奴隷あり、主人の前に主人あり」[7]と諺《ことわざ》にいわれる通りだからである。かくして、奴隷の知識とは、このようなものですべてなのである。

主人は命令する事柄を知るだけ

他方、主人の知識は、奴隷を使用するための知識である。というのも、主人が主人であるのは、奴隷を獲得することにおいてではなく、奴隷を使用することにおいてだからである。しかし、奴隷を使用するための知識は、何ら偉大なものでも、何ら意義深いものでもない。なぜなら、奴隷の側では自分が行う事柄を知っているという意味での知識を持たなければならないが、同じ事柄に関し、主人の側では命令方法を知っているという意味での知識を持たなければならないというにすぎないからである。それゆえ、こうしたことに煩わされないで済むだけの好条件に恵まれている人々は、奴隷の監督を誰かに委託し、自分自身は国家の運営に携わったり、哲学にいそしんだりするのである。

それに対し、奴隷を獲得する術や知識は、正しい意味でいえば、主人の知識と奴隷の知識のいずれとも異なり、一種の戦争術か、一種の狩猟術のようなものになる。[8]

さて、奴隷と主人については、以上述べた仕方で規定されたものとしよう。

7　紀元前四—三世紀に活躍した喜劇詩人フィレモンの作品の「断片」五四（K）。

8　この術については次章一二五六b二三—二六で述べられる。

第八章　家政術と財貨の獲得術はどのような関係か

同じか、一部分か、従属関係か

奴隷も所有財産の一部分であることは既に述べた[1]から、私たちを導いてきた探究方法、つまり、全体と部分の関係を探る方法[2]に基づき、今度は所有財産の全体と、それに対応する財貨の獲得術[3]の全体について研究しよう。

まず、次のような難問を提起する人がいるだろう。すなわち、財貨の獲得術というものは、家政術と同じなのか、家政術の一部分なのか、[4]家政術に奉仕するべく従属している別の術なのか、という難問である。そして、もしも従属しているとすれば、梭の制作術が機織り術に従属するようになのか、それとも、青銅の鋳造術が彫像の制作術に従属するようになのか、ということが問題になる。なぜなら、それらの従属の仕方は同じではなく、前者は梭という道具を提供する仕方であり、後者は青銅という材料を提供する仕方だからである。ここで「材料」というのは、機織り師にとっての羊

1256a

毛や彫像制作者にとっての青銅のように、何か作品を完成させるときのもとになるものを指している。 a10

さて、いま挙げた難問に関する第一の選択肢、すなわち、家政術と財貨の獲得術は同じであるというとらえ方についていえば、これが事実でないことは明白である。というのも、財貨の獲得術は入手に関する術であるのに対し、家政術は使用に関する術だからである。実際、家財を使用する術として、家政術以外にどんな術があるだろうか。

しかし、第二の選択肢のように財貨の獲得術は家政術の一部分なのかどうか、あるいは、第三の選択肢のように財貨の獲得術は家政術と別種なのかどうか、という問題

1　本巻第四章一二五三b三二で述べられている。
2　本巻第一章一二五二a一七―二三で説明された探究方法。
3　原語は khrēmatistikē。既出の「財産の獲得術」とほぼ同じだが、金銭を含めて価値を持つ物資の獲得に焦点が合わせられた表現のため、こう訳した。本巻第四章注1参照。
4　家政術と財貨の獲得術を結び付ける見解は、先に本巻第三章一二五三b一二―一四で触れられている。

をめぐっては論争が行われている。なぜ意見が分かれるのかといえば、もしも財貨の獲得術を身につけた者の仕事が、どこから財貨や財産を得られるかを考察することだとするなら、財産や富には多種多様な部分が含まれるゆえに、次に述べるように複雑な考察になるからである。

食糧という財産の獲得方法の多様性

まず、食糧を生産する農業の術は、財貨の獲得術の一部分なのか、それとも別の種類の術なのかと問わなければならない。さらに、食糧を獲得したり、管理したりする術の全般が財貨の獲得術の一部分なのか、それとも別の種類の術なのかと問わなければならない。

しかしまた、食糧といっても多種多様に存在するため、それに対応して、動物にせよ人間にせよ、多種多様な生き方があることを考慮しなければならない。つまり、食糧なしには生きられないわけだから、食糧の多様性が動物の生き方を多様なものにしているのである。実際、獣の中には、群れをなして生きるものと、互いに離れて生きるものとがあるが、いずれの生き方も獣たちの食糧確保にとって善い結果を生んでいる。というのも、肉食の動物、果実を食べる動物、雑食の動物というように、それぞれが異なり、このように異なった食糧を選んで得ることが容易になるよう、自然が動物の生き方を多様に分けたからである。その証拠に、それぞれの動物が生まれつき好物とするものは同じではなく、動物の種類が異なれば、好物の種類も異なる。例えば、肉食の動物や果実を食べる動物にしても、それぞれの中で肉や果実の好物の種類が分かれるゆえに、生き方も互いに異なるのである。人間の場合も同様であり、生き方には著しい多様性がある。

人間の生き方を比較したとき、最も怠惰なのは牧畜者である。なぜなら、無為に過ごしていても、労せずして家畜から食糧を得られるからである。しかし、家畜の群れは牧草を求めて移動しなければならないため、牧畜者自身も家畜に付き添って一緒に移動するという生き方をせざるをえない。それを比喩的にいえば、農耕地が生きていて移動するために、農耕者も居場所を変えてゆくようなものである。また、狩猟によって生活を営んでいる人々もいるが、狩猟の種類が異なれば生き方も異なる。例えば、［盗賊のように人間を狩る］略奪という名の狩猟を行って生きる者もいれば、湖沼や河川、あるいは漁業に適した海のほとりに住み、漁猟を行って生きる者もいる。さ

らには、野生の鳥や獣の狩猟を行って生きる者もいる。だが、人間という種族の大部
分は大地を使い、栽培した作物を収穫して生きているのである。

かくして、自力で生産活動を行い、物資の交換や売買によらずに食糧を調達する生
き方に限れば、だいたいのところ、これだけの数ある。すなわち、牧畜、略奪、漁猟、 1256b
狩猟、農耕である。しかしさらに、自足するにはまだ足りないものがある場合には、
生活上の不足を補うため、これらの生産活動を組み合わせて快適に生きようとする者
もいる。例えば、牧畜と同時に略奪も行う者や、農耕と狩猟を組み合わせる者がおり、
それ以外にも同じような組み合わせ方がある。要するに、必要に迫られて、こうした
暮らし方をしているのである。

食糧は自然が与える

さて、食糧という財産は、明らかに自然そのものによって生き物のすべてに与えら
れており、その点では生き物が誕生して直後も、成長した後も変わらない。実際、生 b10
き物の中には、生まれた子どもが自力で食糧を確保できるようになるまでの期間に十
分なだけの栄養物を、最初に一緒に産み付けるものが存在する。例えば、幼虫で生ま

れるものや卵生のものがそうである。それに対し胎生の動物では、子どものための食糧として、「乳」と呼ばれる自然物を、ある時点まで母体の中に持つのである。したがって明らかに、成長した後の生き物に対しても、やはり同様に自然そのものが食糧を与えると考えるべきである。すなわち、植物は動物の食糧になるために存在し、人間以外の動物は人間のために存在すると考えるべきである。とくに動物の中でも、家畜になる従順な性質のものは使役や食肉用に使える一方、野生の動物は、全部ではないけれども大部分は食肉用になり、衣類や他の道具を作るための素材としても人間の生活の助けになる。[6]

それゆえ、自然は目的のないものを作ったり、無駄なものを作ったりしないのならば、必然的に、自然が作り出すもののすべては人間のためにあることになる。このこ

b20

5　アリストテレスは、最も必要不可欠なものである食糧を財産や財貨の中心に位置づけ、貨幣の獲得ばかりを目指す術を次章以降で批判する。また、第七巻では共同食事の意義を強調する。

6　『動物発生論』第三巻第九章七五八b三六―七五九a一によれば、ミツバチやスズメバチの幼虫（蛆）は体内に栄養物を持っているという。

とを踏まえると、戦争など戦いの術[7]さえも自然に由来し、ある意味では財産の獲得術であることになるだろう。なぜなら、財産の獲得術の一つである狩猟術は、戦いの術の一部分だからである。戦いの術としての狩猟術は、本来は獣の狩猟に用いられるべきものだけれども、支配されるべき自然本性を持つ人々が被支配を望まないときにも用いられるべきである[8]。というのも、このようなときの戦いは自然に基づいて正しいからである。

富の際限

かくして、財産の獲得術の一種（狩猟術）は、家政術の部分をなすのが自然にかなったことである。なぜなら、財貨の中でも、生活に必要不可欠で、国家や家の共同体に役立つゆえに備蓄されるものは、もともと人々のもとにあるか、あるいは、狩猟術を用いて調達されるか、そのいずれかでなければならないからである。実際、少なくとも真の意味での「富」は、もともと人々のもとにある財貨と、狩猟術を用いて調達される財貨の総和［だけで十分］だと推察される。というのも、人々が善く生きるための自足に関していえば、これらの財貨だけで十分であって、自足のために財貨が

b30

際限なく必要だということはないからである。つまり、ソロン[9]が詩の中に「人間には、はっきりと見えるような富の際限が何ら定められていない[10]」と書いたような状態ではないのである。それはちょうど、さまざまな他の術の場合、目的の達成された時点が際限になるのと同じことであり、財産の獲得術にも［自足という］際限が当初から定められているのである。すなわち、どんな術に使われる道具であれ、際限のない数量や際限のない大きさが求められることなどありえず、その点では、家や国家の運営術にとっての道具の総体である「富」も同じなのである。

以上より、家や国家の運営者が用いるべき術として、財産の獲得術の一種が自然的に存在しているという事実と、その理由が明らかとなった。

7　原語は polemikē。戦争に限らず、広義の戦いに関する術を指すため、こう訳した。
8　第七巻第八章一三二八b七—一〇では、外部からの攻撃者に対してばかりではなく、説得に従わない内部の者にも武器を使用するべきだと述べられている。
9　アテナイの政治家で、紀元前六世紀に改革を行った。
10　ソロン「断片」Ｉ七一（ＤＫ）。

第九章　交換術と貨幣

自然的ではない財産の獲得術の存在

しかし、財産の獲得術には、いま述べたのとは別の種類もある。それこそを人々は b40
とりわけ「財産の獲得術」の名で呼んでおり、そう呼ぶのは正当でもあるが、この
「金儲けの意味での」獲得術のとらえ方のせいで、富や所有財産にはどんな際限もない
という考え方が生じている。そして、この際限のない財産の獲得術と、先に述べた際
限のある財産の獲得術との近しさゆえに、両者は同一の術だと多くの人々が信じてし 1257a
まうのである。けれども、両者は同じものではなく、さりとて懸け離れたものでもな
い。ただ、両者のうち、際限のある財産の獲得術は自然的に存在するのに対し、際限
のない財産の獲得術は自然的ではなく、むしろ一種の経験や作為的な技巧に基づいて
人間が生じさせるという違いがある。

そこで、人々が「財産の獲得術」と呼ぶ際限のない財産の獲得術についての考察に

当たっては、次のことを出発点としよう。すなわち、それぞれの所有物には二つの使い方があり、どちらも所有物それ自体を使うことに変わりはないが、「それ自体」の意味が同じではないということである。つまり、一方は事物の本来的で固有の使い方であるのに対し、他方はそうではない。例えば、靴の場合なら、履くという使い方が前者であり、他の事物と交換するという使い方が後者である。こう述べたのは、どちらも靴それ自体を使っていることに変わりはないからであり、靴を必要としている者から金銭や食糧を受け取って交換した場合でも、靴を靴として使ったことになるからである。ただ、それは靴の本来的で固有の使い方ではない。というのも、靴は交換されるために生じたわけではないからである。

靴以外の所有物の場合も、事情は同じである。すなわち、交換するという使い方はあらゆるものにあるが、その始まりは自然的な原初状態であり、人々の中に、所有物が十分な量よりも多い者もいれば、少ない者もいたことにある。このことから明らかなように、〔何かと何かを交換する〕商業的売買術というものは、その性質からして、もともと〔自力で必需品を調達する〕財貨の獲得術には含まれない。なぜなら、自力で調達したものが自分にとって十分にある場合に限り、他のものとの交換を行う必要が生じたはずだからである。[1]

したがって所有物の交換術は、最初の共同体である家の中には働く場を持たず、既に多くの共同体が存在するようになってから働くようになるのである。というのも、一つの家の中では何でも同じものを分かち合えば済むのに対し、独立した家々で暮らす人々の間では、物資の不足が生じたときに融通し合わざるをえなくなり、ますます多くの量の、さまざまに種類の異なる物資を交換し合うようになったからである。このような交換は、ギリシャ人以外の民族の多くも、現在なお行っている。例えば、葡萄酒と穀物を交換するようにして、他の種類の物資のそれぞれも、与えたり、受け取ったりしているが、使える物資そのもの同士の「物々」交換を行うだけで、それ以上の「貨幣を使って売買する」ことはしていないのである。

以上より、このような交換術は、自然に反するものではないし、人々が「財産の獲得術」と呼ぶ際限のない財産の獲得術の一種でもない。なぜなら、自然にかなった自足を実現できるよう、不足分を満たすための術として、もともとあったものだからである。

a30

貨幣の発生と人々の再考

とはいえ、人々が［金儲けの意味で］「財貨の獲得術」と呼ぶものが交換術から発生したのには、もっともな理由がある。その理由とは、国内で不足する物資を輸入し、余剰の物資を輸出するようになるにつれて、生活の助けを外国に依存するようになったことから、必然的に貨幣の使用が生じたことである。というのも、人間の自然本性からして必要不可欠な物資を、［物々交換のために］一つ一つ運ぶのは容易ではないからである。それゆえ人々は、鉄や銀などのように、それ自体が有用性を持ちながら、生活の中で使うときに手で扱いやすいものを、交換の場で与えたり、受け取ったりすることを取り決めた。その初期には単純に、鉄や銀などの大きさや重さを一定のものに決めていたが、最終的には、大きさや重さを自分たちで計測する労から解放されるため、刻印を押すようになったのである。すなわち、その刻印は、かつて計測されていた大きさや重さの量だけを表示する印として定められたわけである。

1　第七巻第六章一三二七a二五―二七には国家に関して同様の説明があり、生産物の余剰は輸出するべきだということが述べられている。

1257b

このようにして、いったん貨幣というものが発生すると、今度は、必要不可欠な交換の過程から、もう一種の財貨の獲得術、すなわち、人々が「財貨の獲得術」と呼ぶ商業的売買術が生じた。それはおそらく、最初期には単純に生じた術であっただろうが、次第に人々の経験が増すと、最大の利益はどこから、どのような交換[2]で得られるかがわかるようになり、もはや作為的な技巧性の高い術になったのである。それゆえ、この意味での財貨の獲得術は、とりわけ貨幣に関する術であり、この術の働きは、どこから多くの財貨を得られるかを見て取れることにあると人々は考えている。要するに、この術は、富と財貨を生み出す術だというわけである。実際のところ、しばしば人々は、富とは貨幣の多さにほかならないと考えるのであるが、それは、人々にとっての財貨の獲得術である商業的売買術が、貨幣に関する術だからなのである。

b10
ところが、いま述べたのとは正反対に、貨幣は無意味なもので、まったくもって人為的な慣習の産物であるから、自然に即した見方をすれば何ものでもないと人々が考える場合もある。その理由に挙げられるのは、貨幣の使用者たちが通貨を変更したとき、旧通貨が無価値になるため必需品の入手に役立たなくなり、その結果、貨幣を大量に持つ富豪が、しばしば必要な食糧さえ欠いて困窮することである。このように富豪が大量に所有するゆえに餓死を招くもの、こんなものが富であるというのは不合理である。それはちょうど、あの伝説の物語に登場するミダス王[3]が貪欲な願望に駆られ、自分の眼前に差し出されたもののすべてが黄金に変わったために身を滅ぼしたのと同じである。

それゆえ、このように貨幣が無意味になる場合があることから、人々は「富」や「財貨の獲得術」について再考し、それらに何か別の［健全な］意味を追求しているのであるが、それは正しい追求である。なぜなら、財貨の獲得術にせよ、富にせよ、自然に即して見た場合には、人々がとらえていたのとは別の［健全な］ものになるからである。つまり、財貨の獲得術は、自然に基づけば家政術になるのに対し、自然に基づかなければ商業的売買術になるゆえ、商業的売買術に変質した場合には、全面的な意味で財貨を生み出す術にはならず、売買交換を通じてのみ財貨を獲得する術にな

2　物資と物資の交換よりも、貨幣と物資の交換が中心になった段階を指す。

3　現在のトルコ中西部にあったフリギアの王。ギリシャ神話によれば、王は、手で触れたものを黄金に変える力を授かったために、食物までもが黄金に変わってしまったという。

るのである。

なぜ際限のない富の追求になるか

そして、売買交換を通じてのみ財貨を獲得することから、この術は、物資ではなく貨幣に関わる術だと人々は考えるようになる（というのも、貨幣こそは売買交換を成立させる基本要素であるとともに、受け渡しによって売買交換を完結させるという意味で際限にも[4]なるからである）。したがってまた、この場合の富、つまり、商業的売買術という意味での財貨の獲得術によって得られる富は「物資ではなく貨幣のため、必要とされる一定の際限がなく」無際限にもなるわけである。

それはちょうど、医術の場合でも、患者を健康にするという目的に関しては、医者が際限なく追求するのと似ている。さらに一般的にいえば、それぞれの術は、手段ではなく目的に関する限り、際限なく追求するのである（なぜなら、最大限に目的を達成することこそ、術の望むところだからである）。それに対し、手段に関しては、際限なく追求することなどありえない（なぜなら、どの術にも一定の目的があり、手段が必要とされる際限は決まっているからである）。同様に、商業的売買術という意味での財貨の獲得術においても［貨幣が手段ではなく目的になるため］、目的の追求には際限がなくなる。その目的とは、際限のない富（貨幣）ないし際限のない財貨の「所有」にほかならない。[5] 他方、この意味での財貨の獲得術ではなく、[6] 家政術となる財貨の獲得術には際限が存在する。というのも、財貨の「所有」は家政術の仕事ではないからである。[7] それゆえ、財貨の「使用」を仕事とする家政術の観点に立てば、どんな富にも一定の際限が必ず存在することは明らかだけれども、現実には正反対のことが起こっているのを私たちは目の当たりにしている。すなわち、財貨の獲得にいそしむ者はみな、自分の貨幣を際限なく増殖させようとするのである。

b30

4　貨幣によって決済が完了するということ。あるいは、所持金が、物資を購入できる限度になるという意味かもしれない。

5　貨幣が手段ではなく目的として追求されるのに伴い、財貨の使用ではなく際限のない所有が目的になってしまうということ。

6　ロスは au（反対に）と修正しているが、写本通りに ou と読む。

7　前章一二五六a一〇―一三で説明されたように、家政術の仕事は財貨の使用である。家庭生活に必要な財貨の量は決まっているため、家政術となる財貨の獲得術には際限がある。

その原因は、二種類の財貨の獲得術が近い性質を持つことにある。すなわち、二種類のいずれを使用するときにも、財貨という同じものに関わるため、両者を取り違えさせるような交錯が生じるのである。つまり、二種類の財貨の獲得術は、財貨という同じものを使用するが、同じ意図に基づいて使用するわけではなく、家政術の方には［家庭生活の維持という］別の目的が存在するのに対し、商業的売買術の方には財貨（貨幣）の増殖という目的しかないにもかかわらず、交錯する。こうした交錯による取り違えやすさから、財貨の増殖こそ家政術の仕事だと考えてしまう人々が生じ、その人々は、貨幣の財産を保持しなければならないとか、あるいは際限なく増殖しなければならないとか、思い続けるのである。

人々がこうした状態に陥る原因は、生きることに対しては真剣になるが、善く生きることに対してはそうではないという点にある。それゆえ、生きることに対する欲望は無際限となり、その欲望を満たす事物を際限なく生み出せるもの（商業的売買術や貨幣）に対しても欲望を持つことに[8]なる。しかも、善く生きることを目指す人々でさえ、身体的な享楽に役立つものを求める。この身体的な享楽も財貨の所有に依存するように見えることから、結局のところ、日常のあらゆる行動が財貨（貨幣）の獲得に

1258a　b40

向かうのである。このことが原因となって、本来とは別の種類の［商業的売買術という意味での］財貨の獲得術も生じたわけである。

なぜこうなるのかといえば、享楽というものは何かが過剰にあるときに生じるゆえ、享楽に役立つ過剰を生み出す術こそが人々の求める術になるからである。もしも財貨の獲得術によって過剰を生み出せないならば、人々は他の手段にすがり、人間が持つ能力の一つ一つを不自然な仕方で使ってまでも、過剰を生み出そうと努める。例えば、勇気の本来の力は財貨を生み出すことではなく、大胆な行為を生み出すことにあり、統帥術は戦争の勝利、医術は健康の実現を目指すのが本来的であるにもかかわらず、ある人々は、そうした人間の能力のすべてを財貨の獲得術にしてしまう。要するに、財貨の獲得を目的に据え、何もかもをこの目的に向けるべきだと考えるのである。

総括　以上、二種類の財貨の獲得術のうち、生活に必要不可欠ではない獲得術（商業的売

8　贅沢な飲食物などが一例になる。

買術）について、それがどのような術であり、何が原因で私たちがそれを必要とするようになるかを述べた。また、もう一方の、生活に必要不可欠な財貨の獲得術については、それが自然に基づいて食糧［などの必需品］を獲得する家政術である点で、必要不可欠ではない獲得術と異なること、さらに、家政術が際限を持つ点でも、必要不可欠ではない獲得術が際限を持たないのとは異なることを述べた。

第十章　家政術の自然性と金融術の反自然性

家政は財貨の使用である

財貨の獲得術について最初に提起した難問[1]、すなわち、財貨の獲得術は、家や国家の運営者の仕事に関わる術か否か、あるいはそうではなく、財貨は最初から人々のもとに存在していなければならないのであって獲得術とは無縁なのかという問題についても、答えは既に明らかである。なぜなら、国家の本体となる人間の集団にしても、国家の運営術が作り出すわけではなく、自然から人間の集団を受け取って国家が使用するにすぎないからである。同様に、食糧という財貨にしても、自然が大地や海などを通じて国家に与えてくれるべきものである。他方、大地や海などから得られた食糧を、しかるべき仕方で配分して使用することは、家政を行う者にふさわしい仕事である。それは、羊毛を作り出すことが、機織り術の仕事に属さず、羊毛を使用することこそ仕事になるのと同じ理屈である。それゆえまた、どのような羊毛が優良で使用に適するか、あるいは、不良で使用に適さないかを知ることも機織り術の仕事に属するのである。

もしも、いま述べたのとは違って、家政の仕事が食糧という財貨の使用ではなく獲得だとするならば、次のような難問を提起する人が出てくるだろう。すなわち、かたや財貨（食糧）の獲得術は家政の部分をなすにもかかわらず、かたや医術は家政の部分をなさないのはなぜか、という問題である。つまり、家人が健康でなければならないことは、食糧を獲得して生きてゆかなければならないことや、その他の必要不可欠な事柄と同様だと考えた上での、問題の提起なのである。

確かに、健康に目配りすることは、ある意味では家政を行う者や国家の支配者の仕事であるから、この問題が生じる理由はある。しかし、ある意味では、健康への目配りは医者の仕事であって、家政を行う者や国家の支配者の仕事ではない。それと同じように、財貨に目配りすることも、ある意味では家政を行う者の仕事だが、ある意味ではそうではなく、家政術に奉仕するべく従属している別の術（財貨の獲得術）の仕

1　本巻第八章一二五六a三―五で挙げられた難問。

事である。[2]

しかし何よりも、先に述べたように、[3]最初から自然的に食糧という財貨が人々のもとになければならない。というのも、誕生したものに食糧を提供するのが自然の働きだからである。例えば、どの生き物にとっても、［卵など］ある発生源から誕生した際、そこになお残っているものが食糧になるのである。それゆえ、どの人間にとっても、［人間の発生源である自然界の］作物や動物から食糧を得る限り、その意味での財貨の獲得術は自然に基づいているわけである。

金融術と利子

既に述べたように、財貨の獲得術には二種類があり、一方は商業的売買術に属し、
他方は家政術に属する。このうち、後者は生活に必要不可欠な術で、賞讃も受けるが、 a40
前者は売買交換術で、非難を受けるのが正しいものである（なぜなら、自然に基づい
た財貨の獲得術ではなく、人間同士の［売買の］関係から財貨を獲得する術だからで 1258b
ある）。ましてや金融術は、貨幣が導入された本来の目的に背き、貨幣そのものから財貨を獲得するため、憎まれることには最大の道理がある。というのも、もともと貨

幣は交換によって別の物資に変えるという目的で発生したにもかかわらず、金融の利子は貨幣そのものを増殖するからであり、ここから「貨幣の子ども」を意味する「利子」という名称も生じたのである。[4] すなわち、生みの親に似た姿で生まれたものが子どもにほかならず、利子は貨幣から生まれた貨幣なのである。したがって、さまざまな財貨の獲得術の中でも、金融術が最も自然に反する。

2　「身体の善」である健康に関する限りで医術が家政術に従属し、「外的な善」である食糧に関しては財貨の獲得術が従属するということ。第七巻第一章一三二三a二四―二七参照。

3　本巻第八章一二五六b七―一〇、本章一二五八a二三―二四で述べられている。

4　「利子」に当たるギリシャ語の tokos は、もともと「子ども」を意味する。

第十一章　財貨の獲得術の使用

実際的に役立つ部分

財貨の獲得術とはどのようなものかということを認識するための規定は十分に行ったので、今度は、この術を実際に使うための事項を詳論しなければならない。こうした事項はすべて、理論的研究では自由に考えられる性質を持つものの、実際の経験では不可避な条件に制約されるのである。

まず、財貨の獲得術のうち、実際的に役立つ部分は以下の内容である。[1]

第一に、家畜に関する個別の事項であり、どのような性質の動物が最も役に立つかということについて経験的に知られる内容である。その内容には、どのような場所で、どのような仕方で役に立つかということも含まれる。例えば、馬や牛や羊を飼う際、あるいは、同様に他の動物を飼う際にも、どのような飼い方がよいかを知ることがそうである。これらの家畜のうち、どれが最も役に立つかということは、実際に動物同士を比較し、どのような場所ならどのような性質の動物が役に立つかというように、経験に基づいて把握されるべき事柄である。というのも、地方が異なれば、よく繁殖する動物も異なるからである。

第二に、農耕に関する事項であり、これも作物が穀物の場合と果樹の場合に分かれるが、［どの品種はどの場所に適するかということなど］個別の事項は経験的に知られる内容である。

第三に、養蜂のほか、鳥類や魚類など、およそ人間が生活の助けを得られる動物すべての飼育に関し、個別の事項は経験的に知られる内容である。

以上が、最も本来的な意味での財貨の獲得術の部分であり、基礎的な[2]部分である。 b20

1 第一次産業のほぼ全体で、生活必需品の生産に関わる分野。

2 ロスは prōtēs と修正して「基礎的な」を「財貨の獲得術」に修飾させているが、写本通りに prōta と読む。この語は「第一の」と訳すこともでき、最も自然に近い第一次産業を含意する。

交換術の部分

それに対し、貨幣を用いた交換術という意味での財貨の獲得術の部分は、以下のようになる。

第一に、最大の部分となるのが商業的な取り引きである。これにも三つの部分があり、船の賃貸、物資の運搬、販売である。これらの間には、商いとしての安全性の程度や、もたらされる収益の大きさの点で互いに差がある。

第二に、利子を稼ぐ金融である。

第三に、［貨幣と労働を交換する］賃金労働である。これには、技術を身につけた職人の労働と、技術を使わずに身体だけを使って行う労働がある。

第三の種類になる部分

さらに、財貨の獲得術には第三の種類がある。これは、いま挙げた交換術と最初に挙げた財貨の獲得術の中間のものである。すなわち、自然に基づいた財貨の獲得術の部分もあれば、交換術の部分もあるような、そうした種類のものである。

この種類には、大地から産出される財貨（資源）を得る術、もしくは、大地からの産出物を加工して作られる財貨を得る術のすべてが属する。その特徴は、かたや大地に依存する点では自然に基づいた財貨の獲得術の性質を持ちつつも、栽培して収穫されるものを扱うわけではなく、かたや売買できる有用な物資を扱う点では交換術の性質を持つところにある。その例となるのが、木材の伐採術や、あらゆる種類の採鉱術であるが、大地から採鉱される金属資源には多くの種類があるため、採鉱術も多くの種類に分かれる。

実際の仕事に関する補足

さて、財貨の獲得術のそれぞれについて、目下のところは全般的に述べてきた。さらに、一つ一つの部分を詳論するならば実際の仕事には役立つが、そのようなことに時間を費やすのは低俗なことである。とはいえ、［大まかに種類分けすれば］財貨を獲得する仕事のうちでも最高度の技術を要する仕事は、偶然性に左右されることの最も少ないものである。それに対し、職人的な作業の性格が最も強い仕事は、最も身体を損ないやすいものである。また、最も奴隷的な仕事は最も身体を酷使するものであるし、最も卑俗な仕事は最も徳を必要としないものである。 b30

こうした実際の仕事との関連については、過去に書き残した人々が何人かいる。例えば、パロス[3]のカレティデス[4]やレムノス[5]のアポロドロス[6]は農耕について書き残しており、その内容は、作物が穀物の場合にも果樹の場合にも及んでいる。同様に、他の人々も他の財貨の獲得について書き残しているので、関心を持つ者には、それらの記述に基づいて研究してもらうことにしたい。さらに、幸運にも財貨を獲得した人々が、その方法を各地で語っているので、散在する言説を集めてみるべきである。

実際、こうした内容のすべては、財貨の獲得術を重視する人々にとって役立つものであり、例えば、ミレトス[7]のタレス[8]にもこの種の伝承がある。伝承されている事柄は、財貨の獲得に関わる一種の卓見であり、タレスが知恵で知られるゆえに彼の名と結び付けられてはいるけれども、実際には普遍性を持つ事柄である。すなわち、人々の語るところによれば、タレスは貧乏だったことから、哲学など役に立たないという非難が彼に向けられた。そこでタレスは、天文学に基づく卓見でオリーブが豊作になることを予測した上、まだ冬のうちに、わずかな金銭を工面して、ミレトスとキオス[9]にある全部のオリーブ搾《しぼ》り機を借用するために手付金を渡したという。同じことをしようとする者が他にはいなかったため、その賃貸料は少額で済んだのである。やがてオリーブの季節が訪れ、にわかに多くの人々が同時にオリーブ搾り機を求めたので、タレスは思いのままにそれを又貸しし、多くの金銭を集めてみせた。その行動を通じてタレスが示したのは、哲学者にとって、望めば富裕になるのは容易だが、それは哲学者が真剣になって行う事柄ではないということなのである。かくして、タレスはこのような方法で彼の知恵を示してみせたと語り伝えられているが、先に述べたように、誰であれ自分が何かを独占する状態を構築できれば、このような方法で財貨を獲得できるわけだから、普遍性を持つのである。それゆえ、いくつかの国家においても、財

3　エーゲ海中央の島。
4　この人物については詳細不明。なお、「カレス」あるいは「カリス」と書かれた写本もある。
5　エーゲ海北部の島。
6　アリストテレスと同時代の農学者。
7　エーゲ海に面したアナトリア半島の都市で、イオニア学派を生み出した。
8　紀元前七―六世紀の哲学者。『形而上学』第一巻第三章では「哲学の始祖」と呼ばれている。
9　エーゲ海東南部の島。

政に行き詰まったときにはこの方法が使われる。すなわち、何らかの品目を国家が独占的に販売するのである。

また、シチリア[10]では、ある人物が自分に預けられた金銭で、鋳鉄所から全部の鉄を買い占めた。その後、取引所から鉄の買い手たちがやって来たとき、売り手はその人物ひとりだった。その際、価格を大きくつり上げはしなかったが、それでも五十タラントン[11]を元手にして百タラントンの儲けを得た。すると、これに気づいたシチリアの独裁者ディオニュシオス[12]は、その人物が金銭を持ち去ることを許すかわり、もはやシュラクサイにとどまらないよう命じた。それというのも、ディオニュシオス自身が進める事業[13]にとっては不利益になるような金儲けの方法を見つけられてしまったと考えたからである。

タレスの卓見とシチリアの事例を分けて述べたけれども、実はどちらも同じことである。なぜなら、両方とも、自分に独占的な販売ができるよう作為的な技巧を使った事例だからである。こうした事例を認識しておくことは、国家の運営者にとっても役立つ。というのも、財貨の獲得と、その手段の確保は、多くの国家にとって必要であり、その必要性は家の場合と同等か、むしろ家より優るからである。だからこそ、国家の運営者の中にも、こうした事柄を専門とする人々が存在するのである。

10　イタリア半島に近い、地中海の島。

11　「タラントン」は重さの単位であったが、貨幣の単位としても使われた。時代と地域によって価値が異なったため、ここで述べられている金額の実質は不明である。

12　シチリア島の都市国家シュラクサイの独裁者であったディオニュシオス一世（紀元前四三〇年頃—前三六七年）を指すと考えられるので、その説明を補って訳した。

13　文脈から判断して、鉄で何かを製造する事業か、鉄の販売事業を指すと考えられる。

第十二章　父子間の支配と夫妻間の支配

父親の術と結婚生活の術の相違

家政術には三つの部分があった。[1]その一つである主人の奴隷に対する支配術については、既に述べたところである。[2]もう一つの部分が父親の術、[3]そして第三の部分が結婚生活の術であった［から、これら二つの術について述べよう］。なぜ二つの術を区別するかといえば、妻を支配するにせよ、子どもを支配するにせよ、両方とも自由人を支配することに変わりはないが、支配の仕方が同じではないからである。すなわち、結婚生活の術によって妻を支配するときには国家の支配[4]と同様になる一方、父親の術によって子どもを支配するときには王国の支配と同様になるのである。なぜなら、前者においては、何らかの点で自然に反した男女の組み合わせになっていない限り、［年齢や経験ではなく］自然本性に基づいて男性が女性より主導者となる性質を多く持つからであり、後者においては、年長の完成した人間が若年の未完成な人間より主導者

1259b　a40

となる性質を多く持つからである。[5]

そこで、結婚生活の術に対応する国家の支配から見てゆくと、大部分の国家では支配者と被支配者が交替する。というのも、国家を構成する人々が自然本性的に対等で、何ら差がないこと、これこそが望まれているからである。しかしなお、かたや支配者、かたや被支配者と分かれている間は、外見の風格でも、話し方の巧みさでも、敬意を受ける点でも、支配者の優越が求められるのである。それはちょうど、エジプト王アマシスが臣下への訓話とした、あの足洗いのたらいの話のようなものである。[6] それに対し、男性と女性は、交替するわけではないから、関係の仕方は常に同じなのである。

b10

1　本巻第三章一二五三b三―一二で述べられている。
2　本巻第四章から第七章までにおいて述べられている。
3　本巻第三章一二五三b一〇では「子どもをもうける術」と呼ばれていたもの。
4　本巻第一章注3参照。
5　本巻第二章一二五二b二〇―二二と第五章一二五四b一三―一六の記述とともに、本章の後続文を参照すると、年齢や経験に起因して優れた者が支配すれば王国的になり、自然本性的に優れた者が支配すれば国家的になるという論旨である。

一方、父親の子どもに対する支配は王国の支配に相当する。なぜなら、生んだ側の父親が愛情に基づいて支配する点でも、年長であるゆえに支配する点でも、まさに王国の支配と同じ種類に属するからである。それゆえホメロスが、すべてのものの王であるゼウスを「人々と神々の父」と呼んだのは適切である。というのも、王になる者は、自然本性的に他の者より優れていながら、他の者と同じ種族に属していなければならないからである。若年者に対する年長者、そして、子どもに対する父親は、まさにこのような性質の関係になっている。

6　ヘロドトス『歴史』第二巻第一七二章によれば、平民の生まれながらエジプト王になったアマシスは、黄金製の足洗いのたらいをつぶして神像に作り直させ、人々に拝礼させた。そして、「たらいのような平民だった自分が、いまは神像のような王になったのだから敬え」と、臣下に命じたという。

第十三章　家人はどのような徳を持つべきか

奴隷、妻、子どもをめぐる難問

さて、いまや家政術が真剣に取り組もうとする事柄は明らかである。すなわち、命を持たない財産のことよりも人間に関することにいっそう取り組み、「富」と呼ばれる財産の優越性よりも人間としての優越性、つまり、徳に関していっそう取り組むのである。[1] 徳のうちでも、奴隷の徳より自由人の徳が、とりわけ真剣に取り組まれる対象になる。

そこでまず、［主人の奴隷に対する支配術の観点から］奴隷に関して、次のような難問を提起する人がいるだろう。すなわち、何らかの「奴隷の徳」というものが存在するとしたならば、それは主人の道具となって奉仕する上での立派さとは別であり、節制や勇気や正義などを備えた人間性のように、もっと尊重されるべき立派さなのか、それとも、身体を使う下働きの能力こそが奴隷の徳であって、それ以外の何ものでも

b20

ないのか、という問題である。この問題が解き難いのは、どちらの仕方で考えても、なお難問が残るからである。つまり、一方で、節制や勇気や正義のような徳が奴隷に備わると考えたときには、いったい奴隷は自由人と何が違うことになるのだろうか。他方で、そのような徳が奴隷に備わることはないと考えるならば、奴隷も人間であって［主人の言葉を理解する程度には］理性を持つ以上、不合理になる。

さらに、徳をめぐって、ほぼ同じことが［結婚生活の術の観点から］妻についても、［父親の術の観点から］子どもについても問われる。すなわち、妻にも子どもにも徳が存在するかという問題であり、妻の場合なら節制や勇気や正義の徳を備えているべきか、子どもの場合なら放縦になることもあれば、節制の徳を持つこともあるのか、あるいはそうではないのか、と問われるのである。

1　「魂の善」である徳を家人に備えさせることが、家政の主要な仕事だということ。本巻第十章注2参照。

普遍的な考察から個別的な考察へ

そこで、これらの問いに答えるため、自然的に支配するものと支配されるものには同じ徳が存在するのか、それとも異なる徳が存在するのか、という普遍的な問題を考察しなければならない。

まず、もしも支配者と被支配者の両者がともに善美（完全な最高の徳）を備えた存在でなければならないとすれば、何ゆえに一方は絶対に支配しなければならず、他方は絶対に支配されなければならないのか。こう問う理由は、ともに善美を備えるのなら、一方は善美をより多く持ち、他方はより少なく持つというような程度の差で両者を区別することはできないからである[2]。実際、支配と被支配は、何か程度の差で異なる行為なのではなく、種類そのものが異なるのである［から、支配者と被支配者は異なる種類の徳を備えるはずである］。

他方、いまの仮定とは違って、一方は善美を備える必要があるが、他方は備える必要がないと仮定するならば、驚くべきことになる。まず、支配者が節制の徳も正義の徳も備えないならば、いったいどのようにして立派に支配するのだろうか。また、被支配者が節制の徳も正義の徳も備えないならば、いったいどのようにして立派に支配されるのだろうか。節制がないために放縦で、勇気がないために臆病ならば、行うべきことを何ひとつ果たさないだろう。それゆえ明らかに、支配者と被支配者の両者が徳を備えていなければならないのであるが、両者の徳には違いがなければならない。それはちょうど、家政の領域に限らず、普遍的な仕方で、自然的に支配するものと支配されるものの間に違いがあるのと同様である。

いま述べた自然的な支配関係は、魂についての考察から、ただちに導かれる。[3] なぜなら、魂のうちには自然的に支配する部分（理性）と支配される部分（欲求）が存在し、それぞれには異なる徳があると私たちは主張するからである。[4] つまり、理性を持つ部分の徳と、理性を持たない部分の徳は異なるというのが、その主張にほかならな　1260a

2　善美は完全な最高の徳であるから、備える程度に量的な差異はありえないということ。

3　魂の部分の構造に、自然的な優劣や支配関係の典型を見出す議論は、本巻第五章一二五四b六―九、第七巻第十四章一三三三a一六―b五でも展開される。

4　『ニコマコス倫理学』第一巻第十三章では、理性が優れている場合は「知性的な徳」、理性に従う欲求が優れている場合は「性格的な徳（倫理的な徳）」を持つと説明されている。本章で言及される節制、勇気、正義は性格的な徳に属する。

い。したがって、魂以外のものにもこれと同じ支配関係があるのは明らかであるから、多くの場合、支配するものと支配されるものとの関係は自然的に成立していることになる。

つまり、自然的な支配という点では普遍的に同じでありながら、支配者と被支配者の関係の仕方が異なってくるのは、自由人が奴隷を支配し、男性が女性を支配し、大人である父親が子どもを支配するときに、それぞれ個別の事情が異なるからである。その事情の異なりとは、どの人間のうちにも理性など魂の部分があるにはあるものの、あり方が異なることである。すなわち、理性の働きである思案の能力を、奴隷の場合はまったく持たず、女性の場合は持つものの、思案には行為を決定する力がない。また、子どもも思案の能力を持つとはいえ、未熟な思案である。

このように理性の働きが異なることからして、理性を持たない部分（欲求）の備える性格的な徳についても、必然的に事情は同じであると考えなければならない。すなわち、どの人間も性格的な徳を備えなければならないが、同じようにではなく、自分の仕事を果たすのに十分な程度に、各自が備えればよいのである。それゆえ、支配者の場合には、性格的な徳を完全に備えなければならないことになる。というのも、支配者の仕事は、端的にいえば大工の棟梁の仕事であり、先に述べた理性が棟梁に当たるからである。それに対し、支配される他の者たちは、それぞれの分に応じただけの性格的な徳を持てばよい。かくして、以上述べたすべての者たちに性格的な徳があることは明らかとなったが、まさにソクラテスが考えていた通り、男性と女性にとっての節制は同じではなく、勇気や正義も同じではない。[7] 例えば勇気は、男性にとっては支配者の勇気であるが、女性にとっては手下になる者の勇気であり、節制や正義の場合も同様なのである。

5　さまざまに解釈できる文だが、感情や欲求に阻まれて思案通りの行為が行われにくいという意味であろう。

6　「大工の棟梁」は、活動の目的を知っていて手下に指令する最高指導者の比喩。『ニコマコス倫理学』第一巻第一章一〇九四a一四では、国家の最高目的に近い活動が「棟梁的」と形容されているほか、同書第七巻第十一章一一五二b二では、国家の運営について考える哲学者が「棟梁」と呼ばれている。

7　プラトン『メノン』七一B―七三Dで、ソクラテスが徳の定義について論じた内容を指すと考えられる。

いっそう個別的な考察

いま述べた徳の個別性は、いっそう細部に即して考察を進めれば明らかとなる。つまり、徳とは何かという問題について、「徳とは、魂が善い状態にあることである」や「徳とは、正しく行為することである」などのように、どの徳にも当てはまるよう普遍的に述べるだけだと、論者が自分自身を欺くことになってしまうのである。そのように普遍的な定義で済ませるくらいなら、ゴルギアス[8]が行ったように、さまざまな徳を一つ一つ数え上げて説明する方がはるかによい。それゆえ、ゴルギアス以外にも、かの詩人が女性について「沈黙こそが女性に美徳をもたらす[9]」と語った通りであり、これと同様に、誰に関しても徳は個別的だと信じるべきである。男性に関しては、この句がもはや当てはまらないし、子どもは未熟ゆえに事情が異なる。子どもの徳とは、現状の自分自身に即したものではなく、将来の目的との関係において、そして、自分を目的へと導いてくれる者との関係において認められるものなのである[10]。そのことは、主人との関係に置かれた奴隷の場合も同様である。つまり、私たちは日常生活に必要不可欠な事柄に関して奴隷が役立つと見なしているのであるから、奴隷に徳が必要だとしてもわずかな徳であり、放縦や臆病のせいで仕事をやり残すことがない程度に節制や勇気の徳を持てばよいのである。[11]

しかし、いま述べたことが真実なら、次のような難問を提起する人が出てくるだろう。すなわち、奴隷に限らず職人の場合も、放縦のせいで仕事をやり残すことがしばしばあるのだから、やはり職人にも徳が必要なのではないか、という問題である。あるいは、奴隷と職人では事情が大きく異なるのだろうか。というのも、かたや奴隷は主人と生活をともにするのに対し、かたや職人は奉仕する対象から比較的離れているゆえに、作業上の従属[12]に見合う程度の徳を持てばよいからである。すなわち、一般に

a40　1260b

8　紀元前五世紀から四世紀にかけて活躍したシチリア出身の弁論家で、著名なソフィスト（知恵者）。

9　ソフォクレス『アイアス』二九三。

10　子どもの目的とは、「幸福」あるいは「徳を備えた人間としての完成」であり、将来そのようになる可能性を持つことが「子どもの徳」である。類似の説明は『ニコマコス倫理学』第一巻第九章一一〇〇a一―四に見られる。

11　この段落は、本章一二五九b二六―二七の「節制や勇気……何が違うことになるのだろうか」という問いへの回答として、自由人と奴隷では必要な徳の程度が異なることを示している。

卑俗な作業をする職人というものは、確かに一定の従属状態にあるけれども、奴隷が自然的に主人に従属しているのに対し、靴職人にせよ、他の種類の職人にせよ、自然本性が原因で従属している者はいないのである。したがって、いまや明らかなように、奴隷の徳というものは、主人の存在が原因にならなければならないのであって、奴隷に仕事を教えた教師が徳の原因ではないのである。それゆえ、奴隷には理性など不要だとして理性を奪い去り、命令に従って使用されるだけの奴隷になればよいと主張する人々は、適切に論じていない。なぜなら、奴隷に対しては、仕事を命令するというよりも、むしろ留意させるべきだからであり、子どもを相手にするとき以上にそうするべきだからである。[13]

結語

だが、これらの事柄については、以上のように規定し終えたものとしよう。他方、夫と妻、子どもと父親について、また、それらの一人一人が持つ徳と家人同士の関わり合いについて、どうであれば立派な状態であり、どうであれば立派ではない状態なのか、さらには、どのようにして善を追求するべきであり、どのようにして悪を忌避

b10

するべきなのか、こうしたことを国制論において述べなければならない。[14]というのも、どの家も国家の部分であり、家人は家の部分であるわけだが、部分の徳というものは全体の徳と相関させた観点から見る必要があるから、結局のところ、子どもの徳の教育にせよ、妻の徳の教育にせよ、［全市民を有徳にする］国制の全体との相関を見て実施しなければならないのである。それは、子どもが優れた子どもになり、妻が優れた妻になれば、国家が優れた国家になる上で何らかの違いがもたらされるからにほかならない。そして、そうした違いがもたらされるのは必然である。なぜなら、妻たちは

12　これまで「隷従」と訳してきた douleiā を、本章では文脈に応じて「従属」と訳す。職人は奴隷のように他者に隷従するわけではなく、作業中は自由に振る舞えないという意味で仕事に従属するからである。

13　この段落は、本章一二五九b二七―二八の「そのような徳が……不合理になる」という指摘に対する応答であり、奴隷が限定的な理性を持つことを示している。プラトン『法律』第六巻七七七E―七七八Aでは、奴隷に対しては命令するべきであり、自由人に対するように留意させるべきではないと述べられているので、その主張への反論とも考えられる。

14　この約束が本書で果たされているか否かということについては、従来、否定的な意見が多いが、少なくとも子どもの教育については第八巻で論じられている。

自由人の半分に当たるのであるし、子どもたちは成長後に国制に参与するからである。b20

かくして、かたや既述の事柄は規定し終え、かたや残る事柄は別のところで論じるべきであるから、目下の議論は終点にたどり着いたと考えて話題を転じ、別の議論の始点を設定したい。それゆえ、最善の国制に関する意見を表明した人々について、まずは考察することにしよう。

第二巻　先人の国家論と現実の諸国制についての検討

第一章　考察の出発点となる「共有」の問題

さまざまな国制を取り上げる理由

私たちが意図しているのは、どのような国家共同体が最も優れているかを研究することであるが、この研究は、願い通りに生きることが最大限に可能な人々にとっての国家共同体すべてを対象にしている。それゆえ、「理論的に考えられる最善の国制だけではなく」善い統治が行われているといわれる国家のいくつかについても、それらが現実に採用している他の国制を考察してみなければならない。また、人々が優れた国制だと考えて語っているものが他にもあれば、それらも考察しなければならない。その目的は、それらの優れた国制のどの点が正当で、どの点が有用なのかを見てみることにある。

しかしまた、反対に難点を見出し、それらとは異なる国制を求めることになった場合には、私たちに知恵があるところを見せようとしてそうしたと思われては絶対にならない。そうではなく、いま存在する国制が実際には優れていないということ、まさにそのことを理由として、私たちが異なる国制の探究に取り組もうとしているのだと思われるようにしなければならないのである。

『国家』の共有論に従うべきか

そこでまず、こうした考察にとって本来の出発点となる問題を立てなければならない。すなわち、出発点となるのは、国家の全市民がすべてを共有するか、何ひとつ共有しないか、共有するものと共有しないものがある状態にするか、という問題である。このうち、何ひとつ共有しないという状態がありえないのは明らかである。なぜなら、国家は一種の共同体であり、何より、国土という場所を共有するのは必然だからである。[1]すなわち、単一の国家が占める場所は単一であり、その単一の国家を市民たちは共有しているのである。すると、国家を適切に治めようとすれば、およそ共有可能な

1　「共同体」を意味する koinōniā と、「共有する」を意味する koinōnein の語義が本質的に不可分である点に訴えた説明。「解説」参照。

1261a　b40

ものは、すべて共有する方がよいのだろうか、それとも、共有するものと共有しないものがある状態にする方がよいのだろうか。

確かに、子どもでも妻でも財産でも、市民たちの間で共有可能であることは、プラトンの『国家』において示されている通りである。すなわち、『国家』に登場するソクラテスは、子どもも妻も財産も共有されるべきだと説いている[2]。では、そうしたもののすべてを共有しているわけではない現状のままの方がよいのだろうか、それとも、『国家』に記された妻子共有と財産共有の法律に従う方がよいのだろうか。

2　プラトン『国家』第四巻四二三E—四二四Aと第五巻四四九A—四六六Dで説いている。ただし、そこに市民全員による「財産共有」を明示する箇所はないため、アリストテレスが文脈から判断したと考えられる。「解説」参照。

第二章　プラトンの国制論①――国家の目的は一つになること

ソクラテスの議論の前提

さて、全市民が妻を共有することには多くの難点があるけれども、とりわけ問題なのは、ソクラテスがこの制度を立法化しなければならないと説くときの理由であり、ソクラテスの議論から妻の共有という結論が生じないのは明らかである。加えて、ソクラテスが国家の必須の目的に挙げる事柄との関係から見ても、いま述べたように議論展開が不合理なので、妻の共有は目的を達成する手段になりえない。[1]また、国家の目的に挙げられた事柄を、そもそもどのように解釈するべきかが明確にされてもいない。何を指してこう述べているのかというと、「国家の全体が最大限に一つになる」ことこそ最善の状態だと考えている点である。つまり、ソクラテスが国家の目的として議論の前提に置いているのはこれなのである。[2]

けれども、もしも国家がその方向に進み、一つになる度合いが増すならば、やがて国家でなくなるのは明らかである。なぜなら国家というものは、自然本性上、多数のものの集まりの一種であるゆえに、一つになる度合いが増すと、国家ではなく家になり、さらには家ではなく一人の個人になってしまうからである。実際、国家より家の方が、家より個人の方が、一つになっている度合いの高いものだといえるだろう。したがって、たとえ国家を一つにできる人物が存在したとしても、行うべきではない。というのも、そんなことをすれば国家を滅ぼしてしまうからである。

人間たちの種類上の多様性

また、国家は数の上で多くの人間たちによって構成されるだけではなく、性質の上で種類が異なる人間たちによっても構成されている。なぜなら、同じような性質の人間たちだけでは、国家が成立しないからである。その点、共同して戦うことだけを目的とする軍事同盟は、国家と異なる。すなわち、軍事同盟の場合なら、種類の上で

1　この批判の内容は、本巻第三、四章で具体化される。
2　プラトン『国家』第五巻四六二A―Eで語られている内容。

「戦士という」同じ人間たちばかりであっても、数さえ多ければ役に立つ。というのも、もともと軍事同盟は、人数の上での戦力不足を補い合うためのものだからである。それはちょうど、天秤が重りの数の多い方に傾くのと同じ理屈なのである。[3] そして、国家が軍事同盟と異なるのと同じように、国家は民族と異なる。ここでいう民族とは、村ごとに離散しているために人口が分散している場合ではなく、「村々が連盟して多数の人間が集まりながら、国家を形成しない」アルカディア人のような民族の場合である。[4] それに対し、国家がまとまっているのと同じ意味で一つになる必要があるときには、それを構成する要素同士は種類が異なっている。

　まさにそれゆえに、先に『倫理学』で述べたように、[5] 種類の異なる人間たちの間で価値の等しい事物を授受する「応報の平等性」こそが国家を維持するのである。なぜなら、「応報の平等性」は、人間としての種類が異ならず、自由で対等な市民同士の間でさえも必ず存在しなくてはならないからである。その理由は、全市民が同時に支配者になることはできず、一年あるいは別の長さの任期に基づいて、支配者の地位を交替するほかはないことにある。[6] こうすることで全市民が支配を行えるわけであり、譬えていえば、靴職人がずっと靴職人の仕事を続け、大工がずっと大工の仕事を続け

a30

るという方法をやめて、靴職人と大工の仕事を交替制にするようなものなのである。[7] 確かに国家共同体の場合であっても、靴職人がずっと靴職人の仕事を続けるような方法の方が善いので、もしも可能なら、同じ者がずっと支配し続ける方が善いことは明らかである。しかし、全市民が自然本性において対等であるゆえに同じ者の持続的

1261b

3 天秤の右側と左側を、軍事的な意味での味方側と敵側のバランスに見立てた比喩であろう。

4 ペロポネソス半島中央部のアルカディア地方では人々が連盟を結成していたので、それを軍事同盟に似た集団ととらえた記述であろう。なお、自足の観点から国家と民族を区別する第七巻第四章一三二六b二―五も参照。

5 『ニコマコス倫理学』第五巻第五章における応報的正義の説明を指す。この文で言及される「応報の平等性」は、大工が靴職人から靴を受けて家を返す場合のように、異種の事物の間で等価交換を実現することを意味する。

6 交替による支配制度については第七巻第九章や同巻第十四章で論じられる。

7 第七巻第九章一三二九a一九―二一によれば、職人は国家の構成に参与しないゆえ、靴職人と大工が仕事を交替しても支配者と被支配者の交替にはならない。この比喩の要点は、靴と家を等価交換することで「応報の平等性」を実現する彼らが、もしも仕事そのものを等価交換できたならば、市民間での支配者と被支配者の交替に似たものになるということであろう。本章注5参照。

支配が不可能であり、同時にまた、全市民による支配への参与が（当人にとっては善いことにせよ、悪いことにせよ）[8]正義にかなっている場合には、事情が異なる。その場合、対等な全市民が順番で支配に参与しつつ、支配者の外にいて支配される市民たちも支配者たちと同等だと見なされていれば、同じ者がずっと支配し続ける方法と同一ではないにせよ、少なくともその方法を見倣って真似したことにはなる。[9]つまり、対等な市民たちがあたかも別々の種類の人間になったかのように、支配する側と支配される側に交替で分かれるわけである。したがって、支配する人々が別々の公職に分かれて従事する場合も、別々の種類の人間になったかのように振る舞う点では同じなのである。

以上から明らかなように、ある人々が述べるような意味で国家が一つであるということ、これは国家の本来的なあり方ではないし、そのことを国家における最大の善に挙げるならば、かえって国家を滅ぼすのである。しかし、このように滅ぼすものが善であるはずはなく、ある事物にとっての善とは、少なくともその事物を活かし、存続させるもののはずである。さらに別の面から見ても、国家が過度に一つになるよう求
b10 めると、より善い結果にならないのは明らかである。なぜなら、家は一個人より自足

的であり、［種類の異なる人間たちで構成される］国家は家より自足的だからである。それゆえ、多数の人間たちの共同体が自足に達したときには、既に国家が成立しようとしているのである。かくして、自足の度合いが高ければ高いほど望ましい状態になるからには、国家が［内部で人間の多様性を失い］一つになっている度合いが高い状態より、むしろ低い状態の方が望ましいのである。

8 支配への参与が当人にとって悪い場合とは、第七巻第二章一三二四a二五—三八で述べられるように、哲学的な生き方を目指す人々にとって政治への関与が妨げになる場合であろう。

9 同一の個人がずっと支配し続けるわけではないが、対等な市民たち、つまり、同じような性質の市民たちが交替で支配すれば、それに似た制度になるという議論。生物が「自分自身と似たような他の個体を残したいという欲求を持つ」（第一巻第二章一二五二a三〇）という説明と似た語彙が使われている。

第三章　プラトンの国制論②——妻子の共有制による意思統一

「すべての人」の二義性

しかしまた、仮に、最大限に一つになることが共同体にとって最善なのだとしても、一つになったという事実が、［妻子の共有後に］人々の話すことを証拠として示されるとは思われない。すなわち、「これは私のものである、あれは私のものではない」とすべての人が同じ内容を一斉に話すようになったならば、［全体の意思統一に達したゆえに］国家が究極的に一つになった証拠だとソクラテスは考えた[1]のであるが、そのように
うには思われないのである。なぜなら、「すべての人」という言葉には二通りの意味 b20
があるからである。

まず、「それぞれの人」が個々に話すという意味で「すべての人」が話すと解釈するならば、ソクラテスが実現を望む状況により近いだろう。つまり、それぞれの人が同一の［共有されている］男児を指して「これは私個人の息子である」と［私物のよう

に」話し、同一の女性を指して「これは私個人の妻である」と話す場合であり、財産や一つ一つの出来事についても同じ仕方で誰もが話すような状況である。

しかし実際には、妻たちや息子たちの共有が実現されている場合、「私個人の」所有物を指すような話し方はしないだろう。すなわち、「それぞれの人」が個々に所有しているという意味ではなく、多数の人々の「全員」が一緒に所有しているという意味で、「すべての人」が「これは私の息子である」、あるいは「これは私の妻である」と話すのである。[3] 財産についても同様であり、「それぞれの人」が個々に所有してい

1　プラトン『国家』第五巻四六二C—Dの内容。一つになった国家は一個人にたとえられ、指の痛みが一個人の全体で共有される例が挙げられている。

2　「これは誰の息子か」と誰に尋ねても「これは私個人の息子である」という答えが返ってくる状況。ソクラテスの思想によれば、それぞれの人（それぞれの私）のすべてが同一人物になったかのように意思統一されているため、誰もが私物を指すような話し方をする。

3　例えば、日本人全員が日本を指して「これは私の国である」と話すとき、「これは私個人の国である」という私物化の含意もなければ、「これは私以外の人の国ではない」という排他的な含意もない。一般に共有物はこの意味で「私のものである」といわれ、共有されている息子を指して「これは私の息子である」と話す場合も同様である。

るという意味ではなく、「全員」が一緒に所有しているという意味で、「すべての人」が「これは私のものである」と話すのである。

したがって、「すべての人が話す」という表現は、明らかに一種の誤謬推論を招く。実際、「すべて」と「両方」[4]、「奇数」と「偶数」[5]という表現はいずれも二通りの意味を持つために、議論の中で使われる場合も、争論家的な推論[6]を生む原因になるのである。それゆえ、ソクラテスが主張する意味での「すべての人」が同一の事物を指し、 b30
「私個人のものである」と話す状況になったならば「国家全体が意思統一されたゆえに」素晴らしいことではあるが、現実には実現不可能である。他方、ソクラテスの想定とは異なり、「全員」という意味での「すべての人」が同一のものを共有している状態で「私のものである」と一斉に話したとしても、「全員が合一して一個人のようになるわけではないので」何ら意思統一にはならないのである。

気配りの低下

さらに、妻子の共有というソクラテスの主張には他にも有害な点がある。すなわち、最大の数の人々によって共有されたものに対しては、最小の程度の配慮しか向けられないという点である。というのも、私的な事物ならば最大限に気配りされるのに対し、共有される事物については気配りの程度が下がるか、あるいは、その事物が個人に関わる分に限って気配りされるかのいずれかになるからである。つまり、理由は他にもあるにせよ、誰か別の人間が気配りするはずだと考えてしまうと、人々はいっそう物事をないがしろにするのである。それはちょうど、家事の作業を行うとき、召使の数が少ない場合より多い場合に、かえって杜撰な仕事になることがあるのと同様である。

4 例えば、「夫婦の両方が財産を所有している」というとき、それぞれが別々の財産を所有している場合と、同一の財産を共有している場合との二通りがある。

5 本巻第五章一二六四b一九—二〇の説明を手がかりにすると、例えば偶数の「八」は、「二+六」という偶数の和と、「三+五」という奇数の和との二通りの意味を持つということであろう。一方、奇数の「九」は、偶数を含む「二+三+四」という和と、奇数だけの「一+三+五」という和の二通りに分けうる。

6 見かけ上の正しさを装う非論理的な推論で、『トポス論』第八巻第十二章一六二b三—五に説明がある。なお、『形而上学』第四巻第七章一〇一二a九—二〇では、奇数でも偶数でもない数の存在に関する問題が一例に挙げられ、争論家的な議論を解決するべきだと説かれている。

これが実状であるにもかかわらず、ソクラテスの望み通りにするならば、市民のそれぞれに千人の息子ができ、しかも息子たちは、いずれも特定の個人の息子ではないことになる。すなわち、どの市民、どの息子を勝手に選び出しても、いずれも同じように父子関係になるのである。したがって、「すべての人」[7]が「他の市民による気配りを想定して」同じように息子をないがしろにする結果になるだろう。

さらに、市民の中の幸福な人、あるいは不幸な人を指し、「あの人は私の何々である」とそれぞれの人が話す場合、[8]いま述べた息子の例と同じようになっているのならば、その話し手は、市民全体の何分の一かに当たる個人として「私の何々」と話していることになる。つまり、「私の息子」と話すにせよ、「某《なにがし》の息子」と話すにせよ、「私」や「某」は、同一の男児を共有する千人の市民のうちの一人か、[9]国家の構成者数だけいる市民のうちの一人を指すのである。しかも、そのように話すときにはためらいが伴う。というのも、誰の子どもが生まれ、誰の子どもが誕生後に生き残ったのか、不明のままだからである。

それでもなお、ソクラテスの主張通り、「市民全体の何分の一かに当たる」それぞれの人が「私の何々」と話す方がよいのだろうか。つまり、市民が二千人いようと、一

1262a b40

万人いようと、それぞれの人が同一のものを「私の何々」と呼ぶのがよいのか、それとも、むしろ現実の諸国家で使われている意味で「私の何々」と呼ぶ方がよいのだろうか。なぜこう述べるかといえば、同一人物について、ある人は「私の息子」と呼び、ある人は「私の兄弟」と呼び、ある人は「私の従兄弟」と呼ぶのが現実だからであり、他にも血縁あるいは家系上の親族関係、自分自身の結婚や身内の結婚によって生じた縁戚関係に基づいて、その人を呼ぶ場合がある［ゆえに、ソクラテスが主張する画一的な表現で「私の何々」と呼ぶより余程よい」からである。加えて、「私の兄弟団の仲間」、「私の部族の仲間」という呼び方を使う人がいるという事実もある。[10] 実際のところ、ソクラテスが主張するような不特定の父子関係において誰かの息子であるより、縁戚

7 ソクラテスが主張する意味で「すべての人」という句を用いた皮肉な表現。

8 この例は、プラトン『国家』第五巻四六三Eでソクラテスが語る内容。国家全体が意思統一されていれば、誰か一人の幸福を全員が喜び、不幸を悲しむと説明されている。

9 自分は千分の一だけ父親であるという認識に伴い、当の男児は千分の一だけ息子だと考えられている状況を指すのであろう。

10 市民組織を意識した呼び方で、市民はまず部族に分けられ、各部族は兄弟団に分けられる。

関係が特定された人物の従兄弟である方がまだよいのである。

血縁関係への関心

しかし何といっても、ソクラテスの望む共有制を実現した場合、誰かが誰かに対し、もしかしたら自分の実の兄弟なのではないかと考えたり、自分の子ども、父親、母親なのではないかと考えたりすることは避けられない。というのも、誰かと誰かが似ていれば、両者の間に、子どもと生みの親の関係があることを示す証拠だと受け止めざるをえないからである。

まさにこうしたことが現実にも起こっていると、世界旅行記の著者たち数人が書いている。すなわち、リビア高地のある住民たちは複数の妻を共有しているけれども、生まれた子どもが誰に似ているかによって父子関係を区別しているという。そして、人間の女性でも、馬や牛など人間以外の動物の雌でも、父親と似た子どもを産む性質を、生まれつき多分に備えたものが存在すると報告されており、ファルサロス[11]で「ディカイア」[12]と名付けられた雌馬がその例に挙げられている。

11　ギリシャ北部に位置するテッサリア地方の都市。

12　「正しい」を意味する形容詞 dikaios の女性形を名前にしたもので、『動物誌』第九巻第六章五八六a一四―一五にも記述がある。「正しい子どもを産む正しい雌馬」という含意があるのかもしれない。

第四章　プラトンの国制論③——妻子の共有制と市民同士の関係

親族間で起こる問題

さらに、ソクラテスの主張通りに妻子が共有される共同体を建設する人々にとって、暴行、過失による殺人と故意の殺人、抗争や中傷のような対処し難い問題が起こらないよう注意深く防ぐのは容易ではない。こうしたことが、〔息子によって〕父親や母親など親族の中でも近しい人々に対して為されるならば、あたかも見知らぬ他人を相手に行った悪事のように、まったく敬虔さのない行為になる。こうした行為は、相手との血縁関係を知っている場合よりも、知らないでいる場合の方がいっそう起こりやすくなること、これも必然である。そして、血縁関係を知っていて問題を起こした場合には、慣習に従った贖罪によって解決できるが、相手と自分の関係を知らない場合にはそれが不可能なのである。

また、息子たちを共有のものとしながら、男性同士の恋愛関係にある者たちに性交

a30

渉だけは禁じ、恋愛そのものや性交渉以外の接触を禁じないのは奇妙である。[1]まして
や、父親と息子、兄と弟の間では恋愛関係を持つことだけでも不謹慎の極みなのだか
ら、性交渉以外の接触が禁じられないのは理不尽である。さらには、過度に激しい快
楽が生じることだけを理由にして性交渉を禁じ、父親と息子、兄と弟との間であって
も、他の男性同士の接触と何ら変わらないかのように考えられているのも奇妙である。 a40

友愛の意義

さて、妻や子どもを共有する制度は、国家の守護者となる支配者に適用するよりも、
むしろ被支配者の農民に適用する方が、国家にとって役立つと推察される。というの 1262b
も、妻子を共有する人々の間では［本当は妻子を自分だけのものにしたいので］友愛が
弱まるからである。つまり、農民などの被支配者が国家に服従するようにし、体制の
革新など企てないようにするには、このように友愛の弱い状態にしておく必要がある
のである。

1　この段落で批判されているのは、プラトン『国家』第三巻四〇三A—Cの内容である。

この友愛の観点に立って全体的に見れば、妻子を共有させる法律は、正しく定められた法律が本来もたらすべき［内乱のない］国家の状態とは正反対の状態を必然的に生み出す。そして、ソクラテスが妻子の共有を制度化するべき理由に挙げた事柄（国家が最大限に一つになること）とも正反対の結果を必然的に生み出すのである。なぜなら、まず、友愛があれば内乱を最小限まで抑えられるので、友愛こそが国家にとって最大の善だと私たちは考えるからである。また、国家が一つになることをソクラテスは何よりも賞讃しているが、それを実現するのは友愛の働きだと考えられる上、ソクラテス自身もそう主張しているのだから、友愛の弱い状態はそれと正反対なのである。

いま述べたのと同様のことについて、アリストファネス[2]が恋愛に関する議論の中で述べているという事実を私たちは知っている。すなわち、恋愛関係にある者たちはあまりにも強く愛し合うゆえに、二人が結合して一つになることを両者とも欲するというのである[3]。この場合、二人とも、あるいは、どちらか一人が必ず滅びてしまう［ほどに愛情が強い］のであるが、ソクラテスの考える国家では妻子の共有性が存在するため、愛情が水のように薄くならざるをえない。それゆえ、息子が父親を「私の父親」と呼ぶにせよ、父親が息子を「私の息子」と呼ぶにせよ、そう呼ぶ頻度は最も少なくなり、その呼び方に込められた愛情は最も薄くならざるをえないのである。それを譬えていえば、少し甘みがあるものを大量の水に溶かすと、甘いものが混じっているとは気づかれないほど薄くなるように、「父親」、「息子」と呼び合うことから生じる互いの肉親としての意識も極めて薄くなるということなのである。というのも、ソクラテスの考える共有制の国家では、父親が自分の息子を息子として、息子が自分の父親を父親として思いやる意識が最も薄くなり、兄弟の間でも互いを思いやる意識が最も薄くならざるをえないからである。すなわち、人間がとりわけ心づかいの対象にしたり、愛情の対象にしたりするものには二つの性質があり、第一は「自分だけのもの」、第二は「いとしさを覚えるもの」[4]であるが、妻子の共有制を持つ国制下で生きる人々にとっては、そのいずれの性質を備えたものも存在しえないのである。

2　紀元前五―四世紀にアテナイで活躍した喜劇詩人。
3　プラトン『饗宴』一九一A―B、一九二D―Eで、登場人物のアリストファネスが演説する内容。

子どもを移す方法の有害性

さりとて、［ソクラテスが神託として話したように］生まれた子どもを他の階層に移す方法にも問題がある。すなわち、被支配者の農民や職人の子どもを国家の守護者である支配者の方へ移したり、その反対方向に移したりするとすれば、どのような方法で行うかということが大変に厄介な問題になるのである。しかも、子どもを引き渡し、階層移動に手を貸す者たちは、誰が誰に渡されたのかを必ず知ることになってしまう。

加えて、そのように子どもを他人に移した場合には、必然的に、親族間での暴行、恋愛、殺人など、先ほど述べた問題もいっそう起こりやすくなる。なぜなら、守護者から他の階層の市民へ引き渡された人々は、もはや守護者たちを、兄弟、子ども、父親、母親と呼ぶことはなく、反対に守護者へ引き渡された人々も、他の階層の市民たちをそのように呼ぶことはないため、相手が親族であるという理由によって暴行、恋愛、殺人などを注意深く避けることがなくなるからである。

かくして、妻と子どもの共有については、それがどのようなものなのかを以上のように示したとしよう。

b30

4　私有が認められて「自分だけのもの」になったとしても憎悪の対象になりうるので、この性質が付加されている。他方、「いとしさを覚えるもの」でも他人と共有していれば愛情が薄くなるため、「自分だけのもの」という独占の条件は欠かせないことになる。

5　プラトン『国家』第三巻四一五A―Cの内容。神は国家の支配者に金を与え、補助者には銀、農民と職人には銅と鉄を混ぜて与えたという物語をもとに、もしも金の親から銀の子どもが生まれたり、銅と鉄の親から金や銀の子どもが生まれたりしたならば、ふさわしい階層に移すべきだとソクラテスは語っている。

第五章　プラトンの国制論④——財産の共有制

どのような制度にするべきか

以上に続くのは、財産についての考察である。すなわち、最善の国制で国家を運営しようとするならば、財産の所有に関する制度をどのような仕方で構築するべきなのか、つまり、ソクラテスが主張するように財産は共有にするべきなのか、それとも共有にするべきではないのかということが問題になる。この問題は、妻子を共有するかどうかを定める立法とは切り離して、単独でも考察できるだろう。つまり、妻子に関しては、現状ではどこでもそうであるように各個人が別々に所有するとしても、財産 1263a に関しては、所有[1]と使用を共有化（公共化）した方がよいかどうかを問題にできると述べたいのである。

例えば、第一に、土地の区画は各個人が別々に所有するが、そこで収穫されたものは共有物へと転換して消費する方法があり、いくつかの民族はまさにそのようにしている。第二に、いま述べたのとは正反対に、土地を共有して農耕も共同で行うが、収穫物は各個人が使用できるように分ける方法があり、ギリシャ人以外の民族の中には、この方法での共有も実行している人々がいるという。第三に、土地の区画の所有も、収穫物の使用も、ともに共有化する方法がある。

このように三つの方法を例示してみたけれども、もしも農耕を行う者が［奴隷や在郷民などのように］別にいる場合ならば、土地を所有する市民は農耕作業を行わずに済むという意味で、もっと楽な別の方法があるだろう。[2] しかし逆に、農耕を行う者が別に存在しないならば、市民たちは自らのために労苦の多い農耕作業に従事することになり、その結果、財産に関する問題は多くの不満を呼び起こすだろう。なぜなら、収穫物の享受の面でも、農耕作業の労苦の面でも、平等にならず不平等な状態になれば、必ず非難が起こるからである。すなわち、わずかな農耕作業の労苦で収穫物を享

1　ロスは ge…ē…（少なくとも…か…を）と修正しているが、写本通りに te……kai と読む。
2　第七巻第十章一三三〇a二三—三一では、奴隷や在郷民に農耕を担わせる方法が説かれている。

a10

受したり大量に得たりする者に対し、農耕作業の労苦は多大ながら収穫物を少量しか得ない者が非難を向けるのは必然なのである。

総じていえば、ともに生きて人間に関わる万事を共有することは困難であり、とりわけ、いま述べたような事柄は難しいのである。そのことをはっきりと示すのが、家を離れて長旅をともにする人々である。というのも、長旅をともにしていると、日常の些細な事柄から人々の間で衝突が起こり、大方の人々は仲違いしてしまうからである。また、家にいる場合でも、私たちがとりわけ召使と衝突を起こすのは、身の回りの雑務のために使用することが多い者との間においてなのである。

共有と私有の長所

かくして、財産を共有化するならば以上のような問題が起こるが、他にも類似した対処し難い問題が生じる。それに対し、［財産の私有を含む］現行の制度の場合には、慣習と正しい法秩序によって洗練されるなら、少なからず優れたものになるだろう。なぜなら、両方から長所を得るだろうからである。ここで「両方から」というのは、財産の「共有と私有から」という意味である。というのも、財産というものは、ある面では共有されるべきであるが、全体的にいえば私有されるべきだからである。すなわち、私有されるべき理由は、財産に対する顧慮が個別化されていれば、他人との間で［財産の分配をめぐって］互いに非難を向け合うこともなく、むしろ各個人が自分のことだけに専念して、［私有財産の獲得へと］邁進することにある。他方、ある面では共有されるべきだというのは、「友のものは、ともに分かち合うもの」という諺があるように、［欲ではなく］徳によって実現されるべき事柄が、財産の獲得ではなく使用の面にあるからである。[3]

こうした財産の使用における共有化は、それにほぼ相当する制度が、現状でもいくつかの国家に存在するので、実現不可能ではないことを示している。とりわけ、適切に運営されている国家では、財産の使用を共有化する制度の一部が既に実施されており、残りの部分もいずれ実施されるであろう。すなわち、そのような国家では各個人

3　後続箇所で述べられるように、使用の面。

4　ピュタゴラス派の句と伝えられ、『ニコマコス倫理学』第八巻第九章一一五九b三一、第九巻第八章一一六八b七でも引用されている。なお、「友（philos）」と「愛（philia）」は原語では同系で、本章で展開される「愛情」の議論の伏線としても、この句が機能している。

が所有の面では財産を私有しつつ、私有財産のうち、ある部分は親しい人々も使用できるようにし、ある部分は使用において完全に公共化しているのである。例えばラケダイモン[5]においては、人々は互いに、他人が所有する奴隷をいわば私物のように使用しており、馬や犬までもそのように使用している。また、旅の途中で食糧が不足すれば、国中の畑から補給する。[6]

したがって、所有の面では財産を私有にしつつ、使用の面では共有化する方が善いことは明らかである。そして、このような制度を実行できる［有徳な］市民を作り出すことが、立法者に固有の仕事なのである。

私有の快

さらに、快の大きさという点でも私有は共有と異なり、何かを「自分のものだ」と考えるとき、快は言葉に表せないほど大きくなる。思うに、各個人が自分自身に対して愛情を持つことは無駄ではなく、むしろ無駄とは正反対の自然なことなのである。[7]

確かに、自己愛を持つことに対する非難が正しい場合もあるけれども、それは、自己を愛することそれ自体に対してではなく、愛情を持つべき程度を超えて自己を愛することに対する非難なのである。[8] それはちょうど、適切な程度を超えて金銭を求めるときに「金銭愛」の名で非難されるのと同じことであり、財貨の類を愛することそれ自体は、いわば誰にでもあることなのである。

しかしまた、自分自身に対して愛情を持つばかりではなく、友人や客人や仲間に対して親切にし、援助することも何より快いことであり、こうした他者への行為が行えるのは、財産を私有していればこそである。したがって、「妻子や財産を共有化して」国家を過度に一つにするならば、こうした他者への親切な行為は生じなくなる上、次に挙げる二つの徳の働きを明らかに消滅させる結果になる。二つの徳のうちの一つは、女性関係における男性の節制である。すなわち、ある女性が他の男性のものであるな

b10

5　都市国家スパルタの人々が自らを呼ぶときの名称。スパルタは地名に即してラコニアとも呼ばれる。

6　ここでも、財産の典型として奴隷の次に食糧が挙げられている。第一巻第八章注5参照。

7　第一巻第二章一二五三a九の「自然は何も無駄には作らない」という句を踏まえた説明。

8　『ニコマコス倫理学』第九巻第八章では、非難の的になる利己的な自己愛の問題点が指摘された上で、結論としては優れた人物の自己愛が肯定されている。

らば、節制の徳によってその女性に近づかないことは立派な行いであるが、妻の共有制下ではこの徳が成立しなくなる。もう一つの徳は、財産の使用に関する気前のよさである。すなわち、財産の共有制下では、自分の財産を使って他者に気前のよい行為を行うことがまったくできなくなり、気前のよい性格の人間であることも示せなくなる。というのも、自分の所有物をどう使うかという面にこそ、気前のよさという徳の働きが表れるからである。

共有制の根本的な誤り

さて、財産の共有制を立法化するならば、確かに外面の印象はよくなり、人間愛に満ちていると思われるようになるだろう。実際、その立法化を聞いた者は、万人の万人に対する友愛が、驚くほどの大きさになるだろうと信じて、喜んでそれを受け容れる。とりわけ、諸国制に現在発生している害悪について、財産が共有化されていないことこそ元凶だとする訴え[9]があるときにはなおさらである。ここで「害悪」というの b20
は、契約をめぐって当事者が訴訟を起こし合うことや裁判での偽証に基づく判決、富裕者への追従のことである。

しかし、これらの害悪は、どれひとつとして財産が共有されていないことに起因するのではなく、悪徳から生じるのである。なぜこういえるのかといえば、財産を私有する人々の間でよりも、財産を共有して分かち合う人々の間での方が、はるかに多くの仲違いが起こるのを、私たちは実際に見ているからである。もしもそうではなく、財産の共有者の間では仲違いが少ないという見方を私たちが持っているとすれば、財産を私有する人々の数の方が多く、そこで多くの数の仲違いが起こっているのと比べるからにすぎない。さらにいえば、財産を共有することによって、どれだけ害悪をなくせるかという議論ばかり行うのではなく、どれだけ善が失われるかという点も語ってこそ、公正な議論になる。どれだけ善が失われるかを語ることによって明瞭になるのは、人生を生きることがまったく不可能になるという事実である。[10]

財産の共有制を唱えたソクラテスの誤りの原因は、議論の前提（国家は最大限に一

9　プラトン『国家』第五巻四六四D—四六五Cにおけるソクラテスの主張を指すと考えられる。

10　財産の私有制があればこそ自分のことに邁進し、私有に快を感じて人間は生きるのだから、そうした自己追求の意欲や幸福感を欠けば、人生を生きるのは不可能だということ。

b30

つになるべきだという見解）が正しくなかったことにあると考えるべきである。なぜなら、確かに家も国家も、ある意味では一つでなければならないが、全面的な意味で一つになるべきではないからである。すなわち、もしも全面的な意味で一つになる方向へ進むなら国家ではなくなることもありうるし、たとえ国家であり続けるとしても、国家ならぬものに近づくゆえに劣悪な国家になることもありうるのである。それはちょうど、複数の音から成る協和音を単一音に変えたり、変化に富むリズム[11]を単調な進行に変えたりしたような状態になるということである。しかし、そうなってはならず、先に述べたように[12]、国家は多数の人々の集まりでありつつ、教育の力によって、共有される一つのものに作り上げられなければならない。それゆえ、教育制度の導入を望み、教育によって国家が優れたものになると信じたソクラテスが、財産の共有制のようなものによって国家を矯正できると考えたのは奇妙である。すなわち、慣習や哲学や法律によってではなく、ラケダイモンやクレタの立法者が共同食事[13]の制度を使って財産の共有化を進めたような方法で国家を矯正できると考えたのは奇妙である。

さらに見逃してはならないのは、財産の共有制が認識されるようになるまでに、長い時間、長い年月を経なければならなかったという事実そのものである。もしも、財

1264a　　b40

産の共有制が優れた制度であったならば、これほど長い年月、気づかれなかったはずはない。なぜなら、可能な制度は、ほぼすべて、既に見出されているからである。ただ、その中には、［認識され、かつ活用されている制度の他に］認識されるほど資料が集成されていない制度と、認識されながら活用されていない制度があるだけのことである。財産の共有制がどちらに該当するかは、財産の共有制を含む国制が実際に構築される過程を見れば、何よりも明らかになるだろう。すなわち、市民を部分に分けて、ある部分は共同食事に参加する人々、ある部分は兄弟団と部族に属する人々というように分離しない限り、ソクラテスが望むような国家を作れないだろう。[14]

したがって、国家の守護者は農耕を行わないという規定を除けば、ソクラテスの望みは何ひとつ立法として現実化しないことになる。その上、守護者に農耕を行わせない制度は、既に現実にもラケダイモン人が実施しようとしている［ゆえに、新しい制

a10

11　従来の解釈のように詩の「韻律」を指すと見ることも可能だが、協和音の例と並列されていることから音楽のリズムを指すと考えて訳した。

12　本巻第二章一二六一ａ一八で述べられている。

13　人々が集まって一緒に食事をする制度で、第七巻において詳論される。

度として主張するに値しない」。

守護者以外の人々をめぐる問題

以上のような問題があるにもかかわらず、共同体の構成員にとって国制の全体がどのようなしくみになるかをソクラテスは語っていないし、また、それを語るのは容易ではない。けれども、国家のほぼ大部分を占めるのは、「ソクラテスが財産の私有を禁じる」国家の守護者とは別の市民たちの集団なのである。この市民たちについて、ソクラテスは何ひとつ規定していない。さらには農民についても、全員で財産を共有するべきなのか、あるいは、一人一人が私有するべきなのかを規定していないし、農民の妻と子どもに関しても、私有と共有のいずれにするべきかを語っていないのである。

仮に、みな同じ方法で共有することこそがソクラテスの望みであり、国家の全員がすべてのものを共有するというのならば、守護者以外の人々は、「無私の精神を保ったため」財産の私有が禁じられた守護者といったい何が違うことになるのだろうか。あるいは、「守護者に従う者には財産の私有が許されるのならまだしも」共有制のもとで守護者の支配に服すると、何かもっと善いことでもあるのだろうか。あるいは、クレタ人

a20 が奴隷を賢く懐柔しているような制度があれば話は別としても、財産の共有を強いられる人々は、何を理解して守護者の支配に服するのだろうか。ここでいうクレタ人の懐柔策とは、奴隷に対して身体の鍛錬と武器の所有だけを禁じ、それ以外は市民と同じことを行うのを許容する制度である。

反対に、守護者以外の人々については私有を許すのがソクラテスの考えだとしたなら、現実にある他の国家と同様の私有制になるはずだが、その国家共同体はどのようなしくみを持つことになるのだろうか。こう問う理由は、一つの国家の中に二つの国家、つまり、共有制の国家と私有制の国家が存在することになり、それらが互いに対立する関係になるのは必至だからである。[15]というのも、ソクラテスの構想によれば、かたや私有が許されない守護者は警護者のような存在[16]であり、かたや「守護者によっ

14　前段落では、財産の共有という方法で国家を一つにしようとするソクラテスの思想そのものが批判されたが、この段落では、仮に財産の共有（とくに食糧の共有としての共同食事）を実施するとしても、共同食事の団体、兄弟団、部族などの集団への分離を具体化していない構想では実現不可能だと指摘される。二つ後の段落で「国制の全体」が語られていないと批判されるのも、これと軌を一にする。

て護られる」農民や職人などの労働者は私有が許される市民になるからである。さらには、国家に発生する「害悪」とソクラテスが呼ぶような告発や訴訟などのすべてが、財産の私有を許された市民たちの間に起こるだろう。それにもかかわらず、人々には教育があるのだから、市街や広場（アゴラ）などの秩序を維持するための多くの法令は必要ないとソクラテスは語るのである[17]が、実際にソクラテスが認めているのは、国家の全員に対する教育ではなく、守護者だけに対する教育なのである。[18]加えて、ソクラテスは農民に対し、食糧の拠出を課しつつも、財産の所有主になることを認めている。しかし、そのようにして農民に財産の私有を認めるならば、いくつかの国家で「ヘイロータイ」や「ペネスタイ」と呼ばれる隷属民[19]や一般的な奴隷よりも、はるかに扱いにくい存在となり、傲慢さに満ちた者となる可能性が高いのである。[20]

このように共有制と私有制のそれぞれが問題を含むにもかかわらず、守護者以外の人々に対して、守護者と同様に全面的な共有制を適用する必要があるのかどうか、ソクラテスは何ら明確にしていないのが実状である。さらに、それに密接に関連する問題として、守護者以外の人々に関わる国制、教育、[21]法律がどのようなものになるかも明確にしていない。とはいえ、その答えを見出すのは容易ではない。また、守護者の共同体[22]を維持するという観点から考えたときにも、守護者以外の人々が「国制、教育、法律の成果として」どのような性質の人間になるかによって、小さくはない違いが生じるのである。 a40

しかしまた、守護者以外の人々に適用する共有制が妻の共有だけにとどまり、財産 1264b

15 プラトン『国家』第四巻四二二Eにおいてソクラテスが批判的に述べた「二つの国家」の状態を、ここではアリストテレスがソクラテスを批判して述べている。

16 ソクラテスが考える国家の守護者は、狭義には支配層の政治家であるが、広義には戦士も含む。国家のために命がけで戦うにもかかわらず財産の私有が許されない戦士は、私有財産を持つ者と対立関係になるという論旨である。

17 プラトン『国家』第四巻四二五C—Dで語られている。

18 プラトン『国家』第三巻四一六D—Eの内容。

19 古代ギリシャには、しばしば奴隷と農奴の中間のような人々が存在したため、「隷属民」と表現することにする。「ヘイロータイ」はスパルタの隷属民、「ペネスタイ」はテッサリア地方の隷属民の呼称である。

20 否定的な文脈ではあるが、財産の私有が個人を強めると考えられている。

21 教育内容のほか、共通の教育、すなわち公共的な教育の是非が念頭に置かれている。

22 前段落で「共有制の国家」と呼ばれたものと同じ。

は私有になるのだとすれば、夫は私有する畑の仕事に携わり、家にはいないから、［本来は夫が行うべき］家政[23]を誰が担うのだろうか。さらには、農民の間での共有制が妻の共有だけではなく、財産の共有にも及んだ場合でも、［夫は他者と共有する畑の仕事に携わるので］やはり同じ問題が起こるのではないだろうか。しかし、この問題を解決しようとしたソクラテスは、獣の雌と雄の例を人間の女性と男性に置き換えて、女性も男性と同じこと（家政）に携わるべきだと説いた[24]が、それは奇妙である。なぜなら、獣には家政を担うということがないからである。

守護者をめぐる問題

今度は守護者の方に目を向けると、支配者を任命する方法の点でもソクラテスの主張には危うさがある。[25]というのも、常に同じ人々が支配者であり続けることを主張しているからである。しかし、常に同じ人々が支配者であり続けるとなれば、支配者になれる資格を何ら持たない人々[26]でさえ内乱を起こす原因になるが、意気盛んで好戦的な男性たち[27]の場合にはなおさらである。とはいえ、同じ人々が支配者であり続けるようにすること、これがソクラテスにとって不可避であったという事実そのものは明瞭である。なぜなら、ソクラテスによれば、神が人間の魂に混ぜて与える金は、常に[支配能力を持つ]同じ人々に与えられるのであって、ある時はこの人々に与えられ、ある時はあの人々に与えられるというように異なることはないからである。すなわち、子どもとして誕生するや否や、ある人々は魂に金を混ぜて与えられ、ある人々は魂に銀を混ぜて与えられる。そして、いずれ職人や農民になる人々は、魂に銅と鉄を混ぜて与えられる。ソクラテスは、そう語るのである。[28]

加えて、ソクラテスは[財産の私有や結婚を禁じて]守護者から幸福まで奪っておきながら、その一方で、立法者は国家全体を幸福にしなければならないと述べている。[29]

23　本書で一貫しているように「家政」は家の支配を意味し、いわゆる「家事」ではない。
24　プラトン『国家』第五巻四五一D―Eで説かれている。
25　プラトン『国家』第三巻四一二C―Eの内容。
26　農民や職人を指すと考えられる。
27　戦士を指すと考えられる。なお、アリストテレスが第七巻第十四章で交替制の支配制度を提唱する際、若年者への配慮を理由の一つに挙げるのも、ここでの指摘と関連する。
28　プラトン『国家』第三巻四一五A―Cで語られている。

しかし、国家のすべての人々が幸福になるか、あるいは、大部分の人々、もしくは、ある一定の人々が幸福にならなければ、全体が幸福になることなどありえない。というのも、部分と全体の関係において、幸福であることは、偶数であることと同じ性質にはならないからである。つまり、かたや偶数の場合、その部分となる数がいくつかあり、それらの和が全体として偶数になっているとき、部分となる数の中に偶数がまったくないこともありうる。しかし、かたや幸福の場合、部分と全体の関係がそのようではありえない。しかしまた、そもそも守護者が幸福ではないのなら、いったい他の誰が幸福なのだろうか。少なくとも、職人や大勢の卑俗な労働者ではないことは確かである。

以上のように、ソクラテスが提唱する国制は、これだけの難点を持つほか、これらに劣らない難点をさらに他にも持っているのである。

29　プラトン『国家』第四巻四二〇B—Cで述べられている。

30　三＋五＝八などが例になる。

第六章　プラトンの国制論⑤──『法律』が扱う諸問題

二つの著作の比較

　プラトンが『国家』の後に書いた『法律』も、事情はほぼ似たようなものである。
それゆえ、『法律』で示された国制についても、少しはここで考察しておく方がよい。
というのも、実際のところ、『国家』においてソクラテスが明確にしている事項は極
めてわずかであり、妻子の共有に関する事柄の他は、財産の所有と国制のしくみはど b30
のようであるべきかということに尽きるからである。このうち国制のしくみについて
は、住民の全体を農民と戦士という二つの部分に分割し、さらに後者から第三の部分、
すなわち、審議して国家の意思決定を行う部分を生み出すしくみになっている。[1] しか
し、農民と職人に関しては、支配にまったく関与しないのか、それとも一定の仕方で
関与するのかが不明であるし、加えて、農民と職人も武器を所有して戦士とともに戦
わなければならないのかどうか、ソクラテスは何ら明確にしていない。もっとも、女

性については、戦士とともに戦うべきであり、守護者と同じ教育を受けるべきだとソクラテスは考えている。[2]だが、『国家』の残りの部分は、主題から逸れた議論と、守護者はどのような教育を受けるべきかという議論で埋め尽くされているのである。

それに対し『法律』では、まさに法律に関することが議論の大部分を占めており、国制については、わずかに語られるにすぎない。しかも、そこで語られる国制は、現実の諸国家にとって共有しやすいものにするという意図で提示されているにもかかわらず、少しずつ［『国家』で提示された実現不可能な］別の国制の方へと逆戻りしている。実際、妻と財産の共有制をめぐる議論を除けば、プラトンは『国家』の国制と『法律』の国制を両方とも同じ内容にしているのである。すなわち、教育も同じ内容になっているし、日常の必要不可欠な労働から解放された生き方にせよ、共同食事の制度にせよ、同じになっているのである。ただし『法律』では、女性用の共同食事も行わなければならないと述べられている。[3]また、武器の所有者が、『国家』では千人

b40　1265a

1　プラトン『国家』第三巻四一二B―四一七Bの内容。
2　プラトン『国家』第五巻四五一D―四五二Aの内容。

とされる[4]のに対し、『法律』では五千人になっている[5]という違いがある。

国土と人口に関する問題

確かに、ソクラテス[6]の議論はすべて非凡で機知に富み、斬新かつ探究心旺盛なものではあるが、あらゆる論点において優れていると認めることは、おそらく難しいだろう。なぜなら、いま述べたばかりの武器の所有者数にしても、そんなに多くの人々を擁する国家なら、バビロニア[7]ほどの大きさの国土か、あるいは限りなく広大な国土が必要になることを見逃してはならないからである。武器は所有するものの、労働を行わない五千人もの人々を養い、さらにその五千人を取り巻く何倍もの数の妻たちと召使たちを養うには、そのくらいの国土を要するのである。それゆえ国制論では、確かに、「目指す国家像の」前提を願い通りに立てるべきではあるけれども、不可能なことを前提にしてはならないのである。

また、立法者が法律を制定する際に目を向けるべき事柄として、『法律』では二つのこと、すなわち、国土と人間だけしか挙げられていないのも問題である。さらに国外の近隣の地域にも目を向けてこそ、適切な立法になる。なぜかといえば、基本的に国家というものは、孤立した単独の生き方を選ぶべきではなく、近隣諸国との間にあって政治的な生き方をするべきだからである。すなわち、『法律』で武器の所有者数が問題にされているように[8]武器を国家が使用しなければならないのは、国内での争いを鎮めるのに役立つという理由によるばかりではなく、国外の地域との戦争にとっても必要なものだからなのである。いま述べたことに反し、たとえ市民の誰かが、個人の生き方においても国家における公共的な生き方においても、そのような「他国と

3　プラトン『法律』第六巻七八〇D―七八一D、第七巻八〇六Eの内容。
4　プラトン『国家』第四巻四二三Aの内容。
5　プラトン『法律』第五巻七三七Eの内容。正確には五千四十人で、一から十までの整数すべてで割り切れる数が選ばれている。
6　プラトン『法律』における主要な発言者は「アテナイからの客人」であるが、アリストテレスはそれをソクラテスと同一視している。
7　現在のイラク南部に当たる地域で、古代には国家と支配者が変遷した。
8　第七巻第六章一三二七b五でも、近隣諸国と関わり合うような国家のあり方が「政治的な生き方」と表現されており、やはり「単独の生き方」と対をなしている。第七巻第六章注5参照。

の戦争も含む」政治的な生き方を受け容れなかったとしても、[9]やはり国家は武器を備え、敵から恐れられるような存在でなければならない[10]ことに変わりはない。すなわち、敵が恐れて国土に侵入してこないというだけではなく、退却するときでさえ恐れられるようでなければならないのである。

財産に関する問題

さらに、財産の量に関する議論も見ておく必要がある。すなわち、『法律』で提示されているのとは別の仕方で、もっとわかりやすい具体的な規定を与えた方がよいのではないか。ソクラテスの主張によれば、節制を保って生きるのに適した量の財産でなければならない[11]のであるが、それはあたかも「善く生きるのに適した量」と述べているようなもので、むしろ具体化される以前の普遍的な規定に相当するのである。また、節制を保ちながら惨めな生き方になることもありうるため、ソクラテスの主張を修正し、「節制を保ち、かつ、自由人らしい気前のよさを持って生きるのに適した量」と規定した方がよい（というのも、節制が切り離された気前のよさは贅沢な生き方につながり、気前のよさが切り離された節制は苦しい生き方につながるからである）。

a30

なぜこのように「節制」と「気前のよさ」を結び付けたのかといえば、人間性の中で、これらだけが財産の使用に関わる徳だからである。例えば、なるほど温厚さや勇気は徳に数えられるけれども、財産を温厚に使用することや勇敢に使用することは不可能である。それに対し、財産を節度ある方法で使用することや気前よく使用することは可能であるゆえに、それらに対応する人間性もまた財産の使用に関わるのが必然なのである。[12]

ソクラテスの議論にはさらに問題があり、市民に財産を均等に分け与えながら、市民の数そのものについては規定を確立せず、子どもを産む数を無制限のまま放置しているのも奇妙である。[13] 無制限のまま放置したのは、どれだけの数の子どもが生まれよ

9　第七巻第二章一三二四a三二―b一には、政治的な生き方と哲学的な生き方を対照する議論がある。ただし、本章の「政治的な生き方」の方が意味は狭く、国際関係を意識した生き方を指す。

10　第七巻第六章一三二七a四〇―b三でも同じ主張が行われている。

11　プラトン『法律』第五巻七三七Dの内容。

12　ロスは hairetai（選ばれる）と修正しているが、写本通りに aretai と読む。

1265b うと、一方では不妊の場合もあるため平準化し、一定の出生数が十分保たれると想定してのことであり、現実の諸国家でもそのようになっているとソクラテスが考えたからにほかならない。しかしながら、『法律』で提示される国家と現実の国家とでは、子どもの数の規定に関して要求される厳密さが同じではない。なぜなら、現実の国家では子どもの数が何人であっても財産を分与できるため、誰も生活に困窮することがないのに対し、『法律』の国家では財産を分割できないからである。つまり、ソクラテスの主張通りにすると、財産はすべて一人の子どもだけに相続されるから、余計に生まれた子どもは、その数が少なかろうと多かろうと何も財産を所有できないことにならざるをえないのである。

そこで、規制するべきなのは財産よりもむしろ子どもの出産だと考え、一定の数より多く出産しないよう措置するべきだと理解する人もいるだろう。そして、産児制限の数を設定するときには、出産された子どものうちの何人かが命を落とす可能性もあることや、それとは別に不妊の夫婦が存在することなど、偶然的な要素にも目を向けなければならないと考えられよう。この産児制限の課題を放置すれば、大多数の国家で現実に起こっているように、必ずや市民にとって貧困の原因となり、今度は貧困が内乱と犯罪を生むのである。それゆえ、コリントスの太古の立法家であったフェイドン[14]は、たとえ最初に割り当てられた土地区画の広さが市民全員の間で均等ではなかったとしても、家の数［すなわち土地区画の数］が市民の数と等しい当初の状態を維持し続けなければならないと考えた。それに対し、『法律』では［土地を均等な広さで分けつつ、市民の数は規制しないので］、これと正反対になっている。しかし、これらの事柄については、どのような状態である方がよいのかを私たちも考え、後に述べなければならない[16]。

さらに、この『法律』には[17]、［財産の所有の仕方や結婚の可否という点で］支配者が被

13　実際には、プラトン『法律』第五巻七四〇A―七四一Aで出産の制限などが論じられている。

14　アテナイの西方に位置した都市国家。

15　この人物については詳細不明。

16　第七巻第十章一二六五b三九―一二三〇a二五、第十六章一三三五b一九―三八で述べられている。

17　ロスは dēn（この『法律』の中では）と修正しているが、写本通りに de と読む。

支配者とどのように異なるかという点についての議論も「『国家』に比べて」不足している。というのも、ソクラテスが述べているのは、織物の縦糸と横糸が性質の異なる b20 羊毛でできているように、支配者と被支配者も性質が異ならなければならないということだけだからである[18]。

また、ソクラテスによれば、個人が財産の総体を五倍まで増やすことは許容される[19]のだから、当然、土地もその財産に含まれるはずだが、何ゆえに土地の場合は「均等な配分が固守されて」一定の限度まで増やすことが許容されないのだろうか。また、『法律』では家の場所や家屋を二つに分割することが提案されているけれども、それはそもそも家政に善い結果をもたらさないのではないかと疑って考えてみなければならない。なぜならソクラテスは、一人一人の市民に対し、二つの離れた場所に家屋を割り当てているのである[20]が、二つの家に住んで家政を行うことは困難だからである。

国制に関する問題

『法律』で望まれている国家組織の全体は、民主制でもなければ寡頭制でもなく、それらの中間に当たり、「共和制」[21]と呼ばれるものである。というのも、重装歩兵[22]となる人々によって支配層が構成される［ゆえに、支配者の数が寡頭制よりは多く、民主制よりは少ない］からである。それゆえ問題は、『法律』でソクラテスが共和制を提案した理由であり、もしも『国家』で示した実現不可能な国制を除外し、諸国家にとって

18　プラトン『法律』第五巻七三四E―七三五Aでは、強い縦糸が支配者に、柔らかい横糸が被支配者に譬えられている。
19　プラトン『法律』第五巻七四四Eでは、割り当てられた土地の価格を基準とした上で、基準額の四倍まで土地以外の財産を持つことが許容されている。
20　プラトン『法律』第五巻七四五C―E、第六巻七七五E―七七六Bでは、各市民が都市の近くと国土の周辺部に一つずつ土地を持ち、いずれかの土地にある家には息子夫婦が住んで結婚生活を送ると規定されている。
21　原語は politeia。これまで一般的な意味で「国制」と訳してきたが、ここでは特定の種類の国制を指すため、便宜的に「共和制」と訳す。この共和制が、なぜ国制を指す語と同じ語で表されるのか、また、他の国制とどう異なるのかという点については第三巻第七章、第四巻第八、九章を参照。
22　盾や槍などの武具を自前で用意した歩兵で、多くは裕福な市民。

最も共有しやすい国制を構築しようとしたのならば、おそらくは適切に語っているが、もしも『国家』で示した至高の国制の後に続く最善の国制を挙げようとしたのならば不適切である。なぜなら、むしろ最善の国制として賞讃を受けるのは、［さまざまな国制を混合した］ラコニア人の国制か、あるいは、それとは別の、もっと貴族制（最優秀者支配制）[23]の性格が強い国制だろうからである。

実際のところ、ある人々は、最善の国制というものはあらゆる国制の混合でなければならないと語り、その考え方に基づいてラケダイモン人[24]の国制も賞讃している。賞讃者は二派に分かれ、まず、ラケダイモン人の国制は寡頭制と単独者支配制と民主制の混合だと主張する一派がいる（この人々は、王制のことを単独者支配制、長老支配のことを寡頭制と呼びつつ、監督官[25]が民衆から選出されるゆえに、監督官による支配制度を事実上の民主制と呼ぶ）。残る一派は、監督官による支配制度を独裁制（僭主《せんしゅ》制）と見なしつつ、共同食事のほか、日常生活のしくみに基づいて事実上の民主制が行われていると主張する。

それに対し『法律』では、最善の国制は民主制と独裁制から合成されなければならないと述べられている。[26]しかし、民主制と独裁制については、まったく国制たりえないか、あらゆる国制の中で最悪のものだと見なす人もいるだろう。それゆえ、『法律』の議論を超えて、もっと多くの国制を混合するべきだと考える人の方が、より優れた議論を提示していることになる。というのも、より多くの国制から合成されれば、より優れた国制になるからである。

加えて、独裁制の要素が必要だとされているのに、『法律』の示す国制が単独者支配制の性格を持つようには見えない。その国制は寡頭制と民主制の性格を持ち、どちらかといえば寡頭制の方へ傾こうとしている。それは、公職者の任命方法[27]からして明

23　原語は aristokratia で、文字通りには「最善の人々の支配」。すなわち、有徳な人々の支配を指すが、一般的に用いられる「貴族制」という訳語を主に用いる。
24　前段落の「ラコニア人」と同じで、スパルタ人を指す。
25　スパルタの最高位の行政職で、毎年五人が選ばれる。本巻第九章一二七〇b六—三三でも説明され、問題点が論じられている。
26　プラトン『法律』第三巻六九三D—Eでは、単独者支配制と民主制の組み合わされた国制が推奨されているが、単独者支配制の例にペルシャ帝国が挙げられているため、これをアリストテレスは独裁制ととらえているのであろう。

らかである。なるほど『法律』が示すように、市民が投票で選出した候補者の中から籤《くじ》引きで公職者を決める方法は、寡頭制と民主制に共通する方法である。しかし、富裕な市民に対しては、民会への出席、公職者の選出、国家の運営に関わる他の仕事を義務づける一方、富裕ではない市民に対しては、そうした義務を免除しているので、この点は寡頭制的である。さらには、富裕な市民の中からより多くの公職者を任命しようとし、最高位の財産階級[28]に属する市民の中から最高位の公職者を任命しようとする点も寡頭制的である。

しかしまた、ソクラテスは審議員の選出方法も寡頭制的にしている。というのは、確かに全市民が義務として選出を行う〔点では民主制に見える〕ものの、次のような仕方で実施されるからである。四つの財産階級のうち、まず第一階級から審議員の候補者が選出され、次いで、再び同じ数の候補者が第二階級から選出される。続いて第三階級からの選出に進むが、第三階級あるいは第四階級からの候補者の選出は、必ずしも全市民の義務とはされていなかった。とくに第四階級から候補者を選出する場合、その選出を行うよう義務づけられるのは第一階級と第二階級の市民だけであった〔ので、第三、第四階級の市民は選出への参加が任意であった〕。選出後に籤引きを行い、これらの候補者の中から審議員を任命するに当たっては、それぞれの財産階級から送り出される審議員が同数となるようにしなければならないというのが、ソクラテスの主張である。このようにして、ソクラテスの主張に従えば、第一、第二階級という最高位の財産階級に属する優れた市民が、審議員の選出主体において多数派を占めることになる。というのも、第三、第四階級の民衆層の中には、一部が義務化されていないゆえに選出に参加しない人々もいるからである。

かくして、ソクラテスの求めたような最善の国制が、民主制と単独者支配制の組み合わせから生じはしないこと、これは以上述べた事柄から明らかであるし、後に最善の国制について考察する際に述べる事柄からも明らかになる。また、公職者の選出についても、市民が選んだ候補者の中から選出する方法は危険である。なぜなら、何人かの市民たちが結託を目論めば、たとえ結託者の人数はさほど多くなかったとしても、

27　プラトン『法律』第六巻七五三B―七五六E、七六三C―七六七Eにおいて、役職別に任命方法が説明されている。

28　プラトン『法律』第五巻七四四B―Dでは、財産の大きさに基づいて財産階級を四つに分けることが提案されている。

常にその思い通りに公職者が選ばれるだろうからである。
『法律』で示された国制については、以上のような次第である。

第七章　ファレアスの国制論

財産の平等を唱えた人々

これまで見てきた国制の他にも、いくつかの種類の国制があり、それらの中には、有識者ではない一般人が提唱したものもあれば、哲学者や政治家が提唱したものもある。しかし、それらのいずれも、『国家』と『法律』の両方で示された国制に比べれば、既に確立されて現行の国家運営に用いられている国制にいっそう近い。なぜそういえるかというと、ソクラテスの他には、妻子の共有制や女性用の共同食事といった新奇な改革案を提唱した者はなく、むしろ国制の改革者たちは、必要不可欠な事柄から着手しているからである。

例えば、財産に関わる制度を適切に定めることこそ最も重要だと考える人々がいる。その人々の主張によれば、あらゆる内紛は財産の問題をめぐって起こるのである。だからこそ、カルケドンのファレアス[1]は誰よりも先に財産の規定を導入し、市民が所有 a40

する財産は平等でなければならないと主張した。ファレアスの考えによれば、建設直後の国家なら財産の平等の実現に困難はないものの、既に建設されている国家で実現するのは難事業になる。それでもなお、女性が結婚する際の持参金に関し、富裕な人々は与えるだけで受け取らず、貧しい人々は受け取るだけで与えないと規定することによって、最も速やかに財産の平準化が実現するというのがファレアスの考え方であった。

それに対し、『法律』を執筆していたときのプラトンは、先にも述べたように[2]、ある程度までは財産の所有を自由にするべきであるが、財産が最低基準の五倍を超えることは、どの市民にも許されてはならないと考えていた。だが、このように財産を規制する立法を行うのならば見逃してはならない事項があるにもかかわらず、現実には見逃されている。それは、財産の量を規制する以上、出産する子どもの数も規制しな

1 カルケドンは、ボスフォラス海峡をはさんでビュザンティオンの対岸に位置した都市。現在のトルコでは、イスタンブール市の一部に当たる。ファレアスという人物は、プラトンより年長だったと推測されるが、それ以外は不明。

2 前章一二六五b二一―二三で述べられている。

1266b b10

ければならないということである。なぜなら、財産の量に見合わないほど子どもの数が多くなると、財産の規制法を廃止せざるをえなくなるからである。さらには、規制法の廃止とは別の問題として、子どもの数が多すぎることによって多数の人々が富裕者から貧民に転じる事態も好ましくない。というのも、貧民になった人々が反乱者にならないよう防ぐのは難しい仕事だからである。

それゆえ、財産の平準化は国家共同体に対して一定の影響力を持つわけであり、古人の中にも、そのことを認識していた者がいたのは明らかである。例えば、ソロンもそのような立法を行ったし、よそのところでは土地の所有に関し、望むだけ無制限に所有することを禁じている事例もある。同様にまた、土地などの財産の売却に対しても法律で禁じている事例がある。例えばロクリス人[3]の法律は、明らかな不運が自分を突如襲ったと証明しない限り、財産を売却してはならないと定めている。さらには、古い時代に割り当てられた土地区画をずっと保持し続けなければならないと定めた法律も存在する。しかし、この法律が廃止されたところでは、例えばレウカス[4]もそうであったように、国制が民主制的になりすぎる結果になった。というのも、「土地の売却によって財産を減らした人々が増えたせいで」もはや特定の財産階級の「裕福な」市民だけが支配的な地位の公職に就くということがなくなったからである。

なぜ財産の平等化だけでは不十分か

しかしながら、たとえ財産の平等を実現しうるとしても、平等に所有されている財産の量が多すぎるため贅沢に耽ったり、少なすぎるため貧窮した生活に陥ったりすることもありうる。それゆえ明らかなのは、立法者が財産を平等化するだけでは十分でなく、財産の量が中庸に当たるようにしなければならないということである。[5] さらにまた、たとえ中庸に当たる適度な財産が全市民に定められたとしても、それだけでは無益である。というのも、むしろ財産よりも欲望こそを平準化しなければならないからである。この欲望の平準化は、法律によって十分な教育を行わなければ実現しえな

3　ロクリスは、ギリシャ人がイタリア半島南部に築いた植民都市。
4　イオニア海の島で、紀元前七世紀にコリントス人が植民都市を築いた。
5　財産が適度な量にならなければならないということ。『ニコマコス倫理学』では、「中庸」が超過と不足の中間であることを示す第二巻第六章一一〇六a二九―三二を中心に、さまざまな徳を「中庸」として説明している。

b30

い。だが、ファレアスの財産論に対してこのように批判するならば、おそらくファレアスは、それこそがまさに自分の主張したい事柄だったというだろう。なぜなら、これら二つのものの平等、すなわち、財産の平等と教育の平等が国家には存在するべきだというのが、ファレアスの考え方だからである。しかし、そうであるなら、その平等な教育がどのようなものになるかを具体的に説明するべきなのであって、「全市民の欲望を平準化するために」一つの同じ教育を実施すると述べるだけでは無益である。というのも、確かに同一の教育を実施することは可能であるが、その教育は「質が悪かった場合」、財貨か名誉、あるいは両方をより多く得ようとする欲張りな市民を作り出すようなものにもなりうるからである。[6]

付言すれば、人々が反乱を起こす原因は財産の不平等に限らない。いま触れた名誉の不平等もまた原因となる。しかし、財産と名誉が反乱の原因となる仕方は正反対である。すなわち、財産の問題で大衆が反乱を起こすときには不平等が原因であるのに対し、名誉の問題で貴人たちが反乱を起こすときというのは、「不適切にもかかわらず」平等に名誉が与えられている場合である。こうした名誉の配分をめぐる問題から、「卑怯な者も勇敢な者も、浴するのは等しい名誉[7]」という不満の言葉も出てくるので

1267a　b40

ある。

また、ファレアスは、人々の財産を平等にすれば、寒さや飢えに困って他人のものを奪う追いはぎのような行為の防止策になると考えたが、人々が不正なことを行う原因は、何も生活必需品の不足とは限らない。人々は快楽を得ようとして、すなわち、欲望を満たそうとして不正なことを行う場合もある。つまり、［節制の徳を持たない人々が］生活に必要な程度を超えて財貨を求める欲望を持つとき、その欲望が満たされないゆえの苦痛を癒すために人々は不正なことを行うのである。とはいえ、このような苦痛の癒しを目的としない第三の場合もさらにある。広い意味で欲望をとらえると、［名誉欲や権力欲などの］欲望を抱く者が、[8]苦痛とは無関係な快楽[9]を得る目的で不正なことを行う場合も存在するのである。

では、以上挙げた不正の三つの原因（生活必需品の不足、節制を欠いた欲望、苦痛

6　財産を平等化しても財産の量が不適切なら悪い結果になるという先の指摘と同じ論法で、全市民の教育を同一にしても教育の質によっては悪い結果になると指摘した叙述。

7　ホメロス『イリアス』第九歌三一九のアキレウスの台詞で、自分が必死に戦っているにもかかわらず、無為の者にも自分と同じ名誉が与えられることに不満を訴えている。

とは無関係な快楽の追求）に対しては、何が解決策になるだろうか。第一の生活必需品の不足に関しては、少しの財産と仕事を与えること、第二の節制を欠いた欲望に関しては、節制の徳を身につけさせることである。そして、第三の苦痛とは無関係な快楽に関しては、他者に対する不正な行いを避けるため、自分自身だけで快楽を得ようとする方向に向かわなければならないから、哲学を行うこと以外には解決策を求められないであろう。なぜなら、哲学の快楽以外の快楽は、必ず自分以外の人間の存在を必要とするからである。

このように不正には三つの原因があるが、少なくとも最大の不正の原因になるものは、第一に挙げた生活必需品の不足ではなく、生活に必要な程度を超えて過剰に何かを望む人物の出現である。例えば、「贅沢な生活や名誉や権力を求めて」独裁者になる人物は、寒さをしのぐという生活上の必要のためにそうするわけではない。だからこそ、生活必需品を奪う盗人よりも独裁者の方が大きな不正を犯すことになるのであり、それゆえまた、独裁者を殺害した人物には、より大きな名誉が与えられるのである。したがって、ファレアスが考えた国制のように、生活必需品の配分という意味で財産の平等化を図る方法では、小さな不正を防ぐことにしかならないのである。

適切な国家財産の量

さらに、ファレアスは、もっぱら自国内の事柄を適切に運営するために多くの制度を確立しようとしているが、隣国やすべての外国との国際関係という観点からも制度を整える必要がある。それゆえ、外国との戦争も想定し、戦力の構築に向けて国制を a20 組織しなければならないにもかかわらず、このことについてファレアスは何も語っていない。その点、国家の財産に関しても同様の問題がある。すなわち、国家の財産というものは、国内の政治運営に使用するためだけではなく、国外の脅威に対応するた

---

8 ロスは aneu epithūmiōn（欲望なしに）と修正しているが、写本通りに ān epithūmoien と読む。アリストテレスは肉体的欲望を単に「欲望」と呼ぶことが多いが、広義には精神的欲望も含み、本章で言及される独裁者の名誉欲や権力欲が念頭に置かれていると考えられる。

9 食欲という欲望を持つ人には空腹という苦痛が伴い、摂食することで癒されると快楽が得られる。それに対し、次の段落で挙げられる哲学の快楽は、知的能力の発揮によって得られるため、「苦痛とは無関係な快楽」と表現される。こうした快楽と苦痛の関係は、『ニコマコス倫理学』第十巻第三章一一七三b七―一一七四a一一で論じられている。

10 『ニコマコス倫理学』第十巻第七章では、他人を必要としないという意味で自足的な哲学の活動に伴う快楽が、人間にとって最高の幸福に伴う快楽であると説明されている。

めにも十分に備わっていなければならないのである。だからこそ、国家の所有財産の量が重要になるのであるが、まず、力で優る隣国が手に入れたいという欲望に駆られるほどの多さであってはならない（これは、財産を所有する人々が侵略者を撃退できない場合の話である）。さりとて、国家の財産が少なすぎ、軍隊の規模も戦力も似たような外国との戦争に耐えられないほどであってもならない。

したがって、ファレアスは何も規定していないものの、国家のためになる適切な財産の量を認識せずにいるべきではない。そこで、国家の財産に関して最善の限度を決めるとすれば、おそらく次のようになるだろう。ある国家が必要な程度以上に財産を所有し、余剰が見られるとき、力で優る外国がその余剰を狙って戦争を企てても割に合わない程度の量である。逆に、財産が少なすぎると外国が見くびって戦争を仕掛けてくるため、それを防げる程度の量である。このことについては、ペルシャ[11]の将軍アウトフラダテスがアタルネウスの地を包囲しようとしたとき、アタルネウスの支配者エウブロスがアウトフラダテスに与えた忠告が例になる。すなわちエウブロスは、「この地を占領するのにどのくらい時間がかかるかを考え、その間に要する経費を計算するがよい。その経費より少ない額の金銭を受け取ったら、私はもうこのアタルネウスを放棄するつもりだから」と語ったのであるが、それを聞いたアウトフラダテスは熟慮の末、包囲を取り止めたのである。

ファレアスが見逃した事柄

確かに、国内の問題に限れば、市民の財産を平等にすることは市民同士の争いを防ぐのに役立つ方策の一つになる。しかし、それはいわば、大した効果を得られない方策である。なぜなら貴人たちは、自分が他の人々と等しい扱いを受けるような人間ではないと考えるため、財産の平等化に怒りを感じるかもしれないからである。それゆえ、大衆ではなく貴人たちが平等化に対して非難の行動を取り、内乱を起こすことも、しばしば現実に見られるのである。また、大衆の側を見ると、人間の悪辣《あくらつ》さはとどまるところを知らないため、最初は二オボロスの日当[12]だけで十分に思われていたのが、

11　紀元前六世紀、イラン高原南西部に築かれた王国で、後に巨大な帝国となった。

12　『アテナイ人の国制』第二十八章第三項によれば、紀元前五世紀に政治家クレオフォンが二オボロスの日当を導入した。これは、他の日当を受け取れない貧民の生活費として支給されたものと推測されている。

これがもう慣例になってしまうと、もっと多い額を常に要求するようになる。そして、その要求額は際限なく大きくなるのである。というのも、際限のないのが欲望の本性であり、大衆は欲望を満たすために生きているからである。

したがって、こうした欲望の問題を解決するための原点は、財産の平準化よりも、むしろ人間性に応じた対処である。すなわち、かたや善良な性質を持つ人々については、より多く得ることを望まない［節制の徳を持つ］人間になるように育成し、かたや［節制の徳がない］劣悪な性質を持つ人々については、日当などをより多く得ることができないように措置することである。これらの目標を達成できるのは、劣悪な性質を持つ人々の割合が比較的少なく、しかも、劣悪な性質を持つ人々が不正な扱いを受けない場合である。

また、財産の平等を提唱するファレアスは、財産そのものについても適切に述べていない。なぜならファレアスは、市民が持つ土地だけを平等にしようとしているからである。しかし、奴隷も家畜も貨幣も富なのであり、さらには、「船で運べる動産」と呼ばれる多くの家財道具も富に含まれる。したがって、土地だけではなく、こうした財産のすべてに平等を求めるか、あるいは一定の適度な制限を設けるかするべきであり、そうでなければ、すべての所有を自由にするべきである。

さらに、ファレアスの立法から明らかなのは、小さな国家を建設しようとしていることである。少なくとも、あらゆる職人が国有奴隷となり、国家の構成員を充足する者にならないという構想ならば、そのようになる。しかし、公共の仕事に従事する者は国有奴隷でなければならないのだとすると、その制度は、エピダムノス[13]で実施されており、かつてはアテナイでもディオファントス[14]が導入しようとしたようなしくみ[15]にならなければならない。

以上、ファレアスの国制について述べてきたので、その国制論が適切な内容になっているか、それとも適切ではないか、おおよそ見て取ることができるだろう。

b20

13　アドリア海に面したギリシャ北西部の都市国家。
14　この人物については詳細不明。
15　どのようなしくみかは不明。

第八章　ヒッポダモスの国制論

構想された国家の構成と法律

エウリュポンの息子ヒッポダモス[1]はミレトスの人で、［国制の考案以外に］さまざまな都市を区域に分割する方法も考案し、アテナイのペイライエウス[2]を区域に分けた。生き方の他の面でも奇抜なところがあったが、それは、他人から注目されるのを好む性格に起因する。そのため、髪を長く伸ばして高価な装飾品を身につけた上、安物ながら暖かい衣服を冬ばかりか夏の時期も着ていたので、凝りすぎた生き方だと思った人々もいたほどである。また、自然全体について通じた学者になることも望んでいた。そのヒッポダモスは、国家の運営に従事しなかった人々の中では、最善の国制について何かを語ろうとした最初の人物である。

ヒッポダモスが構想した国家は、人口が一万人で、三つの部分に分かれるものであった。すなわち、その構想によれば、第一の部分は職人、第二の部分は農民、第三

b30

の部分は国家のために戦う者、つまり武器を持つ者である。そして、国土も三つに分ける。すなわち、聖地、公有地、私有地である。そのうち聖地は、神々に捧げるのが慣習となっている供物の生産地であり、公有地は、国家のために戦う者が生活に必要なものを得る土地、そして私有地は、農民の所有地である。

さらに、法律も三種類しかないというのがヒッポダモスの考えであった。なぜなら、訴訟の原因を数えれば三つあり、侮辱すること、損害を与えること、死に至らしめることだからである。それらの法律に加え、ヒッポダモスは最高の権限を持つ法廷を一つ設けることも立法化し、［三種類の法律に基づいて］適切に裁かれなかったと思われる訴訟はすべて、そこへ持ち込まれなければならないと規定で定めた。その最高法廷は、選ばれた数人の長老によって構成される。また、さまざまな法廷での判決は、有罪か無罪かの投票によるのではなく、各裁判員が書字板を提出する方法で決せられなければならない。すなわち、完全に有罪ならば書字板に懲罰を書き込み、完全に無罪

1　紀元前五世紀の都市計画家で、政治理論家でもあった。
2　現在のアテネの首都圏に属する港湾都市ピレウスの古名。

1268a　b40

ならば空白のままにするが、一部が有罪で一部が無罪の場合にはその旨を明確に書いて提出するというのが、ヒッポダモスの考えた方法であった。こうした方法を考え出したのも、いま立法化されているしくみが適切ではないという思いがあったからにほかならない。なぜなら、現状のままでは、このようにするか、それとも、あのようにするかという［粗雑な］二者択一[3]の判決となるため、裁判員は［正当な判決を下すと誓うときに］虚偽の誓いをすることにならざるをえないからである。

加えて、ヒッポダモスは、何か国家のためになることを考案した人々が栄誉を受けられるようにする法律の制定も構想した。また、戦死者の遺児を公費で養育する法律を構想したのは、こうした制度が他の国家ではまだ立法化されていないと考えてのことであったが、実際には、アテナイにも他の諸国家にもこうした法律が存在する。[4]そして、すべての公職者は民衆によって選ばれるという規定になっており、ヒッポダモスが考える民衆とは、先に挙げた国家の三つの部分（職人、農民、戦士）である。このようにして公職者に選ばれた者たちの仕事は、公共の事柄、外国人に関する事柄、孤児に関する事柄への配慮となっている。

以上が、ヒッポダモスの考えた制度の中で大部分を占めるものであり、ここで述べるに最も値する内容である。

市民の三分は適切か

しかし、ヒッポダモスの構想に対しては疑問を呈する人がいるだろう。それはまず、市民の集団の分け方についての疑問である。なぜなら、職人、農民、武器の所有者のすべてが国制に参与するという構想になっているけれども、農民は武器を持たず、職人は土地も武器も持たない以上、農民と職人は、武器の所有者に仕える奴隷にも等しい存在になるからである。それゆえ、構想に反して、農民と職人の参与が公職の全領域に及ぶことはありえないことになる(なぜなら、将軍にしても市民警護官にしても、さらには、およそ最高位の公職者と見なされる人々にしても、武器の所有者の中から任命されなければならないからである)。また、農民と職人が国制に参与しない以上、

3 有罪か無罪かという二者択一だけではなく、訴訟の内容によっては原告の提案と被告の提案のどちらを採択するかという二者択一に迫られる場合もあったと考えられる。

4 プラトン『メネクセノス』二四八E―二四九Aでは、ソクラテスがこのような法律の存在に言及している。

それらの人々はいったいどのようにして国制に好意的になれるのだろうか。

こうした疑問に対し、「そうはいっても、少なくとも武器の所有者は、農民と職人の両方の部分より力が優っていなければならない」と応じるかもしれないが、「人口では農民と職人が優るため」武器の所有者の数が多くならない限り、それを実現するのは容易ではない。しかしまた、もしも武器の所有者の数が実際に多くなったならば、農民と職人が国制に参与したり、高位の公職者の任命権を持ったりしなければならない理由が果たしてあるだろうか。さらにいえば、国制に参与しない場合、農民は国家にとって何の役に立つのだろうか。確かに、職人ならば、どの国家も必要としているから不可欠な存在であり、他の国家においてと同様、職人は自分の技術によって生活を成り立たせてゆくことが可能だが、農民はどうだろうか。なるほど、もしも農民が武器の所有者に食糧を提供するのならば、国家の一定の部分を占めることには道理があるだろうけれども、いま問題にしているヒッポダモスの構想では、農民が土地を私有する以上、自分のために耕作することになるだろう。

また、公有地は、国家のために戦う者が食糧を得る土地とされているものの、もしも戦士自身が耕作に従事するのならば農民と変わらなくなる。そうなれば、国家の中の異なる部分として、戦闘に従事する部分と農耕に従事する部分を構想した立法者ヒッポダモスの望みに反するのである。他方、いまの仮定とは異なり、私有地を耕作する農民および戦士とは別に、公有地を耕作する人々が存在するのだとすれば、やはりヒッポダモスの構想に反して、さらに第四の部分が国家にあることになるだろう。この第四の部分は国制に参与せず、国制とは別のものに属する存在ということになる。[5]かといって、私有地と公有地の耕作者を別々にせず、同じ人々に両方の耕作を担わせるならば、それぞれの土地で収穫される食糧の量は、［耕作者自身の家と戦士の家との］二つの家に供給するには不十分になるだろう。[6]それなら、耕作者自身が受け取る食糧も、戦士に供出する食糧も、同じ土地や同じ割り当て地から直接、収穫する方式にす

a40　1268b

5　土地を私有せず、公有地だけを耕作し、国制に参与しない人々の想定は、農奴のような身分を念頭に置いたものと考えられる。ここで「国制とは別のものに属する存在」と呼ばれるのは、国家にとって必要不可欠ではあるが国家の構成部分にはならないものに相当し、主に第七巻で詳述される。

6　同じ人々が私有地と公有地の両方を耕作する方式は非効率な上、労働力も分散されることから、十分な収穫量が得られないということ。

ればよいのに、何ゆえにそうしないのだろうか。このように、以上挙げた問題のすべては多くの混乱を含んでいるのである。

法律の改定案は適切か

また、ヒッポダモスが構想した裁判の判決に関する法律も適切ではない。すなわち、被告が有罪か無罪かということに関し、告訴状の記述は端的な判決を求めているにもかかわらず、この部分は有罪で、この部分は無罪であるという分離的な判決を下すよう要求する構想は適切ではない。これでは、裁判員に対し、仲裁役の調停者になるよう要求することになってしまう。確かに、裁判ではなく調停の場合ならば、たとえ調停者たちが多数いても、裁定の内容について互いに協議できるため、有罪の部分と無罪の部分を分離する仕方での裁定が可能になる。しかし、法廷においては不可能である。不可能どころか、調停の場合とは正反対に、「独立して任に当たる」裁判員たちが互いに協議できないようにするため、立法者の多くが措置を講じているのである。

次に、もしもヒッポダモスの構想通りにするなら、裁判員が被告は賠償金を支払うべきだと考えつつも、その賠償額は原告が要求するほどのものではないと判断した場

b10

合、いったいどのようにして判決は混乱を避けられるだろうか。例えば、原告は二十ムナ[7]を要求しているにもかかわらず、ある裁判員は十ムナが妥当だと判断する場合があるだろうし、あるいは、原告がもっと多額を要求する一方、裁判員の方はもっと少額に抑える場合もあるだろう。また、裁判員の中には、妥当な賠償額を五ムナと判断する者もいれば、四ムナと判断する者もいるかもしれない。このような仕方で、原告の要求した賠償額の一部のみ認める裁判員が出現することは明らかである。そうかと思えば、賠償要求の全額を認める裁判員もいるだろうし、まったく賠償しなくてよいと判断する裁判員もいるだろう。こうなったとき、裁判員たちの［書字板の提出による］投票結果は、いったいどのような仕方でまとめられるのだろうか。

さらに、告訴状の記述が端的な判決を求めている場合でも、裁判員が二者択一の選択を誤ることなく、無罪あるいは有罪の端的な判断を自分自身の考えで正しく下せるときには、誠実に職務を果たすという裁判員の誓いを破る羽目にはならない［ので、分離的な判決こそが職務の誠実な遂行になると考えたヒッポダモスは誤っている］。なぜな

7　ムナは通貨単位で、一ムナは百ドラクマに相当する。

ら、無罪を支持した裁判員は、被告にまったく賠償義務がないと考えているわけではなく、原告が要求する二十ムナを支払う義務はないと考えて端的に無罪と判断した点で正当だからである。むしろ、もはや裁判員の誓いを破ったことになるのは、二十ムナを賠償するべきだと考えてはいないのに端的に有罪の判断を下し、その点で正当性を欠く裁判員である。[8]

次に、何か国家のためになることを考案した人々には、何らかの栄誉が与えられなければならないと定めた法律についてであるが、こうした立法を行うことは国家にとって安全ではなく、聞こえのよい措置になるにすぎない。というのも、この制度は訴訟の濫用[9]を招き、場合によっては、国制の変動さえ引き起こしかねないからである。また、この制度は、さらに別の問題や他の種類の考察にも関わりを持ってくる。すなわち、祖先から伝わる法律より優れた別の法律が何か考案されたとき、従来の法律を変えることは国家のためになるのか、それとも、国家にとって有害になるのかという難問について考察している人々が存在するのである。[10]それゆえ、新制度の考案者に栄誉を与えるというヒッポダモスの構想に対し、即座に同意できるかといえば、簡単にはできない。なぜなら、法律を変えることが国家のためにはならないにもかかわらず、人々のためになる「共通の善」と称して法律を廃止したり、国制を廃止したりするよう提案することも可能だからである。

法律を変えることの是非

しかし、法律の改変に言及したので、もう少しこの問題について検討しておいた方がよいだろう。というのも、いま述べた通りの難問であるがゆえに、法律を変える方がよいという考え方もありうるからである。少なくとも他の知識の場合には、変化することが善い結果を生んできた。例えば医術は、祖先から伝わるものが改変されてきたのであり、体育術にせよ、総じて他の技術や技能にせよ、すべて同じである。した

8　例えば、賠償額は十ムナが妥当だと考える裁判員がいた場合、無罪を支持すれば正当な行為になるが、有罪（賠償額二十ムナの判決）を支持すれば不当な行為になるという議論。

9　訴訟の濫用（sykophantia）とは、訴訟の取り下げと引き換えに金銭を要求したり、他人を告訴することで第三者から報奨金を得たりするような行為で、『アテナイ人の国制』第三十五章には防止策への言及がある。

10　プラトン『法律』第六巻七六九D―E、七七二A―Dでは、この問題が論じられている。

がって、立法を含む国家の運営術もこうした技術の一つと見なされるべきであるから
には、必然的に、これもまた同様に改変されうることは明らかである。
b40 また、法律が改変されてきたことについては、現実に起こった出来事そのものが証
拠だと主張する人もいるだろう。なぜなら、古い時代の法律はあまりに単純で、野蛮
でさえあったからである。例えば、かつてのギリシャ人は武器を持ち歩いていたし、
花嫁を互いに買い取り合うこともしていた。また、ある地域には古い時代の慣習が現
在も残っており、そのどれもがまったくもって愚かしい。例えば、キュメ[11]には殺人に
関してその種の法律があり、殺人事件の原告が自分の親族の中から一定の人数の証人
1269a を集めれば、被告を殺人のかどで有罪にできると定めている。しかし、この例のよう
に祖先から伝わるものではなく、とにかく善いものを誰もが求めているのであり、そ
れは法律に限らず、全般に当てはまる。つまり、最初の人類が大地の生まれ[12]だったに
せよ、ある種の破滅的な状況からの生き残り[13]だったにせよ、今日の凡庸な人間や無知
な人間と似たようなものであった可能性が高いと考えられ、実際、大地から生まれた
人間についてはそのように語られてもいるのだから、そんな祖先たちの考え方のうち
にとどまり続けるのは不合理なのである。

さらに別の問題を付け加えれば、言葉で書かれたものを不変不動と見なし、変えないままにしておくのはよいことではない。というのも、他の技術に関する事柄と同様、国家の運営術が作り出す制度の場合も、すべての規定を精密に言葉で書き尽くすことはできないからである。なぜなら、法律の言葉は一般的な表現で書かなければならないのに対し、現実の行為は［その時々によって異なる］個別的な状況の中で行われるからである。

かくして、以上述べた事柄から明らかなのは、法律の中のある部分は、ある時点で変えなければならないということである。とはいえ、別の面から考察すれば、法律の改変を企てるときには非常に注意深くなければならないとも思われよう。なぜなら、確かに改変すれば少しは善い法律になるが、そうすることで既存の法律を安易に廃止 a10

11　キュメと呼ばれた都市は三つあり、エーゲ海北部に接するアイオリス地方、エーゲ海の西部にあるエウボイア島（現・エヴィア島）の東岸、イタリア西岸のナポリ近郊に位置していたが、いずれを指すかは不明である。
12　プラトン『政治家』二七一A―二七二Eで言及されている。
13　プラトン『法律』第三巻六七七A―Eで言及されている。

する習慣ができてしまうのは好ましくないからである。そのような恐れがある場合には、既存の法律を制定した立法者や支配者の若干の過ちを許容し、改変を断念するべきなのは明らかである。というのも、たとえ法律の改変によって得られる効用があるとしても、その効用の大きさは、［欠陥のある既存の法律を作った］支配者に従わない習慣ができることから生じる有害性の大きさには及ばないからである。

また、法律を改変する方がよいと説くときに、さまざまな技術の改変を模範とするのも誤りである。なぜなら、技術を変えることと法律を変えることは、同じような事柄ではないからである。何が違うのかというと、人々を法律に従わせようとすれば、習慣づけるほかはなく、それには多大な時間を要する点である。したがって、既存の法律から新たな別の法律へと安易に変えることは、法律の力を弱くすることにほかならない。

さらに、実際上、法律は変えられるべきものだとしても、すべての法律が、すべての国制において変えられるべきなのだろうか。あるいは、そうではないのだろうか。また、法律の改変は、どこの誰によって行われてもよいのだろうか。それとも、特定の人々によって行われるべきなのだろうか。こうした問題は、どう考えるかによって大きな差異を生じさせる。それゆえ、目下のところは、これらの考察に着手せず、別の機会に譲ることにしよう。[14]

14　民主制や寡頭制に最も適した法律のあり方を述べる第六巻第五章を含め、本書には法律論が散在するが、これらの考察は行われていない。

第九章　ラケダイモン人の国制

考察の二つの観点

ここからはラケダイモン人の国制とクレタ人の国制について二つの観点から考察を行うが、その他の国制について考察する場合も、ほぼ同じ仕方になるだろう。第一の観点は、最善の国制から見て、それを実現するように立法が適切に行われているか、それとも不適切に行われているかを考えるものである。第二の観点は、ラケダイモン人やクレタ人などが自分たちの前提に置いた国制と、それを実現する方法から見て、何か背反する立法が行われていないかどうかを考えるものである。

隷属民に関する問題

さて、優れた仕方で国家を運営しようとすれば、余裕のある生き方が必要になり、生活に必要不可欠な労働から解放されなければならないということ、この点は意見の一致を見ている。しかし、どのような方法で余裕のある生き方を実現するかということになると、適切な方法を把握するのは容易ではない。というのも、生活に必要不可欠な労働を隷属民に担わせたところでは、次のような例が見られるからである。まず、テッサリアで[1]「ペネスタイ」と呼ばれた隷属民は、しばしばテッサリア人に対して反乱を起こした。また、ラコニア（ラケダイモン）で「ヘイロータイ」と呼ばれた隷属民も、ラコニア人（ラケダイモン人）に対して同様に反乱を起こした（いわば、隷属民はラコニア人の不運につけ込む隙をずっとうかがっていたのである）。それに対し、クレタ人のところでは、こうした反乱がこれまで一度も起こっていない。おそらく、その理由は、クレタ近隣の諸国家の間で戦争が起こることはあるにせよ、いずれの国家も、反乱者になりうる隷属民を兵力に組み込まないからであろう。それは、どの国家も「ペリオイコイ[2]」と呼ばれる半自由民を所有するゆえに［兵力が補充

1　ギリシャ北部の地方。
2　原義は「周辺に住む人々」。奴隷ではないが参政権を持たない身分の半自由民で、農業や商工業に携わり、戦時には従軍した。

1269b　a40

できるので」、隷属民と手を組むことが利益にならないからである。他方、ラコニア人の場合は、近隣にいるアルゴス人、メッセニア人、アルカディア人[3]のすべてが敵対していた「ので、その不運に隷属民がつけ込んだ」という事情があった。なぜこの事情に触れたかというと、同じくテッサリア人の場合も、近隣にいるアカイア人[4]、ペライビア人[5]、マグネシア人[6]となお戦争を継続していたゆえに、隷属民による最初の反乱を招いてしまったからである。[7]

また、生活に必要不可欠な労働を隷属民に担わせた場合、たとえ他には何も問題がないとしても、隷属民との接し方そのもの、つまり、どのような仕方で隷属民に関わるべきかということは、苦慮する問題になると推察される。というのも、手ぬるく接すると隷属民は傲慢になり、自分と主人が対等になって当然だと考えるようになるし、劣悪な生活状態に置くと憎しみを抱き、反抗をたくらむようになるからである。それゆえ、ラコニア人のように隷属民のヘイロータイから反乱を起こされるところでは、必要不可欠な労働から解放されて余裕のある生き方をするための最善の方法を見つけ出したとはいえないこと、これは明らかである。

b10

女性に関する問題

さらに、ラコニア人が女性を放任し、自由にさせておくことは、国家の目的とする幸福から見ても、目的実現のための国制の選択から見ても有害である。なぜなら、夫とともに妻が家の構成部分になるのと同様に、国家の構成部分も男性の集団と女性の集団に、ほぼ二分されると考えるべきなのは明らかだからである。それゆえ、およそ女性に関する事情が劣悪な国制では、国家の半分は無法状態にあると考えなければならないのである。[8]

3 アルゴスはペロポネソス半島の北東部にあった都市国家で、メッセニアは同半島の南西部の地方、アルカディアは同半島の中央部の地方。
4 テッサリアから南下して、ペロポネソス半島一帯に住むようになったギリシャ人。
5 テッサリアの北東地域の住民。
6 マグネシアは、エーゲ海の沿岸地域にあった都市国家。
7 同時に多数の国家と戦っていたため、兵力を増す必要があり、隷属民（とくに、捕虜となっていた敵国人）に武器を与えた結果、反乱が起こったということであろう。
8 プラトン『法律』第六巻七八一A―Bでは、女性用の共同食事の欠如が指摘され、国家の幸福のために全制度を男女共通にするべきだと説かれている。

まさしくこの無法状態が、ラコニアには起こった。それは、国家全体が忍耐強くあることを望んだ、あの立法者[9]が、男性に関する事項ではその姿勢を明瞭にして立法したものの、女性については顧慮しなかったからである。実際、ラコニアの女性たちは、あらゆる放縦を求め、節制することなく贅沢に生活している。当然、このような状態の国制では富が尊ばれる結果になるが、とりわけ、放縦に生きる女性が事実上の支配権を握るところではそうである。そうした例が見られるのは、軍事を優先する好戦的な人種の国家であり、「男性は軍事に専念するため」女性が支配権を握る場合が多い(ただしケルト人[10]は例外であり、ケルト人以外にも、男性の同性愛を公然と認めている人種がもしもあるならば、やはり例外になるであろう)。実際、神話の最初の語り手が、戦いの男神アレスと愛の女神アフロディテを結び付けた[11]のは、理由のないことではないようである。というのも、好戦的な人々はみな、男性に対してにせよ、女性に対してにせよ、性的関係に執心しているのが見られるからである。

こうした理由で、ラコニア人のところでは女性が支配権を握ったため、ラコニアが諸国家の間で覇権を握っていた時期[12]には、国内では多くのことが女性たちによって取り仕切られていた。しかし、第一に、支配者であるはずの男性が女性によって支配されてしまうならば、女性が国家そのものを支配することと、何の違いがあるだろうか。実際、まったく同じことになる。第二に、「ラコニア人の特徴である」過度に大胆な性格[13]は、日常生活には何ら役立たないが、仮に戦争だけには役立つのだとしても、ラコニア人の女性の場合は、その戦争のときでさえ「放縦だったために」最も有害だった。[14]女性たちが有害性を示したのは、テバイ[15]が侵攻してきたとき[16]である。すなわち、他の

9　ラケダイモンの伝説の立法者リュクルゴスを指すと考えられる。
10　現在のイタリア北部からフランスにかけて居住していた民族。
11　ホメロス『オデュッセイア』第八歌二六六—三六六では、アレスとアフロディテがアフロディテの夫ヘファイストスの家で密通するようすなどが語られている。ギリシャ神話ではアフロディテが他の男神とも関係を持っているので、女性の放縦な生活を象徴するのであろう。
12　ペロポネソス戦争でアテナイに勝利した紀元前四〇四年から、レウクトラの戦いでテバイなどに敗れた前三七一年までの時期を指すと考えられる。
13　原語は thrasytēs。同系語の thrasys は、『ニコマコス倫理学』第二巻第二章一一〇四a二二によれば、「勇気」を中庸と見なしたときの超過である「無謀」ないし「向こう見ず」に当たる。

国家では女性が役に立っているのとは違い、ラコニア人の女性は何の役にも立たないばかりか、敵軍にもまして大きな混乱をもたらす存在だったのである。

では、こうした女性の自由放任がラコニア人の中でいつから行われていたかといえば、当初からだったと推察される上、そのことにはもっともな理由があったようであ
1270a る。というのも、ラコニア人はアルゴス人と戦い、次いでアルカディア人やメッセニア人とも戦ったので、軍事遠征のため、長期にわたって男性は自国を離れていたからである。やがて軍役から解放された男性たちは、「勇気、節制、忍耐など」多くの種類の徳を要する軍隊生活で服従に慣らされていたため、自分たちの身を立法者にゆだねた。それに対し、女性たちの場合は、伝説の立法者リュクルゴスが法律によって徳へと導こうとしたものの、抵抗に遭い、またしても断念したと人々は伝えている。それゆえ、これらの事実こそラコニアに起こった出来事の原因なのであり、したがってまた、いま論題にしている国制の失敗の原因ともなったことは明らかである。とはいえ、これを「失敗」と呼ぶからといって、「リュクルゴス、ラコニア人の男性、女性などのうち」誰に同情の思いを抱くべきか、あるいは抱くべきではないかということを考察しようとしているわけではない[17]。私たちが考察しているのは、ラコニアで行われたこと

のうち、どれが正しく、どれが正しくないかということである。

財産に関する問題

先にも述べたように、[18]女性に関する事情が不適切な状態にあるならば、それ自体が国制そのものに不体裁な部分を作り出すだけではなく、過度に金銭や財産を求める金

14　軍事国家ラコニアは、戦争での勝利を国家の目的すなわち幸福とし、その実現のために①戦士となる男性中心の国制を選択した上で、②男性を大胆で勇敢な人間に育成した。ここでは、女性に関する問題を挙げ、ラコニア独特の国家作りが成功しなかったことを指摘している。

15　アテナイの北西に位置した都市国家で、ボイオティア地方の中心地。

16　紀元前三六九年、将軍エパミノンダスに率いられたテバイ軍がペロポネソス半島に侵攻した。

17　『ニコマコス倫理学』第三巻第一章一一〇九b三〇―三五によれば、失敗は故意に行われたわけではないため同情の対象となるが、ここでは同情するべき対象を特定しないということ。

18　本章一二六九b一二―三二で述べられている。

銭愛の増長にもつながると推察される。なぜ金銭愛に言及したかというと、ラコニア人の国制について考察するとき、ここまで述べてきた問題点に続いて、財産の不平等に非難を向ける人がいるだろうからである。実際、ラコニア人の中には、あまりにも多くの財産を所有している者もいれば、極めてわずかな財産しか所有していない者もいる。まさしく、こうした不平等が原因で［困窮した後者が前者に土地を売ったため］、土地は少数の人々の手に渡ったのである。また、土地に関する制度が劣悪なのは、法律のせいでもある。なぜなら、一方では正当にも、既に所有されている土地の売買は善くない行いだと定めたものの、他方では、土地を無償で譲渡したり、遺産相続させたりすることを望む者に許可を与えたからである。しかしながら、これを許可してしまえば［少数の人々に土地が渡るため］、所有されている土地の売買を自由化したときと同じ結果になるのは必然である。

そして、国土全体のおよそ五分の二は女性に所有されているという現実もある。それは、遺産相続する女性が多くなったからであるが、それに加え、女性が結婚する際に［土地を含む］多くの持参金を与えられることにも起因する。しかし、そうならないように、持参金をなくすか、わずかにするか、あるいは適度な量にするよう定めた方がよかったのであるが、そうなってはいない。現実の制度では、父親は、遺産相続する娘を、自分の思い通りの男性に嫁がせることが許されている。もしも娘の嫁ぎ先を決めずに父親が亡くなった場合は、その娘を、遺産の扱いに関する権利者[19]が自分の望み通りの男性に嫁がせるのである。その結果、かつては千五百人の騎兵と三万人の重装歩兵を養える国土であったにもかかわらず、［テバイが侵攻した頃に］兵士の数は千人を切ることになった。このような制度が人々にとって劣悪だったことは、現実の出来事そのものが示している。すなわち、その国家スパルタ（ラコニア）は、敵国による一度の攻撃に耐えられず、兵力となる人員の不足のゆえに滅びたのである[20]。

では、昔はどうだったかといえば、初期の王たちの時代には市民以外の者も国制に参与させたため、戦争が長期にわたっても人員不足にはならなかったと人々は語る。当時のスパルタ人［の男性］は一万人にも上ったという[21]。しかしながら、そうした方法で人員不足を回避したという経緯が真実か否かにかかわらず、むしろ国家は、財産

19　詳細は不明であるが、父親の親族に含まれる男性を指すと考えられる。

20　紀元前三七一年のレウクトラの戦いで、テバイ軍などに敗れたことを指すと考えられる。

の平準化という方法で［どの家庭も男児を養育できるようにして］男性の数を増やす方がよい。また、産児制限の法律も、人員不足の解消策には逆行する。というのも、あの立法者は[22]スパルタの人口が最大になることを望み、できるだけ多くの子どもを産むよう市民に促したからである。実際、スパルタ人の法律では、男性に対し、三人の息子をもうけると兵役を免除し、四人の息子をもうけるとあらゆる課税を免除している。とはいえ、男児が多く生まれ、その数に応じて家の土地が分割されるならば、必然的に多くの人々が貧民になるのは明らかである。

公職に関する問題

しかしまた、監督官に関する規定も劣悪である。なぜなら、まさに監督官という公職は、スパルタ人にとって最も重要な事項を決定する権限を持つにもかかわらず、［五人の］全員が[23]民衆から選ばれるため、極めて貧しい人々が最高の地位に就くこともしばしば起こるからである。その何が問題なのかといえば、第一に、困窮のゆえに買収されやすかったことである。この問題を示す出来事は以前もしばしば起こったが、最近もアンドロス島[24]で起こった。すなわち、何人かの監督官が賄賂の金銭を受け取って腐敗し、自分たちの権限を使えるだけ使って国家全体を破壊した事件である。この原因として第二に挙げられるのは、監督官という公職の権限があまりに強大で、独裁者にも等しいことである。[25] それゆえ、王たちでさえ腐敗者たちの意に従わざるをえなくなり、[26] この力関係によっても国制は損なわれた。それというのも、「貧民が監督官になることによって」貴族制（最優秀者支配制）に代わり、民主制が生じていたからである。[27]

21　一万人の中に女性が含まれているかどうかは不明瞭だが、文脈からして男性だけ、あるいは成人男性だけの数と考えられる。実際、紀元前八世紀頃のスパルタの人口は、男女合わせて約五万人だったという説がある。

22　本章で先に名が挙げられたリュクルゴスを指すと考えられる。

23　ロスは pantos（すべての）と修正して「民衆」の修飾語に変えているが、写本通りに pantes と読む。

24　エーゲ海にあるキュクラデス諸島の北端の島。

25　たとえ監督官が収賄したとしても、王たちの権限の方が強ければ事件を抑えられたはずなので、監督官の権限の強大さがもう一つの原因だという議論。

26　スパルタには二つの王家があり、二人の王が並立していたので、複数形で書かれている。

確かに、この監督官という公職は国制の全体を安定的に維持する。というのも、民衆が最も重要な公職に参与できるため、騒動を起こさないからである。それゆえ、この公職が立法者によって作られたにせよ、偶然の幸いによって生まれたにせよ、制度の実質としては国家のためになっている。なぜなら、国制を維持しようとすれば、国制が存在することと、同じままであり続けることを、国家の部分である構成者の全員が望む状態でなければならないからである。では、スパルタの場合、どのようにして全員が望む状態になったかといえば、王たちは自分たちの名誉のために国制の存続を望み、善美を備えた有徳者たちは長老会[28]（この公職は、徳に対する褒美である）のために国制の存続を望む。そして民衆は、あらゆる人々の中から任命される監督官の制度のために国制の存続を望むわけである。

とはいえ、なるほど監督官という公職が、あらゆる人々の中から選ばれる必要があったのだとしても、やはり問題がある。第一に、いま行われている方法で選ばれるべきではない。なぜなら、あまりにも子どもじみた方法[29]だからである。第二に、誰が監督官に選ばれるかわからないにもかかわらず、選ばれれば重要な事柄についてさえ判断する権限を握るのだから、自分の信条に基づいて判断するのではなく、成文化された規定や法律に即して判断する方がよい。第三に、監督官たちの暮らしぶりは、［軍事国家スパルタという］国家の目指すものと一致しない。というのも、監督官の暮らしぶりそのものが過度にゆるんでいるからである。他方、監督官以外の人々の暮らしぶりにおいては、むしろ禁欲的な厳しさが優っているため、それに耐えきれない人々は法律の目を逃れ、肉体的な快楽をひそかに貪《むさぼ》っているのである。

また、スパルタでは、長老たちの公職である長老会も適切な状態ではない。確かに、長老会の構成員が極めて優れた人物たちで、人徳を身につけるための教育を十分に受けた人々であるならば、この公職は国家のためになると即座に述べることができるだろう（とはいえ、重要な事柄について判断する権限を終生持つことに関しては議論の

27　本巻第六章一二六五b三五―一二六六a一では、スパルタの体制を混合的国制ととらえる見解が紹介されているが、アリストテレスもそれに準じ、民主制的な監督官、貴族制的な長老会、伝統的な王制の問題を本章で順次検討している。

28　リュクルゴスが作ったといわれる評議会で、二人の王を含む三十人の長老で構成された。

29　どのような方法なのかは不明だが、次の段落で述べられる長老会の選出方法と同じだったのかもしれない。本章注32参照。

余地がある。なぜなら、身体に老いがあるように、思考能力にも老いがあるからである)。しかしながら、その人々が教育を受けたとはいっても、人徳が身につくような教育ではないのではないかと、立法者自身でさえ不信の念を抱く種類のものであれば、 1271a
この公職に就かせるのは安全ではない。既に明るみに出た事実としても、かつてこの公職に就いていた人々が賄賂を受け取り、私情によって公共の事柄の多くを歪めたという不祥事がある。まさにこうしたことから、長老会の任期を終えたときに執務審査[30]を免除しない方がよいのであるが、現実には免除されている。そこで、監督官の職にある者が、長老会を含め、あらゆる公職者の執務審査を行えばよいという考えが生じるだろうが、もしもそのようにすると、あまりにも大きな贈り物[31]を監督官に与えることになるから、この方法で執務審査を行うべきではないというのが私たちの主張である。

さらに、長老会の構成員を判定によって選出する方法も子どもじみている[32]。加えて、 a10
長老会の構成員になるにふさわしいという判定を他人から受けるべき人物が、自分で自分に就任を求めるかのように立候補するのも正当ではない。なぜなら、本人が就任を望もうと望むまいと、この公職にふさわしい人物が就任するべきだからである。それにもかかわらず、現実に立法者が行っているのは、明らかに、国制の他のしくみとまさに同じことである。すなわち、立法者は市民たちが「名誉好み」の性格になるよう仕向けた上で、長老会の構成員の選出に際しても立候補の制度を用いているのである。なぜかといえば、〔徳ではなく〕名誉を好む性格ではないなら、誰も公職に立候補しようとはしないだろうからである。けれども、名誉好みは必ずしも優れた性格ではなく、人々の間で故意に行われる不正行為の大部分が、たいてい名誉好みや金銭愛によって引き起こされるのも事実なのである。

王制に関する問題

次の論題はスパルタの王制であるが、王の存在が国家にとって善いか否かは別の機会に論じよう。[33]しかし少なくとも、現行のように〔世襲で〕王が決められるのではな

30　公職者が任期を満了したとき、執務に不正がなかったかどうかを審査する制度。
31　原語は dōron で、「賄賂」も意味しうるため、皮肉を含んだ表現であろう。
32　プルタルコス『英雄伝』の「リュクルゴス」第二十六項によれば、候補者が民衆の前に姿を現したとき、寄せられる歓声の大きさに基づいて判定された。

く、本人の生き方に基づいて、王にふさわしい人物かどうかを個別に判断した上で決めた方がよい。現行の制度のままでは、善美を備えた有徳な王たちを作り出すことは不可能だと、立法者自身が考えているのは明らかである。少なくとも立法者は、王たちに対し、善い人間性を十分に備えていないのではないかと、不信の念を抱いているのである。だからこそ、王を使節として国外に派遣するときには、王の政敵である監督官を監視役として同行させるのが習慣であったし、二人の王たちの争いが国家の存続にとっては救いになるとさえ信じていたのである。

その他の問題

スパルタで「フィディティア」[34]と呼ばれる共同食事に関しても、この制度を最初に設けた人々は適切に立法を行っていない。というのも、クレタで行われている共同食事のように、この会合はむしろ公費でまかなわれるべきであったからである。それにもかかわらず、ラコニア人のところでは個人が費用を負担しなければならない。しかも、極めて貧困なゆえに費用を支払えない人々が存在するため、「困窮者を救おうとする」立法者の意図とは正反対の結果になっている。すなわち、立法者は共同食事のしくみが民主制的なものになることを望んでいるのに、費用の個人負担を法律で定めているため、少しも民主制的にはなっていないのである。というのも、極度に貧しい人々にとっては共同食事への参加が容易ではないにもかかわらず、共同食事の費用を納められない者は国制に参与できないとする国制上の規定があり、これはスパルタ人にとって先祖伝来のものだからである。

また、海軍提督に関する法律を批判する人々も存在するが、確かにその法律は内乱の原因になるゆえに、批判は正当である。なぜなら、王が恒久的な将軍として存在するのに加え、「もう一人の王」に近いものとして海軍提督の地位が法律で定められて a40
いるからである。

さらに、次の点を指摘して、スパルタの立法者が立法の前提にしている事柄を批判する人もいるだろう。それはまさにプラトンも『法律』で批判している点[35]であり、徳 1271b

33　第三巻第十四—十七章で論じられる。

34　「フェイドマイ（節約する）」を連想させる呼び方。他方、アテナイでは共同食事が「シュッシティア（一緒に食べる）」と呼ばれた。

の一部だけ、つまり戦争に役立つ徳だけを目指して法律体系の全体を構築している点である。このように戦争に役立つ徳だけを目指すのは、そうした徳が力で支配することに役立つからである。その結果、スパルタは戦争中には国家を維持していたものの、覇権を握った後は滅びていった。その原因は、平和の中で余裕を持って生きる方法を知らず、軍事訓練とは別の、もっと重要な修練にいそしんだ経験もないことにある。しかし他にも、このことに劣らない誤りがある。すなわちスパルタ人は、人々が争い合って獲得しようとする［財貨や名誉などの］善いものが、悪徳によってではなく美徳によって得られると信じており、確かにその点は適切なのだけれども、そうした善いものが美徳より優れた存在だととらえてしまう点は不適切なのである。

加えて、スパルタ人のところでは公金に関する事情も劣悪である。実際、いくつもの大戦で戦うことを余儀なくされているにもかかわらず、国庫の公金は皆無となった上、納税の状況も悪い。こうなった原因は、国土の大部分が公有地ではなく、スパルタ人の個人所有地のため、［土地に課される税金の］納税の状況について互いに詳しく調べないことにある。つまり、立法者がもたらしたのは、国家のためになることとは正反対の結果であり、かたや国家は散財で公金が底をつき、かたや個々の市民は［脱税してまで」蓄財する金銭愛の徒と化したわけである。

かくして、ラケダイモン人の国制については、以上挙げただけの問題点に関する議論が終えられたとしよう。すなわち、最も批判の対象となるのが、これらの問題点なのである。

35　プラトン『法律』第一巻六二五C―六三六Eでは、平和ではなく戦争を目的にしたクレタやスパルタの国制が批判されている。

第十章　クレタ人の国制

スパルタとの歴史的関係

クレタ人の国制は、スパルタの国制に極めて近い。しかし、スパルタの国制に劣らないものは少しだけで、大部分は完成度が劣る。というのも、ラコニア人の国制（スパルタの国制）の大方は、古くからあったクレタ人の国制を模倣したものと推察され、実際そのようにも語られているからである。[1] つまり、古い制度の多くは、より新しい制度に比べ、細部の仕上げにおいて劣るということである。

人々の話によれば、ラコニアの伝説の立法者リュクルゴスは、甥にあたるカリロス王[2]の後見役を辞して国外へ出たとき、クレタ人がラコニア人と同族関係にあるゆえに、クレタで大部分の時間を過ごした。なぜ同族関係だったのかといえば、クレタからの入植者だったからである。入植のためにラコニアからやって来た人々は、そのとき現地の定住者が用いていた法律体系を継承した。

それゆえ、現地の半自由民であるペリオイコイは、クレタの伝説の王ミノスがその法律体系を最初に確立したと考えて、それを現在も同じ仕方で使用している。[3]

クレタ島は、ギリシャ全体を支配するのにもともと適した条件を備えており、位置もよいと考えられる。というのも、クレタ島は［エーゲ］海の全体を横切るように伸びており、この海の周辺にほぼすべてのギリシャ人が定住しているからである。すなわち、クレタ島の西端はペロポネソス半島からわずかに離れている程度であり、東端は［小］アジアのトリオピオン岬[4]の周辺地域[5]やロドス島[6]からわずかしか離れていない。

1　ヘロドトスが『歴史』第一巻第六十五章で記述しているほか、次の段落で説明されるような経緯を人々が語っていることも指すのであろう。
2　リュクルゴスの兄ポリュデクテスの遺児。
3　前章注2参照。
4　「アジア」とは、現在のトルコ共和国のアナトリア地方を指した旧称で、現代の呼称では「小アジア」である。
5　小アジアのカリア地方の岬。
6　エーゲ海南東部の島。

そのため、かのミノスは海上の覇権さえも握ることができた。そしてミノスは、いく
つかの島々を手中に収め、いくつかの島々には植民もしたが、最後にはシチリア島に
攻め入り、その地のカミコス付近で生涯を終えた。 b40

スパルタの国制との類比的関係

クレタの制度はラコニア（スパルタ）の制度と類比的な関係にある。第一に、農耕
を担うのは、ラコニアでは「ヘイロータイ」と呼ばれる隷属民であり、クレタではペ
リオイコイである。第二に、どちらの国家にも共同食事の制度がある。それを昔のラ 1272a
コニア人は現在のように「フィディティア」とは呼ばず、クレタ人と同じく「アンド
レイア（男性）」[7]と呼んでいたので、クレタ伝来の制度であることも明らかである。
第三に、国制の組織体系にしてもそうである。すなわち、ラコニアの監督官は、クレ
タで「秩序維持官」と呼ばれる公職と同じ力を持っている。ただし、人数の点では監
督官が五人であるのに対し、秩序維持官は十人という違いがある。第四に、ラコニア
の長老会は、クレタで「審議会」と呼ばれる長老組織に等しい。第五に、かつてクレ
タには「ラコニアと同じように」王制があったが、後にクレタ人は王制を廃止したた

め、現在では秩序維持官が戦争の指導者になっている。第六に、クレタでは誰もが民会に参加する。ただし、クレタの民会は、長老組織と秩序維持官の見解に対して賛成の投票を行うこと以外、何も権限を持っていない。

制度の優劣比較

このように国制は類比的な関係にあるにもかかわらず、共同食事の制度に関してはクレタの方がラコニアより優れている。すなわち、ラケダイモン（ラコニア）では各個人が頭割りで定額の費用を納めるのであるが、納められない場合には、法律により国制への参与が禁じられることは先にも述べた通りである。[8] それに対し、クレタの共同食事は、より公共性の高い制度である。というのも、公有地で生産される農畜産物のすべてと、ペリオイコイが納める貢納物を資源にして、一方では神々への供物や公共的な活動での消費物をまかない、他方では共同食事をまかなうゆえに、女性も子ど

7　「男性たち専用の食事」を意味したと考えられる。

8　前章一二七一a三四―三七で述べられている。

もも男性も、誰もが公費で養われるからである。[9] また、クレタの立法者は［共同食事を維持するために］食事を少量にすることが公益になると考え、多くの点で知恵を絞った。さらには、子どもが多く生まれる［ことにより人口が増え、共同食事が維持できなくなる］のを防ぐため、女性を男性から引き離すとともに、男性の同性愛を許した。この方策が好ましいか、好ましくないかということに関しては、別の機会に考察しよう。[10] ともかく、以上からして、共同食事の制度に関してはクレタの方がラコニアより優れていることは明らかである。

一方、クレタの秩序維持官は、ラコニアの監督官よりもさらに劣った制度である。なぜなら、誰であろうと、たまたま選ばれた人が就任するという欠点は、監督官だけではなく秩序維持官にも共通するけれども、次に挙げる理由によって、かたや監督官がラコニアの国制のためになるのに対し、かたや秩序維持官はクレタの国制のためにならないからである。すなわち、ラコニアではあらゆる人々の中から監督官が選出されるゆえに、この最も重要な公職に参与できる民衆が国制の存続を望むのに対し、クレタの秩序維持官はあらゆる人々の中から選ばれるわけではなく、特定の家系から選ばれる上、さらに秩序維持官を務めた者の中から長老組織の構成員が選ばれる点で事

a30

情が異なるのである。このクレタの長老組織に関しては、ラコニアの長老会に対するのと同じ論評[11]を行う人がいるかもしれない。つまり、執務審査を免除されることと、終身制の公職であることは、長老組織の構成員になった人々の価値に見合わないほど大きな特権であるという論評である。また、成文化された規則に従ってではなく、長老自身の信条に従って公職を行うのは危険だとの論評もある。確かに、クレタでは民衆が秩序維持官になれないからといって騒動を起こしているわけではないけれども、民衆がおとなしくしていることは、制度の適切さを示す証拠にはならない。なぜかといえば、クレタでは秩序維持官になっても何の得もないという理由で、おとなしくしているだけのことかもしれないからである。つまり、［陸続きで隣国と接する］ラコニアの監督官の場合とは異なり、島国であるクレタの秩序維持官は、賄賂を使って公職

9　共同食事に参加できるのは男性だけであったが、家族のために食糧を持ち帰ることができたと推測される。

10　本書ではこの約束が果たされていない。

11　前章一二七〇b三五―一二七一a八で、ラコニア（スパルタ）の長老会の問題点が詳しく述べられている。

1272b を腐敗させようとする［隣国の］者たちから遠く離れて暮らすことになるわけである。

また、特定の家系の者しか秩序維持官になれないという制度上の欠陥[12]に対してクレタ人が施す対処策は奇妙であり、［法律に基づく］国家的な対処ではなく、特定の家系による門閥制的な対処である。というのも、［特定の家系の］秩序維持官の同僚たち自身、あるいは公職者ではない私人たち[13]が結託して秩序維持官を追放することがしばしばあるからである。しかも、秩序維持官には、任期の途中であっても自ら辞職する[14]ことが許されている。したがって、こうした事柄のすべては、人々の個人的な思惑に従ってではなく、法律の定めに従って実施される方がよい。なぜなら、個人的な思惑は、判断基準として安全確実ではないからである。あらゆる対処策の中で最悪なのは、秩序維持官の職権を停止することである。これは、有力者たちが処罰を受けたくないときに、しばしば行う方法にほかならない。

クレタの特徴

こうした点からすると、確かにクレタの制度は国制[15]の要素を持つとはいえ、法律に基づく国制ではなく、むしろ特定の家系による門閥制[16]であることが明白でもある。そして、民衆や友人たちを派閥に分断することによって、「実質的には門閥制ではなく」単独者支配制[17]を作り上げるのが常であり、内乱と派閥間の抗争が絶えない。しかし、このような状態になれば、もはやこの種の国家は一時的に国家ではなくなるから、国家共同体が壊滅してしまったのと何が違うだろうか。侵略を望む者たちが実際に攻め入る能力を持つとき、このような壊滅状態に陥った国家は危険にさらされる。

とはいえ、クレタの場合には、先も述べたように[18]クレタ島の置かれた位置のおかげで救われている。すなわち、他国から遠く離れていることが、外国人を排斥する効果

12　この欠陥それ自体が門閥制的であるが、対処策も門閥制的なので「奇妙」だと述べられる。

13　おそらく、特定の家系に属する私人たちであろう。

14　自分と同じ家系の他の人物に地位を譲るための辞職などが考えられる。

15　この段落における「国制」は「共和制」とも解釈できる。第一巻第一章注3、本巻第六章注21参照。

16　第四巻第五章一二九二b五―一〇によれば、門閥制は寡頭制の一種であり、一部の家系の世襲制を特徴とし、法律ではなく公職者が支配する。

17　ロスは anarkhian（無政府状態）と修正しているが、写本通りに monarkhian と読む。

18　本章一二七二a四〇―b一で述べられている。

を生み出しているのである。この事情から、クレタではペリオイコイの制度が安定的に存続しているのに対し、スパルタのヘイロータイは［周辺の国家と結託して］しばしば反乱を起こすのである。つまり、クレタの制度が安定している理由は、クレタ人が他の国家の支配に何ら関与しないことにある。外国で行われていた戦争がクレタ島にも及び、クレタの法律の弱点が露わになったのは最近のことにすぎない。b20

かくして、私たちとしては、クレタ人の国制について以上の議論を終えたものとしよう。

第十一章　カルタゴ人の国制

国制の近似性

国家の運営に関しては、カルタゴ人も優れていると考えられている。すなわち、他の国家と比べ、カルタゴ人の国制は多くの点で傑出しているのであるが、いくつかの点はとくにラコニア人の国制と似ている。というのも、これら三つの国制、つまり、クレタ人の国制とラコニア人の国制、そして第三にカルタゴ人の国制は、ある意味では互いに近似しており、他の国家の国制とは大きく異なっているからである。そして、カルタゴ人のところでは、制度化されたことの多くが適切に整えられている。その国制が整っている証拠に、民衆は国制のしくみに従い続けており、言及するに値するほどの内乱も起こっていないし、独裁制が出現したこともない。[1]

カルタゴ人の国制がラコニア人の国制と似ている点は、以下の通りである。第一に、カルタゴにおける仲間同士の共同食事は、ラコニアで「フィディティア」[2]と呼ばれるものに相当する。第二に、カルタゴの百四人会は、[3]ラコニアの監督官に相当する（ただし、ラコニアの監督官の場合、たまたま選ばれた者が就任するのに対し、カルタゴの百四人会は優秀な人物が選出されるので、この点、後者は前者ほど劣悪な制度ではない）。第三に、カルタゴの王たち[4]はラコニアの王たちに類比でき、第四に、カルタゴの長老会はラコニアの長老会に類比できる。しかし、カルタゴの王たちの方が優越する点もある。それは、王が同一の[5]家系から選ばれるわけではなく、かといって、どんな家系から選ばれてもよいというわけでもなく、何か傑出した家系があるとき、その中から、年齢に基づいてというよりも、むしろ望ましい人物を見つけるという方法

b40

1 カルタゴは北アフリカの地中海沿岸に位置し、現在のチュニジアの北部を中心とした都市国家。

2 本巻第九章一二七一a二七参照。

3 長老会と将軍を監視する百四人の委員会。

4 古い時代のカルタゴでは二つの家系から王が選ばれていたが、後に二人の執政官が最高権力を持ったことから、ここでの「王たち」は執政官を指すとも考えられる。

5 ロスは kath’hauto（それ自体で）と読んでいるが、kat’auto と読む。

で選ばれるからである。なぜこうした選び方が優越しているのかといえば、王位に就く者たちは重大な事柄の決定権を握る以上、低劣な者たちが選ばれれば、国家に大きな被害を与えるからである。実際、既にラケダイモンでは、王が国家に被害を与えた。

国制の問題点

さて、カルタゴ人の国制は、最善の国制から逸脱しているゆえに批判を受けることもありうるが、そうした批判の大部分は、これまでに述べた国制のすべてにも共通して向けられるものである。しかし、とりわけカルタゴ人の国制が批判される点を挙げれば、国家像として前提に置いている貴族制や共和制のあり方に反し、ある面では共和制ではなく民主制に傾きつつ、ある面では貴族制ではなく寡頭制に傾いている点である。

1273a まず、なぜ民主制に傾いているかといえば、カルタゴの王たちは長老たちと連帯し、全員の意見が一致する場合には、民会への議案の提出あるいは不提出を決定する権限を持つものの、全員の意見が一致しないときには、それらの議案でさえも扱いが民会にゆだねられるからである。反対に、王たちと長老たちの全員の意見が一致して民会に議案が提出された場合には、民会の権限として、それらの支配者たちから見解を聴取できるにとどまらず、議案に関して最終的な判断を下すことができる。さらには、民会に提出された議案に対して異議を唱えることを望む者がいれば、それも許容されており、こうした制度は他の国制にはない。

次に、なぜ寡頭制に傾いているかといえば、五人会[6]は多くの重要事項について権限を持つにもかかわらず、五人会そのものが自ら五人の構成員を選ぶからである。しかも、最も重要な公職である百人会[7]の構成員も五人会が選ぶほか、五人会の任期は他の公職より長い（なぜなら、五人会を退職後も、かつ就任前も、支配権を行使しているからである）。こうした点は寡頭制的であるものの、公職が無報酬であることや、籤引きによる任命方式ではないことなど、他にもそれらに類似した特徴があるならば、貴族制的であると見なさなければならない。さらには、訴訟ごとに裁判員が異なるラ

6　どのような組織なのかは詳細不明。
7　本章で先に挙げられた「百四人会」を指すと考えられる。

ケダイモンの制度とは異なり、あらゆる訴訟が五人会によって裁かれることも貴族制的であると見なさなければならない。

貴族制からの逸脱

しかし、カルタゴ人の制度がとりわけ貴族制から寡頭制へと逸脱しているのは、一つの思想に基づいてのことであり、その思想は多くの人々に共有されている。すなわち、公職に就いて支配を行う者は、優秀な人物であるというばかりではなく、富を多く持っているという条件も加味して選ばれなければならないという思想である。なぜこのような思想が生じたかといえば、困窮している者の場合、立派に支配することも、余裕を持って生きることも不可能だからである。それゆえ、かたや寡頭制では富を多く持つ者が支配者に選ばれ、かたや貴族制では徳すなわち優秀さを持つ者が支配者に選ばれることを踏まえれば、カルタゴ人が国制を構築する際に依拠しているしくみは、純粋な寡頭制でも貴族制でもない第三の種類になるだろう。というのも、公職に就いて支配を行う者を選ぶとき、カルタゴ人は徳と富という二つの要素の両方に目を向けるからであり、とりわけ、最も重要な地位にある王たちと将軍たちを選ぶときにはそうだからである。

けれども、このように貴族制から逸脱してしまったことについては、カルタゴの立法者の失敗と考えなければならない。なぜなら、立法者が最初に着目するべき最大の必須事項は、最も優秀な人々が余裕を持って生きられ、体裁の悪い生活を避けられるようにすることだからである。それは、公人として生きるときだけではなく、私人として生きるときも含めてのことである。とはいえ、余裕のある生き方を保障するために富にも目を向けるべきなのだとしても、最も重要な支配者となる王と将軍の地位を金銭で買えるようにするのは劣悪である。というのも、こうした方向に進める法律は、徳よりも富の価値を大きくしてしまい、国家全体を金銭欲で覆ってしまうからである。つまり、何であれ、支配的な力を持つ者によって価値を認められたものがあれば、他の市民たちの考え方もその価値観に追随するのは必然なのである。そして、徳にこそ最大の価値があると認められないところでは、国制として揺るぎない状態で貴族制の支配が行われるのは不可能である。金銭の力で公職に就いた者にとっては、買った地位を利用して利益を得るのが習慣になること、これは理の当然である。なぜなら、非常に優れた人物でさえ貧窮すれば利益を得ようとするのだから、ましてや、劣悪な人

1273b a40

物が地位を金銭で買ったならば、利益を望まないなどということはありえないからである。それゆえ、地位を金銭で買う人々ではなく、最善の支配を行える[8]人々が支配に当たるのでなければならない。そして立法者は、非常に優れた人々を裕福にすることは断念するとしても、少なくとも人々が公職に就いている間は、余裕のある生活を送れるよう配慮した方がよい。

また、カルタゴでは同じ人物が多くの公職に就いており、このことがカルタゴ人の間では好評だけれども、拙劣な制度だと考えられよう。なぜなら、一人が一つの仕事を受け持ってこそ、最も善く任務が遂行されるからである。立法者はこれを実現するよう配慮するべきなのであって、同じ人に、笛を吹くことと靴を作ることを命じては b10
ならないのである。したがって、［小国では一人の市民が複数の仕事を行うとしても］小さくはない国家の場合、一人が一つの仕事を受け持つようにすれば、より多くの人々が公職に参与するようになるため［寡頭制的ではなく］いっそう国制的[9]になるし、いっそう民主制的にもなるのである。というのも、既に述べたように[10]、より多くの人々が公職に参与すれば国制の共同的な性格を増す上、同じ個人が同じ仕事に取り組むことにより、いっそう立派に、そして迅速に任務が遂行されることにもなるからで

ある。このことは、軍事や海事の仕事を見れば明らかである。なぜなら、軍事と海事
の仕事のどちらにおいても、いわば全員が、命令する支配の側と、服従する被支配の
側の両方に参与しているからである。
　さらに、カルタゴ人の国制は寡頭制的であるにもかかわらず、［内乱の発生など］寡
頭制が抱えやすい問題を最善の仕方で回避している。それは、カルタゴの従属国に民
衆の一部を絶えず送り出し、その人々を裕福にする施策[11]によってであり、この方法で b20
寡頭制の欠陥を直し、国制を安定化させているわけである。しかし、この安定化は偶
然のなせる業《わざ》であって、本来は立法者の力で内乱を抑止できるのでなければならない。
現実はそうなっておらず、何か不運がカルタゴを襲ったとき、それに乗じて被支配者
たちの多数が反乱を起こしたならば、反乱を鎮める鎮静剤は、法律によって何ひとつ
用意されていないのである。

8　ロスは arist' argein（最善のことを怠る）と修正しているが、写本通りに aristarkhein と読む。
9　「共和制的」とも解釈できる。第一巻第一章注3、本巻第六章注21参照。
10　本巻第二章一二六一a三一―b四の内容を指すと考えられる。
11　第六巻第五章一三二〇b五―七で説明されている。

以上、ラケダイモン人とクレタ人とカルタゴ人の国制がどのようなものであるかを述べたが、これらの国制が高く評価されているのは正当である。

第十二章　ソロンらの立法と国制

国家の運営に携わった者たち

国制について何らかの見解を表明した人々の中には、どんな形であれ国家の運営にはまったく関わらず、私人としての生涯を全うした者たちがおり、そうした者たちについては、語るに値する事柄のほぼすべてを述べ終えた。他方、自ら国家の運営に携わった者たちもおり、自国で立法者となった者もいれば、外国で立法者となった者もいる。さらに、これらの者たちの中には、法律作りに専念した者もいれば、リュクルゴスやソロンのように法律だけではなく国制も作った者もいる。実際、この二人は法律も国制も確立したのである。

ソロンの業績と評価

このうち、リュクルゴスが確立したラケダイモン人の国制については既に述べた。

一方、ソロンはどうかといえば、優れた立法者であったと考える人々が存在する。なぜならソロンは、他の種類の国制と混合されていない極端な寡頭制を解体し、民衆の奴隷化を終わらせた上[1]、適切に国制を混合することによって伝統的なアテナイ民主制を確立したからである。ここで「国制の混合」という意味は、アレイオス・パゴス[2]で行われた審議会は寡頭制的な性格を持つ[3]のに対し、選出された者が公職に就く制度は貴族制的、裁判所は「籤引きで全市民から裁判員が選ばれたので」民主制的な性格を持つということである。とはいえ、前二者の制度、すなわち審議会と公職者の選出は、以前からあったものをソロンが廃止しなかったというだけで、ソロンが実際に行ったのは、裁判所の構成員をあらゆる市民の中から選ぶことによって民主制を確立する施

1　『アテナイ人の国制』第六章によれば、ソロンは民衆を救うため、身体を抵当にした金貸しを禁じ、公私の負債を帳消しにした。

2　アテナイのアクロポリスの西方に位置する「軍神アレスの丘」。裁判所や審議会が設置された。

3　公職の退職者が審議員になったため、一種の長老支配が寡頭制的だと述べられているのであろう。本巻第六章一二六五b三七―三八、第十一章一二七三a一三―一七参照。

策のみだと推察される。

この同じ点に基づいて、ソロンのことを非難する人々も存在する。すなわち、籤引きで選ばれた市民から成る裁判所に万事を裁く権限を与えたために「民衆の力が増し」、それ以外の寡頭制的もしくは貴族制的な制度を破壊することになったという非難である。どういうことかといえば、ソロンが「民衆の牙城となった」裁判所の力を強くしたので、あたかも独裁国家において独裁者の機嫌を取るようにして人々は民衆の機嫌を取り、国制を現在の民主制に変容させる結果になったのである。例えば、エフィアルテス[4]とペリクレス[5]はアレイオス・パゴスの寡頭制的な審議会の権限を縮小したし、ペリクレスは裁判員に日当を与える制度を作った[6]。このような方法で、エフィアルテスやペリクレスのような民衆指導者が、それぞれ民衆の力を増大させ、現在の民主制へと導いたのである。

しかし、民主制になったのは、ソロンの意図に基づいてのことではなく、むしろ歴史的な出来事に付随してのことであったと思われる。すなわち、ペルシャ戦争の際に達成した海上制覇は民衆の力に負うものであったことから、民衆は思い上がり、優れた人々の行う政治に反感を覚えたときには、劣悪な人物を民衆指導者に据えたのであ

a10

る。実際、ソロン自身が民衆に対して行ったことといえば、公職者の選出と執務審査に関する必要最小限の権限の付与だけだったと推察される。こうした権限が与えられなかったならば、民衆は市民ではなく奴隷となり、支配者に敵対するようになったことであろう。しかし、この件を除けば、ソロンは民衆に力を与えず、あらゆる公職者の任命に関しても、名士たちや富裕者たちの中から任命する制度にした。具体的には、年に五百メディムノス[7]以上の収穫物を得る階層、重装歩兵級の階層、そして第三の階層で「騎士級」[8]と呼ばれる階層から公職者を任命するようにし、第四の階層である賃金労働者はいかなる公職にも就けない制度にしたのである。

a20

4　紀元前五世紀のアテナイの政治家で、ペリクレスの協力を得て民主化を進めたが、暗殺された。

5　紀元前五世紀のアテナイの最盛期を築いた政治家。

6　『アテナイ人の国制』第二十七章によれば、貴族派の政治家キモンに対抗して、ペリクレスが民衆の歓心を買うために日当制を導入した。

7　一メディムノスは約五十二リットル。

他の立法者たちの業績

さて、ザレウコスは、エピゼフュリオン[9]にいたロクリス人のために立法者となった人物であり、カタネ人[10]のカロンダス[11]は、自国の市民たちのためや、カルキス人[12]がイタリアやシチリア島に建設した他の国家のために立法者となった人物である。この二人を結び付けようとして、ある人々は次のように説明する。立法に関して最初の熟達者となったのはオノマクリトス[13]で、この人物はロクリス人であったものの、占い術で生きるためクレタに居住し、そこで修業した。このオノマクリトスの仲間となったのがタレス[14]であり、タレスの弟子がリュクルゴスとザレウコス、そしてザレウコスの弟子がカロンダスである。しかしながら、こうした系譜を述べる人々は、人々が生きた時代の前後関係を顧慮していない。

また、コリントス人のフィロラオス[15]は、テバイ人のために立法者となった。フィロラオスはバッキアダイ[16]の家系に属していたが、オリュンピア競技会の優勝者ディオクレス[17]の愛人となった。このディオクレスは、母親のアルキュオネが自分に向ける恋愛感情を嫌って祖国を離れ、フィロラオスとともにテバイへ赴いたので、この地で両者は生涯を終えた。現在でもなお、これが二人の墓だと人々は指さすことができる。二つの墓は互いによく見えるように向き合って置かれているが、一方の墓はコリントスの国土の方へ向いているのに対し、他方の墓は向いていない。すなわち、伝説によれば、母親の情念を憎むゆえにディオクレスの塚からはコリントスが見えないようにし、フィロラオスの塚からは見えるようにしようと、二人は生前に配置を決めていたとい

8　ここで挙げられている四つの階層については『アテナイ人の国制』第七章に説明がある。それによれば、賃金労働者には民会と裁判所への参与が認められていた。
9　紀元前七世紀の立法者。
10　イタリア半島南部の地域。
11　カタネは、現在のシチリア島のカターニアの古名。
12　第一巻第二章注9参照。
13　カルキスは、エーゲ海西部にあるエウボイア島の中心都市。
14　ヘロドトス『歴史』第七巻第六章で言及される紀元前六世紀のアテナイ人、オノマクリトスと同一人物かどうかは不明。
15　クレタ島の都市ゴルテュン出身の詩人で、紀元前七世紀にスパルタで活躍した。
16　この人物については詳細不明。
17　コリントス王バッキスを祖とする名門の一族。
18　紀元前七二八年に開催された第十三回オリュンピア競技会の優勝者。

1274b う。二人がテバイに住むようになった理由は以上の通りであり、こうしてフィロラオスはテバイ人のための立法者になったのである。制定した法律の中には、とくに親子関係を作り出す規定があり、テバイ人は「養子縁組法」と呼んでいる。これは、フィロラオスによって作られた法律以外には見られない独特の規定で、「養子に財産を相続させることにより」市民に割り当てられた土地の数を一定に保つことを目的としていた。

では、カロンダスだけが作れた独特の法律は何かといえば、偽証を罰する裁判の規定だけである。実際、カロンダスは偽証の告発方法について立法した最初の人物になった。とはいえ、法律の精密さという点では、今日の立法者たちと比べてもカロンダスの方が洗練の度合いで優っている。

他方、ファレアス独特の法律は、財産を平準化する規定である。そして、プラトンの場合なら、妻子と財産の共有制、女性用の共同食事が独特の規定になる。加えて、酩酊に関する法律があり、素面《しらふ》の者が酒宴を取り仕切らなければならないという定め[19]や、軍事訓練では両手が利くように鍛えなければならず、一方の手は利くものの他方は利かないということのないようにしなければならないという定め[20]も、プラトン独特である。

なお、ドラコン[21]が作った法律も確かに存在するが、既存の国制に合うように制定したにすぎず、刑罰の重さゆえに厳しい法律であった点を除けば、ここで述べるに値するような独特の規定は法律の中に何らない。

また、ピッタコス[22]も法律の作り手になったが、国制の作り手にはならなかった。ピッタコス独特の法律を挙げるなら、酒に酔った人が何か罪を犯したときには、素面の人より多額の罰金を支払わなければならないという規定がある。なぜこのように規定したのかといえば、酔っている人の方が素面の人より多くの傲慢な振る舞いをすることから、酔漢に対しては大目に見るべきだという同情には目を向けず、むしろ公益を重視したからである。

そして、レギオン[23]のアンドロダマス[24]は、トラキア地方[25]のカルキス人のために立法者

19　プラトン『法律』第二巻六七一D―六七二Aで述べられている。
20　プラトン『法律』第七巻七九四E―七九五Dで述べられている。
21　紀元前七世紀の立法者で、アテナイで最初の成文法を制定したと伝えられる。
22　紀元前六世紀、レスボス島のミュティレネの支配者になった人物で、七賢人の一人。

になった。殺人に関する法律と、女性が遺産相続することに関する法律を作ったが、アンドロダマス独特の規定と呼べるようなものは何ら存在しない。

以上をもって、現実に施行されている国制と、ある人々によって提唱された国制についての研究が終えられたものとしよう。

23 イタリア半島南端の都市。

24 この人物については詳細不明。

25 マケドニアと黒海にはさまれたバルカン半島南東部の地方。

第三巻　国家、国制、市民の関係

第一章　市民の定義

考察の最初の課題

それぞれの国制について、どのような種類のものなのかを考察するにせよ、どのような性質のものなのかを考察するにせよ、ほぼ最初の課題になるのは、国家それ自体について考えてみることであり、つまり、そもそも国家とは何かということである。というのも、国制と国家をめぐっては現実に論争があり、ある事柄が実行されたとき、それを行ったのは国家であると主張する人々がいる一方、国家ではなくて寡頭制あるいは独裁制といった特定の国制がそれを行ったのだと主張する人々も存在するからである。私たちの見方としても、行政者[1]や立法者の仕事が実行されたなら、それはすべて国家に関わる仕事だと見るのに対し、国制の方は、国家に居住する人々に一定の秩序を与える制度なのである。

そこで、そもそも国家とは何かと問うならば、全体が多くの部分から成る他の何ら

かの構成物と同様、国家は部分から成る構成物である。それゆえ明らかに、国家の部 b40
分である市民について先に探究しなければならない。つまり国家は、ある意味では多
数の市民の集まりであるから、誰のことを市民と呼ぶべきか、また、市民とはどのよ 1275a
うな者かということを考察しなければならないのである。実際、市民の定義も、しば
しば論争の的になっている。なぜなら、誰もが意見を一致させて、同じ人を市民と呼
ぶわけではないからである。例えば、民主制のもとでは市民である人が、寡頭制のも
とでは市民でなくなること、これはしばしば起こることなのである。

それゆえ、市民とは何かということが問題になるが、まず、特別に市民と見なされる人[2]などのように、本来とは別の意味でたまたま「市民」と呼ばれる事例は除外しなければならない。また、本来の意味での市民は、特定の場所に居住していることによって市民であるわけではない。というのも、居住しているというだけなら、居留外

1　これまで「国家の運営者」と訳してきたpolitikosを、ここでは「行政者」と訳す。

2　名誉市民などのように、何らかの理由で市民権を与えられた人、とくに外国人を指すと考えられる。

国人や奴隷にも共通することだからである。さらに、訴訟を起こされたり起こしたりする程度に裁判権を持っている人々も、それを理由に市民だということはできない。なぜなら、こうした裁判権は、協定によって共同体の一員となった［外国の］人々にも与えられているからである。もっとも、多くのところでは、居留外国人が裁判権を完全に持つことはなく、身元保証人による保護を必要とするから、こうした仕方での共同体に対する居留外国人の関与は、ある意味では不完全である。居留外国人は、いわば、低年齢ゆえに市民名簿にまだ記載されていない子ども[3]や、高齢ゆえに市民の義務を免除された老人と同じような意味で「市民」と呼ばれなければならない。つまり、まったく無条件的な意味での市民ではなく、ある意味での市民なのであって、子どものように「不完全な」という句を付け足すか、あるいは老人のように「盛りを過ぎた」という句を付け足すか、何かその種の限定句を付け足して表現されるべき市民なのである（どのような句を付け足すかは問題ではない。ここで述べようとすることは明らかだからである）。こうした事柄を指摘したのは、私たちの探究対象が無条件的な意味での市民、すなわち、限定句による補正を要するような難点を持たない市民だからである。というのも、市民権停止の処分を受けた者や、国外追放の処分を受けた者を市民として扱うなら、子どもや老人を市民と見なすときと同じような難点に直面し、限定句で補正するという解決を要するからである。

裁判と審議への参与

では、無条件的な意味での市民は何によって規定されるかといえば、裁判の判決への参与と政治的な支配を行う公職への参与によってであり、これらの事柄以上に市民を規定するものはない。こうした公職の中には、任期の限られたものと限られないものとがある。そして、任期の限られたものは、同じ者の再任がまったく許されないものと、一定の期間を経過すれば再任可能なものに分かれる。他方、任期の限られないものの例には、裁判員や民会の審議員がある。

このうち任期の限られないものについては、公職に当たらないと述べる人もいるだろうし、裁判員や民会の審議員になっているからといって公職に参与していることにはならないとの主張もありうるだろう。しかしながら、裁判員や民会の審議員のよう

3 アテナイでは、市民を両親に持つ男子が十八歳になると市民名簿に記載された。

に最高の権限を持つ人々[4]を指して「公職者ではない」などと主張するのは滑稽である。とはいえ、「公職者」と呼べるかどうかについては、どちらであっても構わないことにしよう。なぜなら、この議論は呼称をめぐるものにすぎないからである。つまり、裁判員と民会の審議員の両方に共通する呼称がないために、両方をまとめて何と呼ぶべきかという問題が起こっているにすぎないからである。そこで、他の公職から区別するために、裁判員と民会の審議員を「任期の限られない公職」と呼ぶことにしておこう。かくして、私たちとしては、任期の限られない仕方で公職に就く人々を市民と見なすことにする。

さて、市民と呼ばれる人々の全員に最もよく当てはまる市民の定義は、およそこのようなものであるが、次のことを忘れてはならない。すなわち、一般に、ある事柄の基盤になっている母体がいくつかあり、この母体は第一級、あの母体は第二級、というように序列が続く形で母体同士が種類の上で異なっていれば、第一級と見られる事柄と第二級と見られる事柄の間には、そのような見方をされる限りでは共通点がまったく存在しないか、ほとんど存在しないかのいずれかになるということである。このことを踏まえると、私たちが見ているさまざまな国制（母体）も互いに種類が異なり、この国制は劣っているゆえに後に置かれ、あの国制は優れているゆえに先に置かれるというような序列がある。つまり、欠陥を持つ国制や逸脱した国制は、欠陥のない国制より必ず後に置かれる（ここでいう「逸脱」がどのような意味かは後に明らかになるだろう）。[5] したがって、国制（母体）を基盤とする市民（事柄）の場合にも、国制ごとに異なるのが必然なのである。

だからこそ、先に述べた「任期の限られない公職」に就く人々は、とりわけ民主制のもとでは市民となり、民主制以外の国制のもとでも市民になる可能性があるとはいえ、必ず市民になるというわけではないのである。なぜなら、いくつかの国制のもとでは、民主制で認められるような［対等な市民になる］民衆も存在しなければ、民会と認められるものも存在せず、必要なときだけ会議が招集され、裁判にしても、事案があれば個別の審理が行われるにすぎないからである。例えばラケダイモンでは、契約をめぐる訴訟は監督官が裁判に当たるものの、訴訟ごとに別の監督官が担当する。

1275b

4　アテナイの民会は、紀元前五世紀のペリクレス時代に国政の最高決議機関となった。

5　本巻第六章一二七九a一七―二一と第七章で、逸脱した国制が説明される。

また、殺人をめぐる訴訟は長老会の管轄になっているが、おそらく他の種類の訴訟は、別の公職者が担当するのであろう。カルタゴでも事情は同じであり、一部の公職者があらゆる訴訟において判断を下す[6]「ので、民主制的な市民の務める裁判員が存在しない」。しかし、だからといって、先に示した市民の定義が成立しないわけではなく、定義を補正することが可能である。すなわち、民主制以外の国制の場合には、裁判員と民会の審議員が「任期の限られない公職」ではなく、「任期の限られた公職」になると考えればよいのである。実際、民主制以外の国制のもとでは、「任期の限られた公職」に就いている人々の全員もしくは一部が、事案のすべてにせよ一部にせよ、審議や裁判の職務に割り当てられている。

以上より、市民とはどのような者かが明らかとなった。すなわち、審議や判決に関わる公職への参与が許された者であること、この条件さえ満たしていれば、もう既にその国家の市民だと私たちは主張するのである。そして、単純にいえば、この条件を満たす人々が自足した生活を送るのに十分なほどの集団になったもの、それが国家だということになる。

6　第二巻第十一章一二七三a一九―二〇によれば、あらゆる訴訟が五人会によって裁かれる。

第二章　市民の定義をめぐる問題

祖先をどう扱うか

しかし、実用の目的で市民を定義するときには、「父親か母親の一方だけではなく、両親ともに市民であるなら、その子どもは市民である」とされる。さらには、親の代よりも以前にまで遡り、二代前か三代前、あるいはもっと以前の代の祖先も市民であったのでなければならないと要求する人々もいる。

このように行政上は実用的で、すぐに使える形で[1]市民を定義すると、「三代前や四代前の祖先が市民であったことは、どのようにして決められるのか」という難問を提起する人々も出てくることになる。そこで、レオンティノイ[2]のゴルギアス[3]は、おそらく幾分かは難問を提起するつもりで、そして幾分かは皮肉を込めて、こう語った。「すり鉢は、すり鉢製造者によって作られる。それと同じように、ラリサ[4]市民も、
b30 デーミウールゴスと呼ばれる行政官[5]によって作られる。なぜなら、製造者の意味での

デーミウールゴスの中には、ラリサ鉢製造者（ラリサ市民製造者）[6]もいるから」。けれども、難問にはならず、事は単純である。すなわち、先に述べた「審議や判決に関わる公職への参与が許された者」という市民の定義に合致する形で、祖先が国制に参与していたのならば、市民だったのである。なぜこう述べるかというと、「市民を父親に持つ」とか、「市民を母親に持つ」とかいう規定は、実際のところ、最初に入植した人々や国家を建設した人々には当てはめることができないからである。

1　ロスは pakheōs（粗く）と修正しているが、写本通りに takheōs と読む。
2　シチリア島の都市。
3　第一巻第十三章注8参照。
4　ギリシャ北部のテッサリア地方の都市。
5　第五巻第十章一三一〇b二二で説明される高位の公職。一般には「製造者」を意味する「デーミウールゴス」が職名になっている。
6　ラリサの特産品に着目した言葉遊びで、原語の Larisopoios には「ラリサ鉢を作る人」と「ラリサ市民を作る人」の二義が掛けられている。

クレイステネスの作り出した市民

だが、おそらく市民をめぐる問題がもっと難しくなるのは、国制に変革が起こった後、新たな国制に参与するようになった人々を扱う場合である。例えば、アテナイで独裁者たちが追放された後、クレイステネス[7]の作り出した市民がそれに当たる。その際、多くの来訪外国人、奴隷であった居留外国人が[8]、市民組織である部族に組み入れられたのであった。この人々をめぐって論争の的になるのは、市民とは[9]どのようなものかという根本的な問題ではなく、この人々が市民になるのは正しいことか否かという限定的な問題である。けれども、いっそうこの問題を突き詰めた問いもありうる。すなわち、もしもこの人々が市民になるのは正しくないのだとすると、正しくないこと（正当性のないこと）と虚偽であること（事実ではないことを事実のように見せかけること）は同じ意味になる以上、この人々は「市民に見せかけられているだけで」事実としては市民ではないのではないか、という問いである。

しかしながら私たちは、ある人々が不正な仕方で公職に就いているのを目の当たりにすることもある。その場合、私たちはそれが正しいことだとはいわないけれども、現実に公職に就いているという事実は認めるであろう。このことを踏まえれば、市民

1276a

の場合にも、何らかの公職に現実に就いていることによって市民だと規定されるのだから（既に述べたように、「審議や判決に関わる公職への参与が許された者」が市民である）、クレイステネスが新たに部族に組み入れた人々も市民だと認めなければならないことは明らかである。

7　紀元前六世紀のアテナイの政治家。政治改革を行って民主制を発展させた。

8　この箇所の解釈はいくつかあり、他に「多くの外国人、奴隷」という読み方もある。

9　旧来の部族は門閥的な性格を持ち、血縁や地縁に基づいていたが、クレイステネスは市民の平等を目指す新たな部族制度へと改革した。

第三章　国家の同一性

どのように国家をとらえるか

クレイステネスの方法で人々が市民になるのは正しいことか否かという問題は、先に述べた論争、すなわち、ある事柄が実行されたとき、どのような場合にはそれを国家が行ったことになり、どのような場合には国家が行ったことにならないかという問題を提起する人々の論争と結び付く。例えば、寡頭制や独裁制の後に民主制が生まれたような場合に問題が生じ、かつての独裁制下で契約を結んだ相手は国家ではなく独裁者だったのだから、いまや契約を履行するつもりはないという人々が存在するのである。この種のことは他にも多数あり、かつての国制に含まれていた制度のいくつかは、公共のためにあったのではなく強制力で成立していたにすぎないのだから、いまや従うつもりはないという者も出てくるわけである。それゆえ、ある人々が民主制を実施する場合であっても、もしも強制力に依存するのならば、やはり寡頭制や独裁制の場合と同じように、その国家で行われるさまざまな行為の主体は民主制という特定の国制だといわなければならない。

いま論じている事柄は、何らかの仕方で次の難問の一部をなすと推察される。すなわち国家について、どのような場合には同じ国家であるというべきであり、どのような場合には同じ国家ではなく、別の国家であるというべきかという問題である。この難問に取り組むとき最も浅い探究方法は、〔同じ場所に同じ人々が居住していれば同じ国家だというように〕場所と人々に着目する方法である。というのも、場所と人々は切り離されることが可能なため、ある人々はこの場所に居住し、別の人々はあの場所に居住するというように、離れようと思えば離れうるからである。

そこで、もしもこのように、同じ人々が同じ場所に居住していれば同じ国家だと考えてよいのなら、いま挙げた問題は難問と呼ぶほどではなくなるため、もっと易しい問題だと見なさなければならない。つまり、国家というものを説明する方法は多様にあるゆえに、〔場所と人々だけに着目する場合のように〕説明の仕方次第では、同じ国家か否かをめぐる探究は容易になるのである[1]〔が、それは深い探究ではない〕。しかし一方では、いま述べたのと同様、人々が同じ場所に居住しているときであっても、それ

a20

だけで一体性のある国家だといえるわけではなく、どのような場合には一つの国家になっていると考えるべきなのか、そのことを問題に立てうる。なぜなら、城壁で囲まれることによってでないことは確かだからである。もしも、城壁で囲まれてさえいれば一つの国家になるのなら、ペロポネソス半島を一つの城壁で囲むこともできるだろう。もっとも、「領土の広大な」バビロン[2]にしても、おそらく実態は城壁で囲んだだけの状態に近いだろうし、さらにいえば、一体性のある国家として外部との境界を持つというより、むしろ単なる民族として外部との境界を持つ場合は、すべてバビロンと同じような状態になるだろう。少なくともバビロンでは「国家の統治による一体性が乏しかったため」、ペルシャ[3]に征服されたとき、国内の一部に住む人々は、祖国が征服されたことに三日間気づかなかったといわれている。

しかしながら、浅い探究方法とはいえ、このように場所と人々に着目してこの難問の考察を行うことは、別の機会に行う考察[4]の役に立つ。なぜなら、国家の大きさに関して、人口や国土の広さはどれくらいならよいか、また、単一民族で構成されるのと多民族で構成されるのとではどちらが国家のためになるかということは、国家の運営者が見過ごすべきではない問題だからである。

国制が変われば国家も変わる

だが、同じ人々が［時間の経過の中で］同じ場所に居住していても、次の問題は残る。一方では絶えず個人が死去し、他方では新たな個人が絶えず誕生しているのに、居住している民族が同じである限りは、「同じ国家である」というべきなのだろうか。それはちょうど、河にしても泉にしても、一方では絶えず流れ込んでくる水があり、他方では絶えず流れ去ってゆく水があるのに、「同じ河である」、「同じ泉である」と語る習慣があるのと同じなのだろうか。[5] それとも、人々に関しては、居住している民

1　この人とあの人が「同じ地域」や「同じ島」に居住しているという意味での共時的な「同じ場所」。一方、時間の経過の中で居住地が変わらないという意味での通時的な「同じ場所」については、この後で論じられる。

2　古代の王国で、バビロニア（第二巻第六章注7参照）に築かれた帝国の首都になった時代もある。

3　第二巻第七章注11参照。

4　第七巻第四章で行われる国家の大きさに関する考察。

5　絶えず水は異なっているのに「同じ河」と呼べるかという問題は、紀元前六―五世紀の哲学者ヘラクレイトスによって提起された。

1276b 族が同じであるという理由により「同じ人々である」というべきだが、国家に関しては、以前とは「異なる国家である」というべきなのだろうか。

なぜこのように国家と人々を区別して考えるのかといえば、国家は一種の共同体であり、市民たちが共同して国制に参与するという意味での共同体である以上、民族の点では同じ人々であっても、種類の異なる国制に変わってしまえば、もはや同じ国家ではないと思われるのが必然だろうからである。それはちょうど、演劇の合唱舞踊隊に譬えられる。合唱舞踊隊は、隊員になっている人々が多くの場合に同じであるが、悲劇に登場するときと喜劇に登場するときとでは「異なる合唱舞踊隊である」と私たちはいうのである。国家以外の共同体の場合も、すべてこれと同様の事情にある。さらには、複数の要素から構成されたものもすべてそうであり、構成方法の種類が異なれば、異なるものになっているのである。例えば、同じ複数の音をドーリス旋法の中で使った場合の和音と、フリギア旋法の中で使った場合の和音とでは、「異なる和音である」と私たちはいうのである。[6]

以上述べた通りであるならば、「同じ国家である」というときには、何よりも国制に目を向けなければならないことは明らかである。一方、国名に関しては、その国家に居住する人々が以前と同じあっても、まったく異なってしまっても、どちらにせよ、以前と異なる名前で呼ぶことも可能だし、同じ名前で呼ぶことも可能である〔から、「同じ国名」は「同じ国家」の条件にならない〕。

ただし、国家が別の国制に変化したときに、かつて結んだ契約を履行するのが正しいのか、それとも履行しないのが正しいのかという問題の考察は、以上とは別の議論になる。[7]

6　ドーリス旋法とフリギア旋法については、第八巻第五、七章を参照。さまざまな旋法の違い、悲劇と喜劇の違い、さまざまな国制の違いは、すべて「性格」の違いだとアリストテレスは考えている。

7　この問題に焦点を合わせた議論は本書に含まれていない。しかし、本章の論旨を踏まえると、国制が変われば同じ国家ではなくなるものの、公共の利益に関わる契約の場合には、履行の是非について個別に検討を要すると推察される。

第四章　善い人間の徳と優れた市民の徳は同じか

船員との類比

いま述べた事柄に続いて考察するべき問題は、善い人間の備えている徳と、優れた市民の備えている徳は、同じ徳なのか、それとも同じではないのかという問題である。そして、実際この問題について探究する必要があるのならば、最初に、市民の徳の概略だけでも何らかの仕方で把握しておかなければならない。そこで私たちは、船員というものが船において共同の活動を行う人々の一員であるように、市民というものも国家において共同の活動を行う人々の一員であると主張して、考察を始めることにする。

b20

船員たちの中には、漕ぎ手や舵取りもいれば、見張りや他の名称で呼ばれる役の者もおり、仕事を果たす能力の点では同じではない。それゆえ、それぞれ能力の長所を「徳」として最も厳密に述べれば互いに異なる固有の説明になるものの、それに劣らず、すべての能力に当てはまるような共通の説明が存在することも、やはり明らかである。なぜなら、「航海の安全を保つ仕事」という説明が、それらの能力のすべてに当てはまるからである。実際、仕事に当たる船員の一人一人が、航海の安全を望んでいるのである。

かくして、同様に市民たちの場合も、それぞれの能力こそ同じではないものの、共同体を安全に保つという、全市民の目指す仕事がある。そして、共同体を安全に保つとは、国制を安全に保つことにほかならない。したがって、市民の徳は必然的に国制と相関することになる。

これを踏まえると、国制には多くの種類があることからして、「国制ごとに異なる」優れた市民の徳というものが、完全な一つの徳へとまとまりえないのは明らかである。それに対し、善い人間の徳は、完全な一つの徳[1]であるというのが私たちの主張である。以上より、優れた市民ではあっても、優れた人間であるための徳を備えていない場合

b30

1　『ニコマコス倫理学』第十巻第七章では、知性が優れていること、つまり知性的な徳を持つことが人間にとって最善であると結論づけられている。

がありうること、このことが明らかとなった。

最善の国制で考えた場合

とはいえ、いま示した考察方法しかないわけではなく、「船員との類比を使って」別の方法[2]で問題を考えることもでき、国制の多様さに目を向けるのではなく、最善の国制だけに目を向けた場合でも、やはり優れた市民の徳と優れた人間の徳は異なるという、同じ結論にたどり着く。なぜなら、最善の国制下では、国家を構成する全員が優れた人間だということはありえないにせよ、少なくともそれぞれの個人が自分の持ち分とする仕事を立派に果たす必要があり、そのためには市民の徳を備えていなければならないが、仕事を果たす能力の点で全市民が同じだということはありえないからで
1277a ある。したがって、善い市民の徳と善い人間の徳は同一にはならないであろう。つまり、かたや優れた市民の徳は、「最善の国家は、こうでなければならない」という目下の想定からして、必然的に全市民に備わっていなければならない。かたや善い人間の徳は、「優れた国家の市民は、すべて善い人間である」ということが必然的に成り立つのでもない限り、全市民に備わっていることなどありえないのである。

また、さらに別の意味でも同じではない人々[3]から国家は構成されている。それはちょうど、動物が、まず魂（支配するもの）と身体（支配されるもの）から構成され、次いで魂は理性（支配するもの）と欲求（支配されるもの）から構成されているのと同様である。あるいは、家が夫（支配する者）と妻（支配される者）から構成され、次いで家の中の所有関係も主人（支配する者）と奴隷（支配される者）から構成されているのと同様である。国家もこれらと同じ仕方で構成されているため、夫と妻、主人と奴隷などに加え、他の意味でも種類が同じではない人々を構成員に持つのである。それゆえ、全市民の徳が一つにまとまらないのは必然である。それは、合唱舞踊隊の主演者（支配する者）に求められる徳と、助演者（支配される者）に求められる徳が一つにまとまらないことに譬えられる。

以上の事柄から明らかなように、優れた市民の徳と優れた人間の徳が、無条件に同

2　各船員の能力が異なるように各市民の能力も異なると考える方法。

3　ここでいう「同じではない人々」は、支配体制の垂直的な序列において位置が異なる人々を指すのに対し、二つ前の段落でいわれた「全市民が同じだということはありえない」とは、各市民の能力が水平的に多様であることを主に意味する。

a10

じになることはないのである。

支配と被支配の観点から

しかしながら、「特定の個人の場合には」という条件を加えれば、優れた市民の徳と優れた人間の徳は同じになるのだろうか。

確かに、私たちの語る「優れた支配者」とは、善い人間であると同時に思慮深い人間のことであり、国家の運営者は[4]思慮深くなければならないと語っている［ので、思慮は市民の徳かつ人間の徳であるように見える］。加えて、支配者になる人は最初から異なった教育を受ける［ため、特別な徳を涵養できる］ことを例に挙げる人々もいる。それはちょうど、国王の息子たちが馬術や戦争に関わる術の教育を受けていることにも見られる通りである。あるいは、悲劇詩人エウリピデスの作品中の国王の台詞にしても、「私にとって優雅なたしなみになることではなく、国家にとって必要なことを[5]［教えよ］」と書かれているのは、支配者の受ける教育は特別なものだということを意味しているのである。

だが、仮に、善い支配者の備えている徳と、善い人間の備えている徳が同じだとし

a20

ても、支配者ばかりではなく被支配者もまた市民なのだから、市民の徳と人間の徳は無条件に同じにはならないであろう。ただ、「特定の市民（支配者）の場合には」という条件を加えれば、同じになる。つまり、支配者は市民の一部にすぎないため、支配者の徳と市民の徳は、完全には同一にならないわけである。かつてイアソンが[6]「独裁者［という支配者］にならなければ飢えてしまう」と語ったのも、おそらくは同じ理由に基づいている。要するに、普通の一市民として生きてゆくすべを知らないと語ったのである。

けれども、市民の能力として実際に賞讃の的になるのは、支配し、かつ支配される能力である。つまり、誉れ高い市民の徳は、立派に支配することも、立派に支配されることもできる能力だと考えられているのである。それゆえ、もしも私たちが、人間

4　ロスは politēn ouk（市民は必ずしも思慮深いわけではない）と修正しているが、写本通りに politikon と読む。
5　エウリピデス「断片」一六（N）。『アイオロス』という失われた作品に登場するアイオロス王が、息子の教育、あるいは自分が受けた教育について語っている場面と推測される。
6　紀元前四世紀に、テッサリア地方の都市国家ペライアの独裁者だった人物。

の徳については支配する側だけに関わると考えながら、市民の徳については支配と被支配の両方に関わると見なすならば、二種類の徳の適用範囲が同じではないため、支配の能力と被支配の能力の両方が同じように賞讃の的になっているという事実に反するだろう。

そこで、教育と学習の観点から見たとき、［主人と奴隷の関係のような］ある種の支配関係の場合には、支配者と被支配者が同じ内容を学ぶべきではなく、異なる内容を学ぶべきだと考えられるが、市民同士の［交替制による］支配関係の場合には、支配することと支配されることの両方を学んで知識を身につけるべきであり、かつ両方に参与するべきだと考えられる。こうしたことから、整理すれば次のようになることがわかるだろう。

主人と奴隷の支配関係の場合

まず、主人の奴隷に対する支配があり、これは日常生活に必要不可欠な事物や作業に関わる支配関係となる。この場合、支配者である主人は、事物の作り方や作業の行い方についての知識を身につけている必要はなく、むしろ必要不可欠な事物の使い方を知っていなければならない。一方、先に挙げた知識、つまり、事物の作り方や作業の行い方についての知識を持ち、下働きとして奉仕的な作業までもできるようにすることは、隷従者にこそふさわしい。そうした作業には多くの種類があるので、奴隷にも多くの種類があるというのが私たちの主張である。[7] その一部が、手仕事に従事する者たちであり、「手仕事」という呼称それ自体も示すように、手を使って生きている者たちである。その中には卑賤な職人が含まれる。このため、究極的な民主制が出現する以前の古い時代には、職人など物作りを生業とする者を公職に就かせない国家がいくつかあった。

したがって、主人と奴隷の支配関係において被支配者が行うような仕事については、支配者が学ぶ必要はないのであり、その点は、国家の善い運営者でも、善い市民でも変わらない。ただし、国家の運営者や市民が、自分にとっての必要性ゆえに、自分自身のために学ぶ場合は別である。というのも、この場合、一方が主人で他方が奴隷となるような支配関係はもはや発生しないからである。

1277b

7　第一巻第七章一二五五b二二―三〇でも、同様の主張が行われている。

市民的支配の場合

しかし、主人の奴隷に対する支配とは異なる種類の支配があり、この場合には、生まれ持った性質の点で同じような者同士の支配となり、支配されるのは自由人である。これを私たちは「市民的支配」[8]と呼ぶ。「市民的支配」について学ぶには、支配者になる者が、まず支配されてみる必要があるのだが、それはちょうど、騎兵隊を指揮する者になるには、まず騎兵として指揮されてみる必要があり、将軍として軍隊を指揮するには、まず将軍に指揮されて大隊長や中隊長を務めてみる必要があるのと同様である。それゆえ、「支配されてみなければ、うまく支配することはできない」とは、名言なのである。[9]

つまり、支配者の徳と被支配者の徳は異なるものの、善い市民に限っていえば、支配されることについても支配することについても知っていて、両方とも実践できる必要があるわけである。これこそが市民の徳であり、自由人同士の支配関係を支配と被支配の両面にわたって知ってこそ、この徳が身につくのである。

そして、実際のところ、善い人間の徳[10]もまた支配と被支配の両面に関わる。たとえ被支配者に求められる節制や正義が、支配者に求められる節制や正義とは別の種類の

b10

ものになるとしても、ともかく両面に関わるのである。なぜこう述べるかといえば、自由人は被支配者にもなるわけだから、例えば、正義のような善い人間の徳にしても単一にはならず、支配するときの正義と支配されるときの正義に対応して複数の種類 b20
になることは明らかだからである。それはちょうど、節制や勇気にしても男性と女性では異なる種類のものになるのと同じである。すなわち、勇気ある女性と同じくらいの勇気を持つ男性がいたとしても、臆病な男性だと思われることだろうし、善い男性と同じくらい慎みのある女性がいたとしても、なお節制に欠け、口数の多い女性だと思われることだろう。なぜこのように男女で徳の種類が分かれるかといえば、家政に

8　原語は politikē arkhē で、「国家的支配」や「政治的支配」と訳すことも可能だが、市民同士の支配を指すので、こう訳した。

9　紀元後三世紀の哲学史家ディオゲネス・ラエルティオスの『ギリシャ哲学者列伝』第一巻第六十節には、ソロンの言葉として「支配する前に支配されることを学べ」が挙げられている。

10　ここで「善い人間の徳」として挙げられる思慮、節制、正義、勇気は、古代ギリシャの「四元徳」とも呼ばれる。第一巻第十三章注4参照。

おいても男性と女性の働きは異なり、男性は財産を獲得する一方、女性は財産を守るからである。[11]

しかしながら、善い人間の徳の中で、思慮だけは支配者が固有に備えるべき徳である。なぜなら、思慮以外のさまざまな徳（節制、正義、勇気）は、被支配者も支配者もともに備えなければならないと推察されるのに対し、被支配者の徳に限定すれば、［判断能力である］思慮は該当しないからである。被支配者が備えるべきなのは、正しい考え方である。[12] それは、いわば被支配者が笛の作り手になり、笛の使い手という意味で笛吹きである支配者から知識を与えられ、笛の性能について正しい考え方を持つようになることに譬えられる。[13]

かくして、善い人間の徳と優れた市民の徳は同じなのか異なるのかということ、そして、どのような意味では同じであり、どのような意味では異なるかということが以上より明らかとなった。

b30

11　徳とは優れた働きをする能力であるから、働きの種類が異なれば徳の種類も異なるという説明。「支配すること」と「支配されること」が異なる働きである点を示す議論である。

12　判断の根拠を自分では持っていないが、思慮ある者から教わって身につけた正しい考え方。例えば、現代人は地動説について正しい考え方を持っているが、地球が公転していることの根拠を知るのは科学者だけであろう。

13　この譬えが提示されたプラトン『国家』第十巻六〇一D—六〇二Aの内容を補って訳した。プラトンが「知識（epistēmē）」として例示した事柄を、アリストテレスはここで「思慮（phronēsis）」に適用している。

第五章　多様な市民の種類

残る問題

しかし、市民については、ある問題がまだ残っている。すなわち、本当に、市民とは公職への参与を許された者だけなのか、それとも、卑賤な職人も市民と見なすべきか、という問題である。

そこでまず、公職に参与しない人々も市民と見なすべきだと仮定してみる。すると、卑賤な職人も市民になる以上、先に述べたような徳が全市民に備わるのは不可能になってしまう。だが、そうなってしまうからといって、職人のように公職に参与しない者は誰ひとり市民ではないことにするならば、そのような個人を国家のどの部分に位置づければよいのだろうか。なぜこう問うかといえば、そのような個人は居留外国人でもなければ来訪外国人でもないからである。あるいは、外国人ではないのに市民でもないという者がいたとしても、この話だけなら何も不合理を来たさないと私たち

1278a

は主張するべきだろうか。というのも、奴隷は居留外国人や来訪外国人ではないし、解放奴隷にしてもそうだからである。

つまり、真実はこうである。国家の成立にとって必要不可欠な人々、その全員を［完全な意味で］市民と見なさなければならないわけではない［ので、職人は不完全な市民と見なせばよい］。なぜなら、子どもの場合にしても、大人と同じ意味での市民ではないからである。大人が無条件に完全な市民であるのに対し、子どもには限定的な条件が付される。すなわち、確かに子どもは市民であるが、不完全な市民なのである。

職人や賃金労働者の扱い

さて、古い時代に遡れば、いくつかの国家の場合、職人の仕事をしていたのは奴隷か外国人であったから、そのことに由来して、現在でも多くの職人たちは奴隷か外国人に類する人々である。だが、最善の国家ならば、そうした職人を市民にはしないだろう。反対に、もし職人も市民にするのならば、私たちが述べた市民の徳は全市民のものではなくなる上、自由人に限定するだけでも不十分となり、市民の徳を持つのは「日常生活に必要不可欠な労働から解放された自由人」に限られるといわなければならなくなる。他方、市民の徳を持たないのは、必要不可欠な労働を行う者たちということになり、そのような労働を一個人への奉仕として行う奴隷と、［自由人でありながら］多くの人々に対して共通に奉仕する職人や賃金労働者に分かれる。

そして、ここから少しだけ考察を進めれば、職人や賃金労働者がどのような状態に置かれるかがはっきりする。というのも、［国制の種類によって市民は異なるという］既述の事柄[1]そのものから、そのことは明確になるからである。すなわち、国制には多くの種類があるため、必然的に市民の種類も多くなり、とりわけ被支配者としての市民の種類が多くなる。その結果、職人や賃金労働者が必ず市民になる国制もあれば、それが不可能な国制もある。例えば、「貴族制」[2]と呼ばれる国制、すなわち、徳という意味での個人の価値に応じて名誉ある公職の地位が与えられる国制ならば、職人や賃金労働者が市民になる可能性はない。なぜなら、職人や賃金労働者の生き方をしていれば、徳の涵養に励むことはできないからである。それに対し寡頭制のもとでは、所有財産の査定額が高額のときだけ公職に参与できるため、賃金労働者が市民になることはできないけれども、職人は市民になる可能性を持つ。というのも、職人の中には裕福な者も数多くいるからである。しかしながら、かつて［寡頭制だった時代の］テ

a20

バイにはある法律があり、［商品を売買する］広場[4]から離れて十年を経過しなければ公職に参与できないと定めていた。[3]

外国人などの扱い

一方、多くの国制には、外国人までも、その一部を市民に繰り入れる法律がある。なぜ外国人が繰り入れられるのかというと、いくつかの民主制の場合、母親が市民でありさえすれば［父親が外国人であっても］子どもを市民と見なすからである。また、多くのところでは、嫡出ではない子どもでさえも同様の扱いを受けている。とはいえ、こうした子どもたちが市民と見なされる背景には、［両親ともに市民であるような］正真正銘の市民が不足しているという事情があり、人口不足に起因して法律がこのように運用されていることから、人口を十分に確保できれば少しずつ市民から除外するよ

1　本巻第一章一二七五a三八―b五で述べられた事柄を指すと考えられる。
2　第二巻第六章注23参照。
3　第二巻第九章注15参照。
4　商品売買の広場（アゴラ）については、第七巻第十二章の議論で触れられる。

うになる。最初は、父親あるいは母親が奴隷であれば子どもを市民と認めず、次には、［父親が外国人である場合に］母親が市民であるだけでは子どもを市民と認めない。最後には、両親ともに市民である場合に限り、子どもを市民と認めるようになるのである。

こうしたことから、市民といっても、多くの種類があることは明らかである。同時にまた、名誉ある公職に参与する者こそが、とりわけ市民と呼ばれていることも明らかである。それはちょうど、ホメロスも詩の中に、「あたかも名誉なき流浪人のように」と書いた通りである。つまり、名誉ある公職に参与しない者は在留外国人のようだという意味である。もっとも、外国人に対する公職からの排除を公にしていないところもあり、その目的は、同じ国家に住む人々の目を欺くことにある。

かくして、以上述べた事柄から、善い人間が備える徳と優れた市民が備える徳は、異なる徳と考えるべきか、それとも同じ徳と考えるべきかということが明らかとなった。すなわち、同じ徳になる国家も存在すれば、異なる徳になる国家も存在するというのが事実である。そして、同じ徳になる国家の場合、誰にでもそのことが当てはまるわけではなく、国家を運営する者だけに当てはまる。つまり、自分ひとりで国家を

1278b a40

運営するにせよ、他の人々とともに国家を運営するにせよ、公共の事柄を管轄する権限を既に現実に持っている者か、あるいは、権限を持つ可能性のある者だけに当てはまるのである。

5　ホメロス『イリアス』第九歌六四八、第十六歌五九。ミュケナイ王アガメムノンから受けた無礼な扱いを思い出し、英雄アキレウスが憤慨して語った言葉。

第六章　正しい国制と逸脱した国制

公職の組織体制

以上の事柄を規定したので、この後に考察しなければならないのは、国制は一つしかないと考えるべきか、それとも複数あると考えるべきかということである。そして、もしも複数あるのならば、それらがどのようなもので、いくつあるかということ、さらには、複数の国制の間にどんな違いがあるかということも考察の課題となる。

国制というのは国家の公職に関する組織体制のことであるが、とりわけ、万事について最高の権限を持つ公職の組織体制のことである。なぜなら、どこの国家でも政府[1] b10
が最高の権限を持っており、国制とは政府のあり方にほかならないからである。どういうことかというと、例えば民主制において最高の権限を持つのは多数の民衆であるが、それとは反対に、寡頭制においては少数の人々が最高の権限を持つというようなことである。そして、こうした最高の権限の所在の違いに基づいて、民主制と寡頭制は国制として異なると私たちはいうわけである。さらに他の国制についても、これと同じように最高の権限の所在を述べる仕方で、私たちは説明することだろう。

そこで、まず議論の前提に置かなければならないのは、第一に、何のために国家は形成されているかということ、第二に、人間に関わる支配、つまり人間として生きてゆくための共同体（共同関係）に関わる支配の種類はいくつあるかということである。

何のために国家は形成されているか

さて、第一の点に関しては、家の支配である家政と、主人の奴隷に対する支配について規定した際[2]、それと並んで、人間が国家を形成する動物であるのは、まさしく自然本性によるということを述べた。［意図に基づくのではなく］自然本性によるからこそ、たとえ互いに助け合う必要がないときでも、「ともに生きる」ことへの欲求をや

1　原語は politeuma。公職に就いて政治を行う市民の集団や、執行部の方針と活動を指す語だが、「最高の権限を持つ」と説明されている文脈に即して「政府」と訳した。ただし、本章に関する限り、立法や司法を排除した意味での「行政府」という含意はない。

2　第一巻第二章で規定されている。

はり変わらずに持つのである。

とはいえ、単なる欲求に起因するわけではなく、公共的に人々のためになること、すなわち公共善[3]が人々を集結させているのも事実であり、一人一人の個人には、公共善の分与に相当する立派な生き方がもたらされるのである。それゆえ、誰にとってであれ、立派に生きることこそ、公共的な生き方としても、一人一人の個人の生き方としても、確かに最大の目的になっている。

しかしながら、立派に生きることではなく、単に生きることそれ自体のためにも人々は集まり、国家共同体を保持するのである。それはおそらく、生活上の困難があまりにも著しくなっていない限り、単に生きることそれ自体のうちにも何らかの優美な要素が含まれているからだろう。多くの人々が生きることを切望し、多大な苦難に耐えているのは明らかである。それは要するに、生きることそれ自体のうちに、何らかの喜びや自然的な快さが含まれているということなのである。
b30

支配の種類はいくつあるか

さらに第二の点に関しては、支配の種類として語られているものを区別するのは容易である。実際、外部者向けの講話[4]の中でも、私たちは支配の種類をしばしば区別している。

まず、主人の奴隷に対する支配がある。自然本性的に奴隷である者と、自然本性的に主人である者との間での支配関係が本当の意味で成立しているのならば、同じ事柄が両者のためになる。しかしなお、そうした自然本性的な支配関係の場合であっても、この支配がそれ自体としては主人のためにあるという性質は変わらず、奴隷のためになるのは付随的である。なぜ付随的には奴隷のためになるのかといえば、そうではないのなら奴隷は生き延びられず、主人の支配も存続できなくなるからである。

また、子どもや妻などを含む家の全体に対する支配がある。これを私たちは「家政」と呼んでいるが、この支配は被支配者のために行われるか、あるいは、支配者と被支配者の両方に共通する事柄のために行われるかのいずれかである。つまり、家政

b40

3　原語は to koinēi sympheron。sympheron を「善」と訳す理由については「解説」参照。

4　アリストテレス学派内の同僚に対してではなく、一般市民向けに語った講義内容を指すと考えられる。

1279a 術は、患者のために行使される医術や訓練者のために行使される体育術など、他の分野の術と同じように、それ自体としては被支配者のために行使される。他方、付随的には、家の支配者や体育の指導者など、術を行使する主体それ自身のためになることもありうる。なぜなら、例えば体育の指導者は、時として自分自身が体育の訓練者になってもかまわないからである。それはちょうど、航海術を行使して船を進める舵取りが、常に同時に、船で運ばれる船員の一人でもあることに似ている。このように、体育の指導者や船の舵取りは、体育術や航海術の支配下に置かれる人々の善を目指すが、自分自身も被支配者の一人になるときには、付随的に恩恵にあずかるのである。つまり、舵取りが一人の船員としては航海術の恩恵にあずかり、体育の指導者でありながら一人の訓練者になるときには体育術の恩恵にあずかるということである。

それゆえ、国家の支配を担う公職の場合も、市民たちの対等性と同質性に基づいて
a10 国家が形成されているときには、市民が交替で公職に就き、支配を行うのがふさわしいことになる。ただし、以前と現在では違いがあり、以前の市民たちは、市民の本来的なあり方として、交替で公共的な奉仕を行うのがふさわしいと認めていた。つまり、かつて自分が他人のためになることを考えて支配に当たったのと同じように、今度は

他人が自分のためになる善を考えて支配を行うのが当然だと思っていた。ところが現在の市民たちは、公共の財産に基づく政治の恩恵に加え、自分が支配者の地位に就くことから得られる恩恵もあるという理由で、ずっと公職にとどまり、支配を続けたいと望んでいる。それはあたかも、支配者の地位に就いてさえいれば、病気にかかっても常に健康でいられると信じているかのようである。もしもこれがありえないことではなく、信じられている通りであったなら、おそらく市民たちは公職を追い求め続けたことだろう。

総括

以上より、次のことが明らかとなった。すなわち、人々のための公共善を目指している国制は、事実として確かに、絶対的な正義にかなう正しい国制になっているのに対し、支配者自身のためになることだけを目指している国制は、すべて誤った国制であり、正しい国制から逸脱した国制である。なぜなら、支配者自身のための国制は、主人が奴隷を支配しているような状態になってしまっており、本来、国家が自由人同士の共同体であることから逸脱しているからである。

第七章　国制の種類

最高の権限の所在に基づく分類

議論の前提となる事柄を規定したのに引き続いて考察の課題となるのは、どれだけの数の国制があり、それぞれがどのようなものかということである。そこで、まずは正しい国制を取り上げなければならない。というのも、正しい国制が明確に規定されれば、逸脱した国制も明瞭になるだろうからである。

さて、「国制」といっても「政府のあり方」といっても同じものを意味するのであるが、政府とは国家の最高の権限を持つものにほかならない。それゆえ、国制を分類してゆけば、最高の権限の所在は、一人であるか、少数者であるか、多数者であるか[1]のいずれかになるのが必然である。

そして、最高の権限を持つ一人か、少数者か、多数者かが、公共善のために支配を行えば正しい国制になる一方、一人か、少数者か、多数者かが私利を目的として支配

a30

を行えば逸脱した国制になるのが必然である。なぜなら、正しい国制が実現している場合、公共善にあずかっていなければ市民とは呼ばれず、市民であるならば他の市民とともに必ず公共善にあずかっている、という状態になっていなければならないからである。[2]

王制、貴族制、共和制

まず、最高の権限を一人が持つ単独者支配の場合、公共善を目指す国制になっていれば「王制」と呼ぶのが私たちの習慣である。次に、一人よりは多いものの少数者が最高の権限を持つ場合、公共善を目指す国制になっていれば「貴族制」と呼ばれる。

1　これまで「大衆」と訳してきたpolloi（原義は「多くの人々」）を、ここでは文脈に従って「多数者」と訳す。また、「多くのものの集まり」を意味するplēthosも本章では「多数者」と訳すが、他の章では「大衆」と訳す場合もある。「民衆（dēmos）」が主に一国の「人民」を意味するのに対し、これらの二語は主に人々の多数性を表す点に特徴がある。

2　排中律を用いて正しい国制を説明した文。要するに、市民でない者は市民としての福利を得られず、市民である者は市民としての福利を得られる状態が正しいということ。

この「貴族制（アリストクラティアー）」という呼称は、最善の人々（アリストイ）が支配すること、あるいは、国家や国家共同体の構成員にとって最善の目的（アリストン）を目指していることに由来する。

さらに、多数者が公共善を目指して国家を運営していれば、あらゆる国制に共通に用いられる「国制（ポリーテイアー）」と同じ言葉で「共和制（ポリーテイアー）」と呼ばれる。そして、このように「多数の有徳者」の意味を含まない名称で呼ばれることは理にかなっている。なぜなら、一人もしくは少数者が徳において傑出することはありうるにせよ、多数の人々があらゆる徳を極めるとなれば、もはや困難だからである。けれども、とりわけ戦争に関わる徳なら、多数の人々が極めうる。というのも、戦争に関わる徳は、［軍隊のような］多数の人々の集団において生じるからである。だからこそ、多数者支配の共和制では戦士たちが最高の権限を持ち、武器の所有者たちが国制に参与するのである。

独裁制、寡頭制、民主制

そして、以上述べた国制のうち、王制から逸脱したのが独裁制、貴族制から逸脱したのが寡頭制、共和制から逸脱したのが民主制（民衆支配制）である。[3] なぜ逸脱しているかといえば、独裁制は、支配者である単独者のためになることを目的とする単独者支配制であり、寡頭制は富裕者のためになることを、民主制は貧困者のためになることを目的とする国制だからである。これらの国制は、いずれも市民に共通の利益を目指していない。 b10

3　独裁制、寡頭制、民主制の分類については、紀元前五世紀の歴史家ヘロドトスが『歴史』の中で既に述べていた。

第八章　寡頭制と民主制はどのように規定されるべきか

難問の解明へ

これらの国制のそれぞれがどのようなものであるかということについては、もう少し長い論述で解明しなければならない。というのも、いくつかの難問を抱えているからである。実践に役立つことばかりに目を向けるのではなく、一つ一つの探究に当たって哲学的に考察しようとする者にとっては、問題を見落としたり残したりせず、それぞれの探究対象の真実を明らかにすることこそが本来の仕事なのである。

既に述べた通り、独裁制は一種の単独者支配制であり、あたかも主人が奴隷を支配するように専制的に国家共同体を支配する国制である。また、寡頭制は、財産を持つ者たちが国家の最高の権限を握っているときに成立し、反対に民主制は、財産を多く持たずに困窮している者たちが国家の最高の権限を握っているときに成立する。こうした国制の規定に関わって、最初の難問が発生する。すなわち、多数者が困窮してお

b20

らず、富裕な状態で国家の最高の権限を握っているときであっても、多数者が権限を持つ以上は民主制（民衆支配制）だということになってしまうのである。同様にまた、貧困者が富裕者より少ないにもかかわらず、より強い力を持っているゆえに国家の最高の権限を握っている場合があれば、少数者の集団が権限を持つという理由により、それは寡頭制と呼ばれることになってしまう。このような事態になれば、いま示した国制の規定と区別は適切ではなかったと考えられるにいたるだろう。

かといって、かたや「少数」と「富裕」を一体化して「富裕な少数者」とし、かたや「多数」と「貧困」を一体化して「貧困な多数者」とした上で先のように国制を呼ぶとしても、つまり、富裕者が少数者の集団を形成しながら公職を占めて支配することを「寡頭制」と呼び、貧困者が多数者の集団を形成して支配することを「民主制」と呼ぶとしても、別の難問を抱えることになる。すなわち、いま例を挙げたように、富裕者が多数いて国制上の権限を握る場合や、貧困者が少数いて国制上の権限を握る場合、それらの状態の国制を何と呼べばよいかがわからなくなるという問題である。つまり、先に列挙した国制以外には国制が存在しない以上、それらの状態に該当する国制の呼称がないのである。

難問の解決

そこで、いまの議論が明らかにしているのは、次のことであると推察される。すなわち、「寡頭制」と呼ばれる国制において少数者が最高の権限を握っていることや、「民主制」と呼ばれる国制において多数者が最高の権限を握っていることは、本質的なことではなく、付随的に起こった結果にすぎない。つまり、どこであっても、富裕者は少数で、貧困者は多数であるという事実から起こった結果にすぎない。それゆえ、寡頭制と民主制の違いは、最高の権限を握る人々の数の違いに起因するという、先に示した議論も成立しない。

民主制と寡頭制が互いに異なる真の根拠は、貧困と富である。すなわち、少数者であろうとも多数者であろうとも、ともかく富を持つゆえに支配を行える場合は必ず寡頭制であり、貧困者が支配を行える場合は必ず民主制である。もっとも、既に述べたように、結果的には富裕者が少数者となり、貧困者は多数者となる。すなわち、富を得るのは少数者に限られるのに対し、富ではなく自由ならば万人が分かち持つのである。この「富」と「自由」の対立こそ、寡頭制を求める人々と民主制を求める人々が国制をめぐって相争うときの根拠なのである。[1]

b40　1280a

1　『ニコマコス倫理学』第五巻第三章一一三一a二五―二九では、市民としての価値の根拠が、民主制では自由、寡頭制では富か生まれの善さ、貴族制では徳だと説明されており、本書でもこの考え方が継承されている。

第九章　正義論における寡頭制と民主制の問題

平等をめぐって

いま「富」と「自由」を挙げたけれども、まずは、寡頭制を求める人々と民主制を求める人々が、それぞれの国制について何を本質的特徴に挙げているかを把握しなければならない。すなわち、ここで本質的特徴というのは、寡頭制的な正義とは何か、民主制的な正義とは何かということである。なぜ正義のあり方が各国制の本質的特徴になるのかといえば、どの論者も［特定の国制を支持する立場から］何らかの意味での正義に触れてはいるものの、議論は一定のところまでしか達しておらず、本来的な意味での正義の全体を語ってはいないからである。

例えば、［民主制を支持する人々のように］正義とは平等であるという考え方がある。確かにその通りなのだが、万人にとって[1]対等に扱われることが正義になるのではなく、対等な人々にとって対等に扱われることが正義［すなわち平等］になるのである。また、［寡頭制を支持する人々のように］正義とは非対等[2]（格差を設けること）であるという考え方もある。これも確かにその通りなのだが、万人にとって非対等に扱われることが正義になるのではなく、対等ではない人々にとって非対等に扱われることが正義になるのである。それにもかかわらず、この「誰にとって」という観点を無視しているために、論者たちは正義について不適切な判断を行っている。その原因は、論者たち自身が他人と対等かどうかを基準にして判断している点にある。ほぼ大部分の人々は、自分自身の利害に関わることになると拙劣な判断者になるものである。

したがって、正義は「誰にとって」という人間の観点を含む。そして、先に『倫理学』で述べたように、人間Aと人間Bの価値の比が、人間Aの受け取る事物Cと人間Bの受け取る事物Dの価値の比と同じになっていることが正義である[3]。それゆえ、寡頭制を求める人々と民主制を求める人々は、事物の価値の対等性については意見が一

1　原語は ison で、「等しさ」を意味するが、文脈によって「平等」あるいは「対等」と訳し分ける。この文で説明されるように、平等とは、対等な人々が対等に扱われることである。

2　原語は anison。従来は「不平等」と訳されることが多かったが、実質的には「対等」の対義語として用いられているため、「非対等」と訳す。前注参照。

致しつつも、事物を受け取る人間の価値［の基準］については意見が分かれ、論争しているのである。意見が分かれる最大の原因は、いま述べたように、自分自身の利害に関わるとき拙劣な判断者になることにあるが、それに加え、どちらの論者も何らかの意味での正義について一定のところまでは語っているゆえに、正義について完全に語っていると信じ込んでしまうことも原因なのである。つまり、完全な正義論だと信じ込んでいるため、かたや寡頭制を支持する論者は、人々の所有している財貨の量が異なるなど、何らかの点で対等でないならば全面的に対等ではないと考え、かたや民主制を支持する論者は、人間として同じ自由を持つなど、何らかの点で対等ならば全面的に対等だと考えてしまうわけである。

善く生きることと徳への配慮

しかし、論者たちは最も重要なこと［すなわち、国家の目的］を語っていない。それを示すために、まず、人々が集まって共同体を形成したのは財産のためだったと仮定してみる。すると、ちょうど個人が財産を所有している分だけ国家のあり方にも参与できることになるから、寡頭制を支持する議論が説得力を増すように思われるだろう。例えば、百ムナの出資金のうち一ムナしか拠出しなかった人が、残りの九十九ムナを拠出した人と等しい分配金（元金でも、利殖の分でもかまわない）を与えられるのは正義に反する[4]と思われるからである。

けれども、人々が共同体を形成したのは［財産を蓄えて］ただ生きるためではなく、むしろ善く生きるためだったとしたならば、寡頭制を支持する議論は説得力を持つだろうか。ただ生きるために国家があるなら、奴隷にも、人間以外の動物にも国家が存在したはずであるが、現実には存在しない。それは、奴隷や人間以外の動物の場合、欲求ではなく理性的な選択に基づいて生きてゆくということがなく、幸福に生きること（善く生きること）もないからにほかならない。

あるいは、人々が共同体を形成したのは［ただ生きるために］軍事同盟を作って不正な侵入を防ぐためでもなければ、物資を交換して互いに使えるようにするためでも a30

3　『ニコマコス倫理学』第五巻第三章で説明されている「配分的正義」の思想で、「比例的正義」とも呼ばれる。ここでは簡単に記述されているため、言葉を補って訳した。

4　分配金を一対九十九の比率で与えるのが正義だという論旨は、配分的正義（前注参照）に似ているが、拠出金の額を人間の価値と同一視する点で寡頭制的である。

なかったとしたならば、寡頭制を支持する議論は説得力を持つだろうか。軍事同盟や物資の交換のために共同体があるのなら、テュレニア人もカルタゴ人も、そして相互協力の協定を結んでいるあらゆる人々も、一つの国家の市民になってしまうだろう。確かに、そのような人々の間には、輸入に関する取り決めもあれば、不正行為を禁止する協定もあり、さらには軍事同盟に関する文書もある。しかし、そのような人々のすべてが共有する［政府のような］支配組織は設立されておらず、それぞれのところに別々の支配組織があるにすぎない。また、そのような人々の間では、関係を持つ相手がどのような性質の人物でなければならないかを互いに考えもしなければ、どうしたら取り決めを交わした相手が誰ひとり不正な人物にならず、悪徳に染まらないかを気づかうこともなく、その都度、互いに不正行為を行わないようにするだけである。それに対し、国家の善い統治のことを気づかう人々ならば、市民に関わる美徳と悪徳について熟考するのである。

　以上から明らかなのは、名ばかりの国家ではなく、真の意味で国家と呼ばれるにふさわしいものになるには、［善く生きるための］徳への配慮が必要だということである。なぜなら、徳への配慮を欠く共同体は、ともに戦う軍事同盟にすぎないものになるか

1280b　a40

らである。ただ、軍事同盟を結ぶ複数の国家は離れた場所に存在するのが一般的であるのに対し、この軍事同盟は同じ場所にある点が異なるだけである。さらに、徳への配慮を欠く共同体では、法律が単なる取り決めになり、ソフィストのリュコフロン[6]が語ったように、取り決めを交わした者同士が互いに正しい行為を行うと保証する法律にはなるが、市民を善い人物や正しい人物に作り上げるような法律にはならないのである。

どんな共同関係が国家を形成するか

いま述べた通りであることは、次のように考えても明らかとなる。例えば、メガラ[7]という国家とコリントスという国家の領土を一つにまとめ、城壁で囲むことによって接続させたとしても、なおそれは一つの国家にならない。あるいは、メガラの市民と

b10

5　テュレニアは現在のイタリアのトスカーナ地方。
6　紀元前四世紀のソフィスト。
7　アテナイの西方に位置した都市国家。

コリントスの市民が結婚できる制度を作れば、両国にとって特別な共同関係の一つになるとはいえ、なお両国は一つの国家にならない。さらにまた、ある人々が離れて居住しているものの、まったく関わりを持てないほど遠く離れているわけではなく、人々の間には法律があり、物資の交換に関して互いに不正を行わないと定めていると仮定してみよう。そして、ある者は大工、ある者は農民、ある者は靴職人、ある者は他の職業人というようにして、そこには一万人の人口があったとしよう。しかしそれでも、人々の関わり合いが物資の交換や軍事同盟のようなものに限られ、それ以外の共同関係がない状態ならば、いまだそれは国家ではないのである。

では、いったい何が原因で、いまだ国家ではないのだろうか。人々が近くに居住してはいないゆえに密接な関わり合いでないことは確かだが、それが原因なのではない。なぜなら、たとえ人々が近くに集まって住むようになったとしても、関わり合い方が変わらないならば、つまり、それぞれの個人が自分の家を一つの国家のように扱い、軍事同盟を結ぶ国家同士のように不正な侵入に際してのみ人々が助け合う関係ならば、厳密に考える限り、そうした共同関係が国家を成立させているとは思われないだろう。[8]というのも、近くに集まって居住していようと、遠く離れて居住していようと、軍事

b20

同盟のようになっている限り、人々の関わり合い方は同じだからである。

完全で自足した生の共有

したがって、いまや明らかなように、国家とは、国土として同じ場所を人々が共有するという意味での共同体でもなければ、互いに対する不正行為の禁止や物資の交換を目的とする共同体でもない。確かに、国家が成立するには、これらの条件が備わっている必要はあるけれども、そうした条件がすべてそろえば、もう国家になるというわけではない。そうではなく、完全で自足した生を実現するために、多くの家や一族が善く生きることを共有する共同体が国家なのである。[9]とはいえ、人々が同一の場所

8　国家は防衛や治安のためにあると考える、近代の「夜警国家」の思想と対立する論述である。

9　「善く生きる」は「幸福に生きる」と同義であり、『ニコマコス倫理学』第一巻第七章一〇九七b二〇によれば「完全性」と「自足性」が幸福の特徴である。ここで「多くの家や一族」に言及されているのは、一個人が自足するだけでは幸福を実現できないという思想に基づいている。

に住み、結婚によって結び付くのでなければ、このような共同体は成立しないだろう。だからこそ国家ごとに、結婚による縁戚関係や兄弟団が発生すると同時に、犠牲の供物を捧げる儀式や人々の集う娯楽が、ともに生きるという目的で発生したのである。この種のことは、友愛のなせる業である。なぜなら、ともに生きることを選ぶのが友愛というものだからである。

それゆえ、国家の目的は善く生きることであるのに対し、縁戚関係や兄弟団、儀式や娯楽はその目的を達成するために存在する。国家そのものは、一族や村々が完全で自足した生を共有する共同体であり、完全で自足した生とは、幸福かつ立派に生きることであるというのが私たちの主張である。

こうしたことから、国家共同体は［善く生きることの内実となる］立派な活動のために存在するのであって、ともに生きることを目的としているのではないと考えるべきである。だからこそ、［立派な活動を行うことによって］国家共同体に対して最大の貢献をなす人々は、次に挙げる人々よりも、よほど国家のあり方に参与している度合いが大きい。すなわち、自由や生まれの善さの点では他人と対等か、他人より優っているものの、市民に求められる徳の点では他人と対等になりえない人々である。あるいは、富の点では他人より優っているものの、徳の点では劣る人々である。

かくして、以上述べたことより明らかなのは、国制について論争している人々はみな、正義というものの一部しか語っていないということである。 a10

第十章　国家の最高の権限はどこにあるべきか

正義に反する例

そして、正義にかなった国家の場合、国家の最高の権限はどこにあるべきかという難問がある。なぜ難問なのかといえば、最高の権限を持つのは、多数の大衆か、富裕者たちか、有徳者たちか、国家の全構成員の中で最善の一者か、独裁者かのいずれかになるが[1]、これらのすべてに難点が見られるからである。それはなぜだろうか。

まず、貧困者たちが、自分たちこそ多数者であるという理由で富裕者たちのものを[2]取り上げ、分配したと仮定してみる。これは不正ではないだろうか。この問いに対して貧困者たちは、「ゼウスに誓って、不正ではない。何しろ、最高の権限を持つ者が正義だと判断したのだから」と応答するだろう。しかし、これが不正の極みではないならば、いったい何に対して「不正の極み」と呼べばよいのだろうか。さらに今度は、富裕者のものに限らず、ともかく「有徳者など」少数者のものなら何でも取り上げ、多数者の間で分配したならば、どうだろうか。これが国家を破滅させることになるのは明らかである。

しかし、正義などの徳が有徳者の破滅を招くはずはないし、国家の正義が国家の破滅につながるはずもない。それゆえ明らかに、多数者が作った法律だからといって、それが正義にかなうものになることはありえない。さらに、もしもこうした法律が正義にかなっているのなら、独裁者の行う行為ですら、すべて必然的に正しいことになってしまう。というのも、独裁者が力で優るゆえに強制的な支配を行うのは、ちょうど多数者が力で優るゆえに富裕者に対して無理強いするのと同じだからである。だが、それなら、貧困な多数者ではなく、富裕な少数者が支配することは正義にかなうのだろうか。そして、富裕な少数者も同じことを行って、多数者の所有財産を荒らし、奪い取るならば、それは正義にかなうのだろうか。もしもこれが正義にかなうなら、多数者が少数者に対して行っても正義にかなうはずである。したがって、いま

1　民主制ないし共和制、寡頭制、貴族制、王制、独裁制のいずれかになるということ。
2　富裕者たちの財産のほか、権限や地位なども含まれると考えられる。

や明らかなように、多数者が行うにせよ、少数者が行うにせよ、こうした行為はすべて劣悪であり、正義に反するのである。

有徳者の支配にも難点

では、有徳者が支配に当たり、万事に関する最高の権限を持つべきだろうか。その場合、有徳者以外の人々はみな、国家の支配的地位に就くという名誉が与えられないゆえに「名誉なき者」[3]にならざるをえない。すなわち、私たちは公職のことを「名誉ある地位」と呼ぶが、常に同じ人々が公職の地位にあれば、必然的に他の人々は「名誉なき者」になるわけである。

それなら、最も優れた一人が支配に当たる方が、もっと善いだろうか。だが、その場合は少数者の支配が極まるという意味で、いっそう寡頭制的になってしまう。というのも、「名誉なき者」がさらに多くなるからである。

しかし、おそらくは別の観点から問題を指摘する人もいるだろう。すなわち、人間の魂には感情が生じるにもかかわらず、そのような性質の人間が全面的に最高の権限を持ち、法律に最高の権限がないことこそ劣悪なのだという指摘である。確かにその

a30

ような指摘があるとしても、最高の権限を持つ法律が寡頭制的な法律になったり、民主制的な法律になったりする限り、そこで起こる問題は、私たちが論じてきた問題と何が違うというのだろうか。結局のところ、先に述べたことと同じ結果になるだろう。

3　原語は atīmos で、「市民権停止の処分を受けた者」の意味でも用いられる。

第十一章　大衆はどのような権限を持つべきか

多数者が優る理由

まだ他にも、正義に関わるさまざまな問題があるが、別のところで論じる[1]ことにしよう。ここでは、最高の権限の所在を論題とし、最善の人々とはいえ少数者が権限を a40 持つよりも、むしろ多数者が権限を持つべきだという主張を取り上げる。この主張は、ある種の難問を抱えていると思われるが、しかしまた、おそらく真実も含んでいると思われるだろう。

なぜ真実を含むかといえば、一人一人は優れた人間でなくても、集まって多数者になるとき、個々人としてではなく全体としては、最善の少数者より優れたものでありうるからである。それは、例えば、多数の人々がさまざまな食べ物を持ち寄った食事 1281b 会の方が、一人の出費でまかなわれた食事会より優れたものになるのと似ている。つまり、多数の人々がいれば、個々人に［正義、節制、勇気などの性格的な］徳や思慮が部分的に備わっているため、それらが寄り集まって集合体となり、あたかも一人の人間のようになりうるわけである。その一人の人間は、身体に多数の足や多数の手や多数の感覚を持つことになるが、それと同じように魂にも、性格に関する徳や知性に関する徳を多数持つことになる。これと同じ理由で、音楽家や詩人の作品に対する評価も、多数者で行った方が、より優れた判断になる。というのも、異なる個人は異なる部分に注目するため、多数者の全体としては作品の全体を評価する結果になるからである。

しかしながら、個人同士を比べると、多数者を構成する一人一人よりも、優れた人々の一人一人の方が優っている面がある。すなわち、多数者の場合には一人一人に離れて分散する美点が、優れた人の場合には一個人に集まっていることである。それはちょうど、容姿の美しい人と美しくない人を比べたとき、前者は美点がそろっている点で後者に優ることや、巧みな技術で描かれた肖像画と実物の人間を比べたとき、前者の方が美点をそろえている点で優るのと同様である。なぜ美点がそろっているこ

b10

1　本巻第十二、十三章で、平等に関する問題などが論じられる。

とを指摘したのかというと、容姿の各部分を切り離して比較すれば、肖像画の目より実物の人間の目の方が美しいこともありうるし、目以外の部分に関しても、ある部分だけを見れば、肖像画より実物の人間の方が美しいこともありうるからである。

このように、多数者の総体は少数の優れた人々に優越できるのだとしても、こうした優越があらゆる民衆やあらゆる大衆に起こりうるかどうかは不明である。けれども、おそらくゼウスに誓ってもかまわないのは、こうした優越が起こりえない民衆や大衆が明らかに存在するということである。なぜなら、もしもあらゆる民衆や大衆に起こりうるならば、優越に関する同じ議論が獣にさえも当てはまるだろうからである。実際の話、ある種の民衆や大衆は、どこが獣と違うというのだろうか。ともかく、ある種の大衆に関しては、いま述べた優越の起こらないのが真相であると考えて差し支えない。

自由人たちが参与するべき公職

それゆえ、以上の考察を踏まえれば、先に挙げた難問（国家の最高の権限はどこにあるべきか）も、それに引き続いて生じる問題、すなわち、市民の中の多数者である自由人たちは何に関する最高の権限を持つべきかという問題も、解決できよう。

この自由人たちは、富裕ではない上、自分の徳に基づいて要求できるものを何ひとつ持たないような人々である[2]。実際のところ、このような自由人たちが最も重要な公職に就くのは、国家にとって安全なことではない。なぜなら、正義の徳も思慮も備えていないゆえに、必ずや自由人たちは不正なことを行ったり、失敗を犯したりするからである。さりとて、公職を与えず、国家の運営に参与させないのも恐ろしいことである。というのも、名誉ある公職に就けない貧困者たちが多数存在するとき、その国家は必然的に敵対者で満ちあふれるからである。

したがって、残された方法は、自由人たちが［任期の限られた重要な公職ではなく］審議と裁判に参与することである[3]。だからこそ、ソロンにせよ、他の何人かの立法者たちにせよ、公職者の選出と、公職者が任期を終えたときの執務審査に関しては、自

b30

2　富も徳も備えないが、自由を持つような、民主制下の市民が想定されている。

3　本巻第一章一二七五a三〇—三二では、民会の審議員と裁判員を「任期の限られない公職」と呼ぶ旨が示されている。

由人たちが行うと定めているものの、自由人が単独で公職に就くことは許していない。要するに、単独ではなく、自由人たちが集まった全体としては、物事の判断に十分な感覚能力を持ち、より優れた人々と混ざり合うことによって国家の役に立つということなのである（それはちょうど、不純物を含んだ食品が純粋な食品と混ざり合うと、混合物の全体としては、少量の純粋な食品よりもいっそう役に立つ食品になるのと同様である）。それに対し、単独の個人は、物事の判断に関して不完全な者であるにすぎない。

第一の難問の解決

とはいえ、いま述べた通り、多数者としての自由人たちに公職者の選出と執務審査
を担わせる国制を整えようとすると、難問がいくつか生じる。そのうち、執務審査に
関わるのが第一の難問であり、それを医術の比喩で示せば、誰が正しい治療を行った b40
かを「判断する」審査の仕事と、現に病気にかかっている患者を治療して健康にする
臨床の仕事は、同じ者の仕事、つまり医者の仕事だと考えられることから生じる難問 1282a
である。さらに医術以外の分野でも、経験によって身につく能力や技術に関しては同

様の事情がある。それゆえ、医者の仕事の審査は、医者たちの間で行われなければならないように、他の分野でも、同じ仕事に当たる人々の間で審査が行われなければならない［ので、公職者の執務審査も公職者たちの間で実施されるべきである］。しかし医者といっても、実際に施術する者もいれば、司令役の統括者もいる。さらに第三には、医術の教育を受けただけの者も存在し（実際、教育を受けただけの者は、いわば、どんな技術の分野にも存在する）、私たちは、教育を受けただけの者に対しても、熟知した者に対するのと同様に、「判断する」仕事を任せている［ゆえに、自由人に教育さえ与えれば公職者の執務審査を任せられる］。

次に、公職者を「選出する」ことに関わる難問についても同じように考えられるだろう。[4] 例えば、測量士を選出するのは、幾何学的な測量術を熟知した者の仕事であり、船の舵取りを選出するのは、舵取りの技術を熟知した者の仕事であるように、任務に当たる者を正しく選出することは、その分野の技術を熟知した者の仕事である。なぜなら、たとえいくつかの仕事や技術に関しては、知識のない人々が選出に参与する場

4　アリストテレスは、「選出する」ことが「判断する」ことの一種だと考えている。

a10

合があるにしても、少なくとも、専門的な事柄を熟知した者に優る仕方での選出はできないからである。したがって、この議論に従えば、公職者の選出にせよ、先に取り上げた執務審査にせよ、多数者である大衆にその権限が与えられるべきではないことになるため、これが難問になるだろう。

しかし、おそらく、いま「判断する」ことと「選出する」ことについて述べた内容がすべて適切なわけではないだろう。適切ではないという一つ目の理由は、大衆があまりにも低劣で奴隷的な性質になっていない限り、先に提示した議論、すなわち、大衆の一人一人は劣った判断者であり、専門的な事柄を熟知した者に及ばないけれども、大衆の全員が集まったときには、判断力において専門家に優るとも劣らないという議論が成立することにある。さらに、二つ目の理由は、いくつかの分野では、技術を身につけた制作者が唯一の判断者になるわけでもなければ、最善の判断者になるわけでもなく、技術を持たない人々さえ作品の優劣を認識できることにある。例えば、家の優劣を認識するのは建築者に限られず、むしろ家の使用者の方がいっそう優れた判断を行う（ここでいう「家の使用者」とは「子どもや奴隷ではなく」家政を行う者のことである）。また、舵の優劣については船大工よりも舵取りの方が、会食の料理の優劣については調理人ではなく招待客の方が、優れた判断者なのである。

かくして、いま挙げた二つの理由を示せば、「判断する」ことと「選出する」ことをめぐる第一の難問は十分に解決できる（すなわち、多数者としての自由人たちに公職者の選出と執務審査を任せられる）と考えられよう。

第二の難問の解決

しかし、第一の難問に引き続いて生じる別の難問がある。その第二の難問とは、大衆のように劣った人々が、有徳者たちにもまして、より重要性の大きい事柄に関する権限を持つのは不合理に思われることである。執務審査や公職者の選出は最も重要な事柄であるにもかかわらず、既に述べたように[5]、いくつかの国制では民衆に任されているのである。すなわち、民会が、この種の事柄の一切について権限を持っているということである。とはいえ区分があり、民会への出席と審議や裁判への参与に関しては、所有財産の査定額が少額な者であっても、年齢を問わずに認められるのに対し、

a30

5　本章一二八一b三二―三四で述べられている。

財務官や将軍職など最も重要な公職への就任は、所有財産の査定額が高額な人々に限られている。

この区分があればこそ、第二の難問も、第一の難問と同じように解決できるだろう。すなわち、おそらく、［自由人たちを無条件に公職に参与させる方法だけではなく］所有財産の査定額に応じて、就任できる公職を区分する方法も正しいのである。なぜなら、支配者としての公職とは、個々の裁判員や審議員や民会員のことではなく、裁判所や審議会や民会という組織のことであり、いま挙げた個々人（つまり、審議員、民会員、裁判員）はこれらの組織の部分だからである。したがって、個々人ではなく、組織へと集まった大衆の集団が、より重要性の大きい事柄に関する権限を持つのは正しい。というのも、民会や審議会や裁判所は多数の人々から構成されるゆえに、全構成員の
所有財産の査定額を合算すれば、重要な公職に就いている者の一人、あるいは少数者 a40
の査定額を上回る[6]からである。

かくして、第二の難問を含め、問題については以上のように決着を見たとしよう。 1282b

法律の正しさをめぐる問題

けれども、最初に挙げた難問（国家の最高の権限はどこにあるべきか）が明らかにしているのは、次のこと以外の何ものでもない。すなわち、正しく制定されている限り、さまざまな法律にこそ最高の権限があるべきであり、公職に就いて支配に当たる者は、一人であろうと多数であろうと、法律が厳密に言葉で規定できない［個別の事情を含む］事柄に限って権限を持つべきだということである。それというのも、あらゆる事例に適用できるよう、普遍的に法律を規定するのは容易ではないからである。しかしながら、正しく制定された法律とはどのようなものであるべきかということについては、いまだ何も明らかになっておらず、最初に挙げた難問は依然として残っている。とはいえ[7]［法律が正しいか否かは無視できない事柄であり］、国制と同様に法律の場合も、それが劣っているか優れているか、正しいか正しくないかのいずれかに必ずなるわけである。もっとも、国制に合わせて法律が制定されなければならないこと

6　先に、多数者の判断力を総和すれば少数者を上回ると述べられたのと同じ論法。
7　ロスは hama（同時に）と修正しているが、写本通りに alla と読む。

は、少なくとも明瞭である。そうであるならば、明らかに、正しい国制に対応する法律は必然的に正しく、逸脱した国制に対応する法律は必然的に正しくないのである。

第十二章　平等に関する哲学的な難問

公職の配分における正義

すべての学問的知識や技術には目的となる善があり、とりわけ、あらゆる分野の中で最高の知識や技術の場合には最大の善を目的とするのであるが、これこそが国家を運営する能力となる知識や技術である。そして、これらによって実現される国家の善とは正義であり、正義とは公共のためになること（公共善）にほかならない。

このような正義として誰もが考えるのは、一種の平等である。正義とは一種の平等であるという考え方は、私たちが倫理的な事柄を規定した哲学的議論[1]の内容と、少なくとも、あるところまでは一致する。「あるところまで」とは、誰々にとって何々が与えられるのは正しいという正義の形式からして、平等を実現するには、対等な人々にとって対等な事物が与えられる必要がある[2]と主張するところまで、という意味である。しかし[3]、平等について考察するときには、誰々は「どのような性質を持つ」ゆえに対等なのか、あるいは、誰々は「どのような性質を持つ」ゆえに対等ではないのかという性質の観点を忘れてはならない。なぜなら、この性質の観点こそが難問を招き、ひいては国家の運営に関する哲学（政治哲学）を生じさせるからである。

この難問に関しては、おそらく次のような主張がありうるだろう。どんな性質であれ、ともかく何らかの善い性質を持つ点で他人に優越する者がいた場合、他のすべての性質は優越せず、人並みの状態だったとしても、優越する性質だけに基づいて他人に差をつけ、他人と対等ではない仕方で、その者に公職を配分するべきだという主張である。つまり、何らかの善い性質で優越している者にとっては、他人とは異なる事物を配分されるとき、正義にかなう「正しい」配分、すなわち「価値に応じた」配分になるという主張である。

しかしながら、もしもこれが真実ならば、肌の色が善いとか、体格が善いとか、と

1　配分的正義について説明する『ニコマコス倫理学』第五巻第三章を指すと考えられる。
2　簡略にいえば、「対等な人々には対等なものを」という主張である。
3　ロスは dē（したがって）と修正しているが、写本通りに de と読む。

もかく何らかの善い性質で優越する者にとっては、国家を運営するために正しく配分されるもの[4]を多数与えられるのが正義だということになるだろう。けれども、これが偽りの正義なのは紛れもないことではないだろうか。国家の運営以外の知識や能力の例を見れば、それは明らかである。例えば、笛を吹く技術の点では同じ程度の笛吹きたちが何人かいるとき、その中の生まれの善い者には多数の笛を与えるべきだということにはならない。なぜなら、生まれが善いからといって、他の者より上手に笛を吹くことはないだろうからである。そうではなく、笛吹きの働きである演奏において優越する者に対し、優越した性能の楽器を与えるべきなのである。

いま述べたことが、まだ判然としないなら、同じ例でさらに話を進めると明瞭になるだろう。例えば、笛を吹く技術では優越するものの、生まれの善さや容姿の美しさの点では著しく劣る笛吹きがいるとする。そして、それらの各々、つまり、生まれの善さと容姿の美しさの価値が、上手に笛を吹く技術の価値と比較して、より大きな善だと仮定しよう。その上で、生まれの善さと容姿の美しさの価値が、上手に笛を吹く技術の価値を上回る度合いと、当の笛吹きが演奏技術において他の笛吹きを上回る度合いを比べたとき、仮に類比的に考えて[5]前者の度合いが後者の度合いより大きかったとしても、それでもなお、当の上手な笛吹きに対し、優れた笛が与えられるべきなのである。なぜこう述べるかといえば、もしもこの結論とは反対の主張が成立するとしたなら、富や生まれの善さにおける優越が笛の演奏に貢献しなければならないはずだが、そんな貢献はまったくないからである。

あらゆる善が比較可能なわけではない

また、先に取り上げた主張、すなわち、どんな性質においてであれ、善い性質で優越する者に公職を配分するべきだという主張に従う限りは、あらゆる善と善が比較可能だということになってしまうだろう。すなわち、身体が大きいというだけで他人に優越する場合でも、公職を配分される善になるのなら、総じて身体の大きさは公職を

1283a

4　「政治的権利」と訳されることもあるが、前段落で挙げられた「公職」が念頭に置かれた表現である。

5　生まれの善さ、容姿の美しさ、上手に笛を吹く技術は、それぞれ価値の質が異なり、厳密には共通の基準で価値の大小を比較できないため、「類比的に」とらえる旨が述べられている。「解説」参照。

配分される善になるわけであり、さらには、公職を配分される根拠になる富や自由とも比較可能で、競い合える善になってしまうだろう。その結果、ある人が身体の大きさにおいて他人に優越する度合いと、別のある人が徳において他人に優越する度合いを、善の大小で比較することも可能になり、前者の度合いがより大きいといえるならば、総じて、どんな大きさの徳に対しても、それに優越する身体の大きさが存在することになるから、[6]徳も含めて、富、自由、身体の大きさのすべてが比較可能になるだろう。なぜなら、ある身体の大きさが、[7]ある徳の大きさよりも善の大小で上回るなどということがあるのならば、善に関して徳と身体が対等になるような大きさ（通約単位となる大きさ）も存在することは明らかだからである。

しかしながら、いま述べたようなことはありえない。それゆえ明らかに、国家を運営するために配分されるものにおいても、何であれ他人に優越しているからといって、非対等性を根拠にしてむやみに公職を要求しないこと、これが理にかなっている。例えば、走るのが遅い者と速い者がいるとしても、この差異を根拠にして一方に何かが多く与えられ、他方に少なく与えられるべきではない。この差異に基づき、速い者が名誉[8]を得る結果になるのは、国家の運営ではなく、体育競技においてだけである。

走るのが速いかどうかではなく、国家の成立に役立つものだけを根拠にして、公職の要求が行われなければならない。だからこそ、生まれが善いという性質の者、自由を持つという性質の者、富裕という性質の者が、名誉ある公職の地位を要求するのは理にかなっているのである。というのも、国家には自由人や財産の所有者がいなければならないからである。実際、全員が奴隷では国家が成り立たないのと同様、全員が貧困者の場合も成り立たないだろう。だが、自由人や財産の所有者が国家に必要ならば、明らかに、正義など国家の運営に関わる徳も必要である。なぜなら、正義などの徳なしに国家を治めることはできないからである。ただし、それらが必要とされる意味合いは異なり、自由人や財産の所有者がいなければ国家はそもそも成立しえないの

a20

6　ロスは ei kai hyperekhei holōs aretē megethous（もしも、実際には、総じて徳は身体の大きさに優越するのならば）と修正しているが、いくつかの写本に従い、kai hyperekhei holōs aretēs megethos と読む。多様な解釈が提起されてきた箇所のため、内容を詳しく示す訳を試みた。

7　ロスは megethos を削除しているが、写本通りに読む。

8　原語の tīmē は「名誉ある公職の地位」も指すため、二重の意味が込められている。

に対し、正義などの徳なしには国家を立派に治めることができないのである。

第十三章　公職を要求する根拠の問題

それぞれの主張の正しさと不完全性

それゆえ、かたや国家の成立という観点から見れば、生まれの善さ、自由、富のすべてか、少なくとも、それらのいくつかを根拠にして市民が公職を要求するのは正しいと考えられるが、かたや国家の善い生き方という観点から見れば、先にも述べたように[1]、教育を受けた人間の性質や、有徳な性質を根拠にした公職の要求こそ、最も正しいと考えられるだろう。ともかく、ただ一つの性質に関して市民同士が対等だからといって、あらゆるものの対等な配分が行われるべきではないし、ただ一つの性質に関して市民同士が非対等だからといって、あらゆるものの非対等な配分が行われるべきでもないのだから、もしもそのような配分を行うならば、逸脱した国制にならざるをえない。

先にも述べた通り[2]、正義についての論者の全員が何らかの意味で正しい根拠に基づいて公職を要求しているものの、［一つの性質だけに着目しているため］誰もが完全に正しい根拠に基づいて要求しているというわけではないのである。

まず、富裕者たちは富を根拠にして公職の非対等な配分を要求するが、この要求に一定の正当性があるのは、富裕者の所有する土地が［貧困者と非対等に］広大でありつつも、土地は国家の成立に不可欠な共有財産だからである。加えて、売買契約に関わる事柄に関し、支払い能力を持つ富裕者たちは、たいていの場合、信用できる点も理由に挙げられる。

次に、自由人たちと生まれの善い人々の公職に対する要求であるが、両者の要求は互いによく似た理由によって正当化される。すなわち、［奴隷より自由人の方が市民にふさわしいように］生まれの悪い人より善い人の方が市民にふさわしいのであり、生まれの善さというものは、それぞれの郷土において尊重される［ゆえに国家の成立に役立つ］のである。加えて、「生まれの善さ」とは一族の有徳性のことであるから、

1　本巻第九章一二八一a二─八で述べられている。
2　本巻第九章一二八〇a九─一四で述べられている。

［自由人から自由人が生まれるように］優れた人から優れた人が生まれる可能性の高いことも理由に挙げられる。

したがって、同様に、徳を根拠にして公職を要求することも正しいと私たちは主張する。というのも、正義は共同体のためになる徳であり、他のすべての徳は正義に必然的に付随するというのが私たちの主張だからである。

しかしまた、多数者が少数者に対して公職を要求することも正しい。なぜなら、少数者に対する多数者というまとまりでとらえたときには、力においても、富においても、人間としての善い性質においても、上回ることになるからである。

性質の異なる人々が混在する場合

では、性質の異なる人々の全員、つまり、有徳な人々、富を持つ人々、生まれの善い人々、さらには、それ以外の大衆となる多数の市民も加えた全員が、一つの国家の中に存在するとしたならば、誰が支配者になるべきかということについて論争が起こるだろうか、それとも起こらないだろうか。

確かに、これまで挙げてきた国制ごとに分けてこの問題を考えるならば、誰が支配

1283b　a40

者になるべきかという判断は、もはや争う余地のないものである。なぜなら、諸国制は最高の権限の所在によって区別されるからであり、例えば、富裕者に権限がある国制（寡頭制）、有徳者に権限がある国制（貴族制）というように分かれ、その他の各国制についても同様である。しかしなお、私たちが考察しようとしているのは、性質の異なる人々が同時に存在するとき、どのようにして最高の権限の所在を決めるべきかということなのである。

したがって、問題の焦点になるのは、性質の異なる人々が混在する中で、徳を備えた人々が極めて少数の場合、どのような方法で支配者を決めるべきかということにほかならない。このとき、「少数」の問題を考察する観点は、少ない支配者で国家を治められるかどうかという、働きの観点になるのだろうか。それとも、支配者の数は国家を構成するのに十分なほど多数でなければならないという、数量の観点になるのだ

b10

3　第一巻第六章一二五五a二九―b二にも、奴隷と生まれの善さについて同様の説明がある。

4　『ニコマコス倫理学』第五巻第一章一一三〇a八―九では、広い意味での「正義」が徳の全体を指すと説明されている。

5　本巻第十一章では、この内容が説明されている。

ろうか。

この問いに関連して、国家の名誉ある公職の地位を要求する人々の全員に関わる一つの難問がある。それは、所有する富を根拠にして支配的な地位を要求することも、生まれの善さを根拠にして支配的な地位を要求することも、同じように、何ら正しい主張ではないと思われてくるような難問である。すなわち、もしも富が正当な根拠になるのなら、ある一人の富裕者が他のすべての人々に優る富を所有している場合、それと同じ正当性に基づいて、今度はその一人の人物が他のすべての人々を支配するべきだという結論に至るのは明らかである。生まれの善さに関しても同様であり、生まれの善さで抜きん出た一人の自由人がいる場合、その一人の人物が、自由人であるという性質を根拠にして支配的な地位を要求する他のすべての人々を支配するべきだという結論になり、このことをどう考えるかが難問になる。

これと同じことが、おそらく貴族制の正当な根拠となる徳に関しても起こるだろう。すなわち、ある一人の有徳者が、政府内の他の優秀な人々よりも優れているならば、同じ正当性に基づいて、その一人の人物が最高の権限を握るべきだという結論になるのである。

b20

それゆえ、多数者である大衆が少数者より優位に立つ[6]という理由で最高の権限を握るべきだと論じたとしても、一人、もしくは複数で、多数者よりは少ない人数の人々が他の人々より優位に立つ場合[7]もあるから、その場合には、大衆ではなく、むしろ、その一人か少数者が最高の権限を握るべきだという理屈になるわけである。

かくして、いま述べたことの全体から明瞭になったと思われるのは、自分こそが他の者を支配するにふさわしいと主張するにせよ、他のすべての者は自分によって支配されることがふさわしいと主張するにせよ、そうした主張の根拠として、富、生まれの善さ、自由、徳という四つの特質のいずれも絶対的な正当性を持ちえないという事実である。なぜなら、四つの特質の中でも、とりわけ［少数者だけが持つ］徳を根拠にして政府の権限を求める人々に対してさえも、また同様に、富を根拠にして政府の権限を求める人々に対してさえも、大衆は一定の正しさを持つ論理で反論できるだろうからである。すなわち、大衆を一人一人とらえるのではなく、まとまりとしてとら

b30

6　数で優るゆえに政治的勢力として優位に立つということ。
7　富、生まれの善さ、徳のいずれかで優位に立つ場合。

えれば、大衆の方が少数者よりも有徳であったり、富を多く持っていたりする場合がありうるのである。

正しい法律のあり方

それゆえ、ある人々が提起し、探究している別の難問に対しても、先の難問に対するのと同じ仕方で応答できる。すなわち、ある人々が提起する別の難問とは、いま述べたように大衆がまとまりとしては少数者に優っている場合、最も正しい法律を制定したいと望む立法者はどのように立法するべきか、ということである。果たして、少数の優れた人々のためになるように立法するべきなのか、それとも、多数者である大衆のためになるように立法するべきなのか。

b40 この難問を考えるとき、法律が「正しい」とは、誰にとっても対等に「正しい」と
いうことだととらえなければならない。そして、この「対等に正しい」とは、国家全
体のためになり、市民たちに共通の公共善になるものの観点から見て「対等に正し
い」ということである。ここでいう「市民」は、一般的にいえば、支配することにも
1284a 支配されることにも参与する者のことであるが、誰が市民になるかは国制ごとに異な

る。しかし、［市民が交替で支配者となる］最善の国制に限れば、徳に基づいた生き方を目指し、支配されることと支配することの両方の能力を備えて、両方を自らの意志で行う者ということになる。

傑出した人物が存在する場合

だが、もし、ある一人の人物が有徳性において傑出し、他の誰とも比較できないほどの徳を備えていると同時に、国家を運営する能力の点でも比類のない存在だったならば、この人物を国家の一部と見なすべきではない。あるいは、傑出した人物が一人ではなく複数いるが、国家を構成するのに十分な人数には達しえない場合も同様である。ともかく、そうした人物が一人にせよ、複数いるにせよ、国家の一部と見なすべきではない。なぜなら、徳の点でも、国家を運営する能力の点でも、これほどまでに他の人々と対等ではないにもかかわらず、［対等に正しい法律のせいで］他の人々と対等に扱われるのがふさわしいと評価されるならば、かえって不正を被ることになるからである。つまり、これほど傑出した人物は、いわば人間たちの中の神と考えられて当然の存在なのである。

いまの例から明らかなのは、立法を行う場合も、生まれの善さににせよ、能力にせよ、ともかく対等な人々だけを対象に限って行わなければならないということであり、比類なく傑出した人物に関しては［対等に正しい］法律が存在しないということである。というのも、そうした人物それ自身が法律にほかならないからである。実際のところ、傑出した人物を対象にして誰かが立法を行おうとしたなら、滑稽な結果になるだろう。なぜなら、アンティステネスの寓話にあるように、「すべての動物の平等が認められなければならない」と野ウサギが民衆指導者のように演説したとき、ライオンが答えた「ように「お前たちには鉤爪と牙がない」」という趣旨の」ことを、傑出した人物はおそらく語るだろうからである。[8][9]

だからこそ、このような事情を理由にして、民主制の諸国家では陶片追放の制度も定められているのである。すなわち、民主制の諸国家は何よりも平等を追求していると考えられ、平等を実現するために、富、盟友の多さ、その他の政治力によってあまりにも優越した力を持つと思われる人々を陶片追放の対象とし、一定の期間、国外に去らせていたわけである。その点、神話に伝えられるアルゴ船の船員たちがヘラクレスを置き去りにしたことも、同じような理由に基づく。つまり、怪力のヘラクレスが[10][11]

船員たちをはるかに超える存在だったので、アルゴ船はヘラクレスを一緒に連れてゆこうとはしなかったのである。

それゆえまた、優越者を排除しようとする独裁制への批判が無条件に正しいものだと考えるべきではないし、ペリアンドロス[12]がトラシュブロス[13]に与えた独裁者的な助言への批判についても同様である。伝承によれば、トラシュブロスが送った使者から助

8　紀元前五―四世紀の哲学者。ソクラテスの弟子に当たり、禁欲主義を説いた。

9　アンティステネスの寓話の出典は不明であるが、アイソポス（イソップ）の寓話として伝えられる内容に従ってライオンの台詞を挿入した。

10　独裁者になる危険性のある人物などの名前を陶片に書いて人々が投票し、一定の票数を超えた人物は国外追放となる制度。いつ頃、誰が考案したかについては諸説ある。

11　ギリシャ神話によれば、黄金の羊の皮を求めて航海する英雄イアソンのためにアルゴスが建造した船。当初は、半神半人の英雄ヘラクレスも船員に含まれていた。

12　紀元前七―六世紀のコリントスの独裁者。

13　ペリアンドロスとほぼ同じ時代のミレトスの独裁者。ヘロドトス『歴史』第五巻第九十二章では、トラシュブロスがペリアンドロスに助言したと記述されており、アリストテレスの説明とは反対である。

言を求められたペリアンドロスは、使者に何も語らず、穀物畑の中で飛び抜けた高さの穂を抜き去って、穂の高さをならした。なぜそのようなことをしたのか、使者には理由がわからなかったが、帰国してから出来事を報告すると、飛び抜けた人間は除去しなければならないことをトラシュブロスは悟ったという。この伝承こそ独裁者の事例だが、飛び抜けた人間の除去は独裁者だけを利するわけではないし、独裁者だけがこうした除去政策を実行するわけでもない。寡頭制や民主制にしても事情は同様であり、実際のところ、ある意味で陶片追放は、飛び抜けた人間を刈り取って追放するのと同じ効力を持つのである。

そして、国家間や民族間においても、覇権を握る者たちが同じことを実行している。アテナイ人が、［強力な国家を持つ］サモス人、キオス人、レスボス人[14]に対して行ったことがその例であり、アテナイ人は強固な覇権を握るや否や、盟約に反してそれらの人々を抑えつけたのである。また、ペルシャの王が、メディア人[15]やバビロニア人、[16]さらには、かつて覇権を握ったことから居丈高になっていた他の人々の勢力を、しばし
1284b ば刈り取ろうとしたことも例に挙げられる。

問題は正しい国制にも

この問題は、あらゆる国制に関して普遍的に存在し、正しい国制にさえも存在する。なぜなら、飛び抜けた人間の除去は、確かに、逸脱した国制の場合には支配者の私利追求のゆえに行われるのであるが、しかしなお、市民の公共善を目指す正しい国制であっても事情は同じだからである。そして、このように突出したものを除去することは、明らかに他の分野の技術や知識の場合にもある。例えば、画家が動物を描くとき、たとえその脚の美しさが際立っていたとしても、全体の均整を損なうほど大きく飛び出した脚になることを許さないだろう。また、船大工が船を造るとき、船尾にせよ船の他の部分にせよ、全体の均整を損なうほど大きな部分になることを許さないだろう。だからこそ同様に、合唱団の指導者は、合唱団全体の歌声よりも大きくて飛び切り美しい声を出す者[17]がいたなら、その者が合唱に加わるのを許さないだろう。したがって、

14　エーゲ海南東部から北東部に位置するサモス島、キオス島、レスボス島には、アテナイの同盟国の中でも際立った強国が存在した。

15　イラン高原北西部にメディア王国を築いた民族。

16　バビロニアについては第二巻第六章注7参照。

この合唱団の指導者の例に倣えば、ある国家の単独支配者が、飛び抜けた人間を除去するとしても、その単独支配者ならではの支配方法が国家に役立っている上でそうするのなら、あたかも合唱の調和のように、単独支配者が国家と調和している18ことを否定する理由はない。それゆえ、［富、盟友の多さ、その他の政治力のように］優越した性質に当たるとの見方で衆目一致する事柄に関する限り、優越者を陶片追放の対象にするべきだという議論は、国家の運営の観点から見て一定の正しさを持つのである。

無論、飛び抜けた人間の除去という治療的措置を必要としないように、はじめから立法者が国制を構築しておく方が、確かによい。しかし、その必要が生じたときには、陶片追放のような何らかの矯正措置によって状態を正そうとすることが次善の策となる。もっとも、現実には、諸国家において、こうした次善の策として矯正措置が実施されたことはない。なぜなら、陶片追放が実施されるにしても、自分たちの国制のためになることを目指してではなく、人々の抗争の道具として使われたにすぎないからである。

以上より明らかなように、陶片追放などの矯正措置は、逸脱した状態にある国制に限っていえば、それぞれの国制の維持のためにもなるし、正しい措置にもなる。だが、

b20

正しい措置だといっても、おそらく絶対的な意味で正しいわけではないこと、それもまた明らかである。

傑出した人物は王になる

けれども、［こうした矯正措置を必要としないはずの］最善の国制の場合、大きな難問を抱えることになる。すなわち、政治力、富、盟友の多さなどのような、徳以外の善の点で優越する人物ではなく、徳そのものの点で傑出した人物が存在する場合、どうするべきかという難問である。なぜこれが難問になるのかといえば、徳の点で傑出した人物を追放し、どこか国外に移住させるべきだと主張する人はいないだろうからである。さりとて、その傑出した人物を国内に残し、国家の支配対象にするべきだと主張する人もいないだろう。なぜなら、そう主張することは、最高神ゼウスを人間たち

17　美しい声を出す者を除去するのは不合理に見えるが、次の文の「飛び抜けた人間」が何らかの意味で優れた人間であることに対応する。

18　原語は「声が調和する」ことを意味する symphōnein で、合唱団の比喩を踏まえた掛け言葉になっている。

b30

と交替で国家の公職に就かせ、そのことによってゼウスを支配対象にするよう要求することに等しいからである。

したがって、いまや残された方法は、徳の点で傑出した人物による支配に、誰もが納得し、喜んで従うという、まさに自然本来的だと思われる方法だけである。かくして、徳の点で傑出した人物の場合、国家において、交替のない終身の王として君臨すること［が正義にかなうこと］になるのである。

第十四章　王制の種類

国家のためになるか

いま提示した議論の後には、王制に主題を移して考察するのが、おそらく適切であろう。なぜなら王制は、〔複数の種類がある単独者支配制の中でも〕正しい国制に属するものの一つだというのが私たちの主張だからである。[1] 考察するべき事柄は、国家も領土も[2]優れた仕方で治めようとするとき、王制を敷いた方がよいのか、あるいはそうではなく、むしろ何か他の国制の方がよいのか、という問題である。それとも、王制は、ある国家のためにはなるが、ある国家のためにはならないということなのだろうか。

そこで、考察の最初に明確にしておかなければならないのは、王制は一種類だけなのか、それとも、差異を持つ複数の種類があるのかということである。実際のところ、その真相を知るのは容易であって、王制には多くの種類があり、支配方法にしても、すべての王制にわたって同一というわけではないのである。

1285a　b40

将軍のような王の場合

　まず、ラコニアの国制に見られる王制は、法律に基づく王制の典型と考えられている。しかし、この場合の王は万事の権限を握るわけではなく、国外へ出征したとき、戦争に関わる事柄の指揮権を持つのである。加えて、神事も王にゆだねられる。

　それゆえ、この種類の王制における王は、譬えていえば、上司を持たずに自らが決定権を持ち、他の者と交替することのない終身の将軍のようなものである。なぜ「将軍のようなもの」と限定的に表現するかといえば、王でありながら市民を死刑に処す権限を持たないからであるが、ただし古い時代に存在したような、ある種の王制には[3]例外があり、戦時に国外遠征した際、王はいわば自らが法律となって死刑に処すことができた。この事実を示しているのがホメロスである。すなわち、ホメロスが叙事詩

a10

1　本巻第七章一二七九a二三―二五で述べられた通り、逸脱した国制よりも先に、正しい国制について考察するのが国制論の方針である。
2　「国家」と分けて「領土」を挙げているのは、戦時の防衛が念頭に置かれているからであろう。
3　ロスは heneka deilias（臆病なために）と修正しているが、写本通りに en tini basileiai と読む。

に描いたミュケナイ王アガメムノンは、兵士たちの居並ぶ集会の場では悪口を聞くのに耐えたものの、国外へ出征すると、死刑に処す権限を持ったので、「戦場から逃げ出すところを私に見つかった者は……野犬や野鳥の餌食になる運命から絶対に逃れられないものと思え。なぜなら、死刑は私の手中にあるのだから」[4]と語っているのである。

かくして、これが王制の一つの種類であり、王は実質的に終身の将軍である。この種類の王制には、［ラコニアのような］世襲制もあれば、選出制もある。

独裁者に似た王の場合

いま説明したのとは別の種類の単独者支配制が存在し、それは、ギリシャ人以外のいくつかの民族に見られるような王制である。この場合、王は独裁者に似た力を持つが、法律に基づく王制であり、王位は先祖伝来の世襲である。なぜこのような王制が存在するのかといえば、本性的に異民族はギリシャ人よりも隷従しやすく、アジア人はヨーロッパ人よりも隷従しやすい性格を持つため、主人が奴隷を支配するような専制的支配に対して何ら反感を持たずに耐えられるからである。

したがって、こうした事情から独裁的な王制になっているとはいえ、王位が先祖伝来の世襲の上、法律にも支えられているため、安泰な制度である。王の護衛にしても、独裁制的ではなく王制にふさわしいものになっているのは、先祖伝来の制度で法律にも支えられているという、やはり同じ理由に基づく。すなわち、王の護衛に当たるのは武器を持った市民たちであり、その点、独裁者の護衛が外国人の傭兵たちによるのとは対照的である。このような対照性が生じるのは、王制の場合、王は法律に基づいて支配し、被支配者は自ら進んで支配に従うのに対し、独裁制の場合、被支配者は意に反して支配に従わされるからである。その結果、王制では市民たちの中から王の護衛者が集められるのに対し、独裁制では市民たちに対抗するために独裁者の護衛者が雇われるのである。

4　ホメロス『イリアス』第二歌三九一―三九三で、トロイアと戦うギリシャ軍の兵士たちにアガメムノンが語る言葉。ただし、「なぜなら」以下は、現存の写本には見られない。

選出される独裁者の場合

以上が二種類の単独者支配制であるが、それとは別の種類のものが、まさに古い時代のギリシャには存在した。それは「執政者」[5]と呼ばれるもので、単純にいえば、人々によって選出される独裁者である。法律に基づく制度のため、その点ではギリシャ人以外の民族に見られる専制的支配と異ならないが、先祖伝来の世襲制によらない点だけは異なる。

この「執政者」の地位に終生あって支配を行う者もいれば、一定の限られた期間だけ、あるいは、特定の仕事を果たすまでの間だけ地位にとどまる者もいた。特定の仕事を果たすまで地位にとどまった例としては、かつてレスボス島のミュティレネ人たちが選出したピッタコス[6]を挙げることができる。すなわちピッタコスは、アンティメニデスと詩人のアルカイオス[7]を首領とする亡命者たちが再びミュティレネに帰って来るのを阻止する目的で選出されたのであった。ピッタコスが独裁者に選出された事実は、アルカイオスが作った宴の歌の中で示されており、「血筋の悪いピッタコスを、皆で寄ってたかって誉めそやし、力も運もない国の独裁者に仕立てた[8]」と非難されている。

1285b

かくして、この種類の単独者支配制は、現在においても過去においても、独裁者を擁する点では［ギリシャ人以外の民族に見られるような］専制的支配に近いものの、[9]支配者が選出され、被支配者は自ら進んで支配に従う点では王制的である。

英雄時代の支配者の場合

さらに、王制的な性格を持つ単独者支配制の例に挙げられる第四の種類は、［ホメ

5　原語は aisymnētēs で、「支配する」を意味する aisymnaō に由来する語である。古代ローマ帝国の執政官に似た地位と考えられることもあるため、このように訳した。

6　第二巻第十二章注22参照。

7　紀元前七―六世紀のミュティレネ出身の抒情詩人。アンティメニデスはその兄弟。

8　アルカイオス「断片」八七（D）。

9　ロスは despotikai einai tyrannikai と修正しており、これに従って従来は「専制的支配である点では独裁制的であるものの」と訳されるのが一般的であったが、写本通りに tyrannikai einai despotikai と読んで訳した。こうすると、「選出される独裁者（一二八五ａ三一―三二）」という先の説明や、アルカイオスの「独裁者」という表現を踏まえた叙述であることが理解できるほか、ギリシャ人と異民族を対比する視点も明瞭になると思われる。

ロスの叙事詩に描かれた］英雄時代に法律に基づいて成立した国制で、人々が自ら進んで支配に従う点と、先祖伝来の世襲制である点を特徴とする。なぜこのような国制が成立したかといえば、最初期の支配者たちは、大衆に対し、さまざまな技術によって恩恵を与えたり、戦争で功績を残したりしたほか、人々をまとめたり、土地を分け与えたりもしたため、人々が自ら進んで支配に従うような王になったからである。それゆえ、王位の後継も、先祖伝来の世襲となったのである。

この種類の王が権限を持ったのは、戦時の指揮と、犠牲の供物を捧げる儀式の中でも祭司の務めに当たらない場合の指揮であるが、これらに加え、裁判で判決を下す役目も果たしていた。裁判で判決を下すとき、宣誓を行わない王もいれば、行う王もいたが、宣誓の方法は王の笏《しゃく》を高く掲げることであった。

かくして、古い時代には、都市部に関することも、それ以外の国内に関することも、そして国外に関することも、ずっと王が権限を握り続けていた。しかし、後の時代になると、王が自ら一部を放棄し、民衆が一部を奪ったため、犠牲の供物を捧げる儀式だけが王の権限に残されて、もはや王制と呼ぶに値しなくなった国家もいくつかある。他方、王制と呼ぶに値する国制があったところでも、王が保持したのは、［ラコニアのように」国外での戦争に関する事柄の指揮権だけだったのである。

以上のように、王制の種類を数え上げると四つある。第一は、英雄時代の王制であり、人々は自ら進んで支配に従うが、王の権限は一定の範囲に限られる。すなわち、王は将軍であると同時に裁判官であり、さらには神事の権限を持つのである。第二は、ギリシャ人以外の民族に見られる王制であり、法律に基づいた世襲の専制的支配である。第三は、「執政者」と呼ばれる支配者を擁する国制で、「執政者」とは、人々によって選出される独裁者である。そして第四は、ラコニア式の王制であり、単純にいえば、世襲制で、終身の将軍が支配する国制である。したがって、いま列挙したような点で、四種類の王制は互いに異なっている。

家政のように支配する王制の場合

しかし、四種類で終わりではなく、第五の種類に挙げられる王制も存在する。すなわち、それぞれの民族やそれぞれの国家がその共同体にとって公共の事柄を決める権限を持つ[10]のと同じように、ただ一人の支配者が［法律に拘束されずに］万事について決める権限を持つ王制である。この王制は、家政に相当する支配方法で成立している。

というのも、ちょうど家政が一つの家を支配する王制であるように、この王制も、一つないし複数の国家や民族を［あたかも一つの家のように］支配する家政だからである。

10 民族や国家は共同体のために法律を制定できるが、その権限そのものは法律に基づかず、いわば自然な自決権として備わっている。家長が家政を行う場合も法律に基づかないので、その点で同様だとアリストテレスは考えている。

第十五章　人間による支配としての王制

二つの問題

以上の事柄からして、考察の対象とするべき王制は、実際上、だいたい二種類に限られることになる。すなわち、いま第五の種類に挙げた王制と、最初に挙げたラコニア式の王制である。というのも、他の王制の多くは、これら両極端の王制の中間に位置するからである。つまり、王の権限が、第五の種類に挙げた全権型王制[1]（絶対王制）よりは少なく、ラコニア式よりは多いわけである。したがって、考察するべき問題は、ほぼ二点にまとめられる。一つは、世襲制にせよ、特定の家系の人物に限られないという意味での交替制にせよ、ラコニア式の王制のように、終身の将軍のような王が存在することは国家のためになるか否かという問題である。もう一つは、全権型王制のように、ただ一人の人物が万事の権限を持つことは国家のためになるか否かという問題である。

1286a

そして、二つの問題のうち、終身の将軍についての考察は、国制の種類の研究というよりもむしろ法律の種類の研究に属する。なぜなら、どんな国制においても、法律によって将軍を終身制にすることは可能だからである。よって、最初に挙げた問題は除こう。他方、問題として残る王制、すなわち王が万事の権限を持つ王制は国制の一種であるから、これについて研究しなければならないし、この国制に内在する難問の全般にわたって検討しなければならない。

法律による支配と人間による支配

この探究の出発点となるのは、最善の法律によって支配されるよりも、最善の人間によって支配される方が国家のためになるか、という問題にほかならない。

そこでまず、王による支配が国家のためになると信じる人々の見解を挙げると、法律は一般的な事柄を言葉で規定するだけで、個別的な状況に対する指示を与えない。

1　原語は pambasileiā。従来の定訳は「絶対王制」であるが、アリストテレスが意図する pam（全部）の意味合いを反映する訳語を当てた。

したがって、どのような分野の術を使う場合であれ、書かれた言葉の規定通りに使い
方を統制するのは愚かなことなのである。それゆえエジプトでは、医者が医術を使う
とき、四日が経過した後には、治療法を何らかの仕方で[2]変更することが許されている
（ただし、四日が経過する前の場合は、医者自身が危険を冒して変更することになる）。
かくして、いまや明らかなように、医術などの術と同じ理由から、書かれた言葉、す
なわち法律に即して支配するだけでは、最善の国制にならないのである。
とはいえ、支配者は、支配術について書かれた言葉、つまり、法律のように一般的
に事柄を規定する［論理的な］言葉も持っていなければならないし、生来、感情的に
なりやすい性質を併せ持つ人よりも、そうではない人の方が総じて［論理性に］優れ
た支配者になる。法律には、こうした感情的な性質がないのに対し、どんな人間の魂
a20 にも感情的な性質が必ず存在する点に問題がある［ゆえに、人間による支配は国家のた
めにならないとの批判もあるだろう］。
しかしながら、人間は感情的になるという批判に対しては、おそらく次のような反
論が可能だろう。すなわち、人間は感情を持っている代わりに、個別の事情について、
法律よりもいっそう優れた仕方で熟慮できるのである。[3]

このように考えてくると、まず法律の制定に関しては、最善の人間が立法者とならなければならないこと、これは明らかである。ただし法律は、逸脱していない場合にのみ最高の権限が置かれなければならないのだから、［たとえ最善の人間が制定したとしても］逸脱している法律には権限がない。

他方、どうするべきかということを、法律では全面的に判断できない場合、あるいは、うまく判断できない場合がある。そのようなとき、やはり一人の最善の人間が支配に当たるべきだろうか、それとも、市民の全員で支配に当たるべきだろうか。なぜ「一人の最善の人間」の他に「市民の全員」という選択肢を加えたかといえば、現実にも市民が集まって裁判や審議を行い、判断を下しているからであるが、こうした判断のすべては個別の事情に関するものである。

確かに、集まってくる市民の一人一人を見れば、いずれの市民も最善の人間より劣るだろうが、国家は多数の人々から構成されている。ちょうど、多数の人々がさまざ

2　ロスはpōsの前にeu（よく）を挿入しているが、その修正に従わない。
3　この主張の哲学的な意義については「解説」参照。

まな食べ物を持ち寄った食事会の方が、単一の料理だけの食事会より優れているのと同じことで、誰であれ一人の人間より、多数者の集まりの方が、多くの事柄を判断するのに優れているのである。

加えて、一般に量の多いものは質が劣化しにくく、多量の水が少量の水より腐敗しにくいのと同様に、多数者の方が少数者より劣化しにくいことも理由に挙げられる。ある一人の人間が怒りなどの感情に支配されれば、判断が劣化するのは避けられないとしても、多数者の場合、同時に全員が怒りに駆られて判断を誤ることは起こりにくいのである。

貴族制の優位

ここでいう多数者は自由人たちであり、法律の規定外になることが必然的な事柄を別とすれば、法律に反する行為を決して行わない人々だと想定しよう。実際のところ、多くの人々がそのような状態でいるのは容易ではないけれども、人間としても市民としても善い人々が多数いると仮定してみよう。このとき、ただ一人が支配に当たるのと、人数は多いものの全員が善い人々であるような集団が支配に当たるのとでは、どちらの方が支配の劣化を招きにくいだろうか。多数者の集団の方であることは明らかではないだろうか。

1286b とはいえ、これに対する異論として、「そうはいっても、多人数だと内紛が起こるのに対し、一人だと内紛は起こらない」との主張がありうる。

しかしながら、この異論に対しては、「その一人も魂が優れているのと同様、多数の人々の魂も優れている［のだから内紛は起こらない］」と、おそらく反論するべきであろう。

以上を踏まえた上で、全員が善い人間であるような複数の人々による支配を貴族制（最優秀者支配制）と見なし、ただ一人による支配を王制と見なすべきだとすれば、国家にとっては、王制よりも貴族制の方が望ましいことになるだろう。この結論は、王の支配が武力を伴うものであってもなくても変わらず、ともかく善い人間であるという点で同質の、複数の人々を得ることさえ可能であれば、貴族制の方が望ましいのである。

そして、かつて貴族制ではなく王制の敷かれていた時代があったのも、おそらく同じ理由に基づくだろう。すなわち、徳の点で傑出した人物を多数見つけ出せることは滅多になかったのであり、とりわけ、往時の人々が暮らした小さな国家ではそうだったのである。また、人々は、自分たちに恩恵を与えてくれたという理由で王を擁立したのであるが、恩恵を与えることは、まさに善い人間だけに可能な、徳の働きだったわけである。

しかし、徳を備えている点で同質の人々が多くなると、もはや人々は王制のもとにとどまることをやめ、何か共同的な運営を求めて国制[4]を打ち立てた。ところが、国制を運営する者たちは次第に劣化し、共同的な運営のための公金を使って私財を増やそうとしたため、ここから寡頭制が出現したのももっともなことである。なぜなら、人々は富を偏重したからである。

この寡頭制から最初は独裁制へと移行し、さらに独裁制から民主制へと移行していった。なぜこのように移行したかといえば、利益を独占しようとする醜い欲望ゆえに、寡頭制は絶えず、より少人数の支配へと向かったので、それに反発する大衆の力を増大させる結果となり、ひいては大衆の蜂起と民主制の出現を招くことになったからである。

そして、国家が以前に比べて大きくなってもいることから、もはや民主制以外の国制が出現することは、おそらく容易ではないだろう。

王制を望む場合の難問

そこで、「寡頭制、独裁制、民主制は逸脱した国制ばかりだから」やはり王制を敷くことが国家にとって最善だと考える論者がいるとすれば、王の子どもたちに関する事柄はどうなるのだろうか。王の一族も同様に王として君臨するべきだろうか。君臨するべきだと考えた場合、もしも王の子どもたちが、どこにでもいるような凡庸な性質の人物になったならば、有害な結果になる。

これに対する異論として、「そうはいっても、凡庸な子どもたちの場合、王には王位を譲る権限があるとはいえ、譲り渡さないだろう」との主張がありうる。

しかしながら、この主張通りになると簡単に信じることなど、もはやできない。というのも、子どもへの王位の移譲をやめるのは難しいことであり、やめるとすれば、

4　貴族制あるいは共和制を指すと考えられるが、単独者支配の王制と対比する意味で、市民たちの「国制」と表現しているのであろう。

人間の本性を超えるほど大きな徳が必要になるからである。

さらには、王制を望む場合、武力をめぐる難問も抱えることになる。すなわち、王として君臨しようとする者は、服従を望まない人々を強制的に従わせられるよう、自分自身の周囲に一種の武力を備えておくべきか、もし備えないとすれば、どのようにして支配を行えるか、という問題である。なぜこの問題が生じるかといえば、たとえ王が、法律に反して自分の望み通りに行為するわけではなく、法律に従って権限を行使するとしても、なお、法律というものを守護するための武力を自分自身に備えておかなければならないからである。

それゆえ、法律の守護という目的に照らせば、この王がどうするべきかを決めるのは、おそらく難しくないだろう。すなわち、法律に従って権限を行使するような王は武力を備えるべきなのであり、その武力は、一人の個人の力や一つの集団の力には優るものの、大衆の総力よりは劣る程度でなければならない[5]。それはちょうど、古い時代の人々が、国家の執政者や独裁者と呼ばれる人物を擁立したとき、護衛として与えた程度の武力に相当する。シチリアの独裁者ディオニュシオス[6]が護衛を求めたとき、ある人がシュラクサイの人々に対し、求めに応じて与えるよう助言した際の護衛も、この程度であった。

5　ロスは hētrō の後に kathestanai（配備する）を挿入しているが、その修正に従わない。

6　第一巻第十一章注12参照。

第十六章　全権型王制の問題

批判的な意見

いまや王制に関する議論は、最善の法律によって支配されるよりも、最善の人間によって支配される方が国家のためになるか否かという問題の検討を終え、「法律に拘束されずに」何でも自分の望み通りに行為する王について考察するところに達したので、その考察を遂行しなければならない。なぜなら、先にも述べたように、「王」[1]と呼ばれる地位が法律に依存している限りでは法律の規定の一種類になり、「王制と呼ぶに値する」国制の一種類にはならないからである。すなわち、ラコニア式の終身制の将軍のような王ならば、どんな国制でも法律で規定すれば存在しうるわけであり、例えば民主制でも貴族制でも可能であるし、現実にも、多数者がただ一人の人物に対して統治の権限を与えている例がある。実際、こうした種類の支配方法はエピダムノス[2]にも存在するし、いくらか権限が小さい形での支配方法とはいえ、オプス[3]にも存在するのである。

それに対し、「全権型王制」（絶対王制）と呼ばれるもの、つまり、王が万事を自分の望み通りに支配する制度は、国制の一種類にはなるものの、批判的な意見が存在する。ある人々の見解によれば、国家が同質な市民たちで構成されている場合、全市民の中でただ一人の人物が最高の権限を握るのは自然に反する。なぜなら、自然本性において同質な人々に同じものを配分してこそ正義になるのが必然であり、つまりは、同質な人々が自然本性に基づいて同じ価値評価を受けなければならないからである。したがって、例えば身体の大きさに関しても、対等ではない体格を持つ人々に対等な量の食物が配分されたり、対等な大きさの衣服が配分されたりすると身体にとって有害になるわけだから、「人間としての価値の大きさに関わる」名誉ある公職の配分に関しても事情は同じなのである。同様に、今度は対等な人々が対等ではない配分を受け

a10

1　前章一二八六a二―四で述べられている。
2　第二巻第七章注13参照。
3　ギリシャ中央に位置するロクリス地方の主要都市。

ると、やはり有害になる。だからこそ、対等な市民たちの間では、支配されることと同等に支配することにも参与するのが正しいのであり、つまりは交替制で順番に支配したり支配されたりするのが正義にかなうのである。

しかし、この交替制のしくみはもはや法律が定める事柄である。というのも、そうした秩序規定こそが法律だからである。それゆえ、交替制のしくみのように法律で規定できる部分に関しては、市民の中の誰か一人による支配よりも、法律による支配の方がそもそも望ましい。これと同じ論理に基づけば、複数の市民たちによる支配についても次のようにいえる。すなわち、一人よりも何人かの公職者たちによる支配の方が優れているとしても、その公職者たちは［何でも望み通りに行う支配者としてではなく］法律の守護者ないし法律の手下として任命されなければならないのである。

ある人々が以上のような見解によって全権型王制を批判し、ただ一人の人物による支配は正義に反すると主張するのは、少なくとも全市民が同質な場合、何人かの市民たちが公職に就いて支配に当たる必要があるからにほかならない。

法律による支配の利点

しかしながら、法律では規定できないと考えられる個別的な事柄の一切は、人間にとっても、どうするべきかを知りえない事柄だろう［から、その点で法律が人間より劣るわけではない］。むしろ法律は、そのような事柄への対応に適した教育を支配者たちに与えることにより、法律の規定には含まれない事情に関して、支配者たちが「できる限り正義にかなう信条をもって」[4]判断し、統治に当たるべく定められているのである。加えて、法律で定められた内容よりも、むしろこうした方が善いと、経験に基づいて判断される場合が何かあれば、その判断に従って法律を改正することも法律は許容している。

それゆえ、法律による支配を意図する者は、神や知性だけに支配を命じていると思

4　『弁論術』第一巻第十五章一三七五a二九―三一によれば、この文言は、アテナイの法廷で事案について判断する際、依拠する法律がない場合に裁判員が宣誓で述べる言葉である。「信条（gnōmē）」は、成文化された規則や法律に対置される個人の思いや見解で、本書第二巻第九章一二七〇b二九―三〇、同巻第十章一二七二a三九の「自分の信条（autognōmē）」も同義。

われるのに対し、法律ではなく人間による支配を意図する者は、それに加えて獣による支配までも暗に命じていることになってしまう。なぜなら、人間が持つ欲望は獣のような性質のものだからである。また、人間が持つ情意[5]は支配者たちを誤った方向へ向かわせるのであり、そのことは、支配者たちが最善の人々の場合でも変わらない。まさにその点で法律は人間と異なっており、法律は欲望や情意のような欲求を伴わない知性そのものなのである。

このように、法律を用いた支配術には一定の利点があるわけだから、その欠点を指摘しようとして他の術を典型的な例に挙げるならば、かえって偽りの例になると考えられる。例えば、医術書の文言通りに行われる治療は拙劣であるゆえ、医術を持った人間に診てもらう方が望ましいというような例[6]の挙げ方は「支配術との差異を無視しているため」偽りになるのである。なぜなら医者の場合、友愛の情意に動かされて、つい医術の理論に反した治療を行ってしまうなどということはなく、理論に従って患者を健康にすることで報酬を受けるからである。それに対し、国家の公職に就いて支配に当たる人々の場合、支配術の理論に従うのではなく、悪意や好意の感情に動かされて多くのことを実行するのが常である。このような違いがどこから生じるのかといえ

a30

ば、医術の場合、たとえ患者が医者を疑い、敵に買収されたため治療を装って自分を殺害しようとしているのではないかと想像したとしても、そのときには、むしろ医術書の文言通りに治療するよう要求することが可能な点である。[7] a40

とはいえ、医者自身が病気になったときには、確かに他の医者を呼ぶ［ので、医術書ではなく人間に頼るかのように見える］。1287b また、体育の指導者にしても、自分自身が身体の鍛錬を行うときには、他の体育の指導者を呼ぶ。それは、自分自身のことについて、しかも楽ではない状態の中にあって、どうするべきかを判断しなければならないゆえに、自分では正しい判断ができないと考えるからにほかならない。したがって、こうした例から明らかなように、人々が正しいことを求めるとき、求めているのは［頼りになる人間ではなく、感情に左右されない判断という意味での］中庸なのである。

5　従来、「気概」と訳されることの多かった thȳmos を「情意」と訳した。アリストテレスが考える thȳmos は欲求の一部であり、理知的な願望と肉体的な欲望の間に位置する。

6　前章一二八六a一二―一六で挙げられた例。

7　それに対し政治の世界では、敵に買収された者が支配術を装って殺害を企てる場合があるということ。

つまり、法律というものは、この意味での中庸にほかならない。

さらには、言葉で書かれた法律（成文法）よりも慣習的な法律（慣習法）の方が物事を決める力で優る上、決められる事柄の重要性の点でも優る。このことを踏まえると、たとえ成文法による支配より人間による支配の方が安全で堅固だとしても、慣習法より堅固だというわけではないのである。[8]

多数者による支配の利点

しかしまた、法律による支配に利点があるというばかりではなく、一人で多くの物事を監督するのは容易ではないという事情も、全権型王制を批判する理由になる。一人で監督するのは容易ではないゆえに、その一人が多くの人々を支配者に任命しなければならなくなるだろうから、結局のところ、このように一人が多くの支配者を任命する方法と、最初から多くの支配者が任命されて運営する方法とでは何が違うというのだろうか。さらに、一人による支配が批判される理由はもう一つあり、先にも述べたように、[9]有徳者は他の人々に優るがゆえに支配者となることが正しいのならば、今度は、二人の善い人物の方が一人の善い人物に優るということである。すなわち、こ

b10

のことこそ、「二人で一緒に行けば[10]「どちらかが賢策を先に思いつく」」や、アガメムノンが語った「私に、こんな相談相手が十人いてくれたらどんなによいだろう[11]」という願いの意味するところなのである。

そして現実にも、一人ではなく複数の公職者が判断の権限を持っている場合がある。裁判員がその例であり、法律では規定し尽くせない個別の事柄に関しては、複数の人々で判断するのである。なぜこうなったのかというと、少なくとも、法律で規定できる事柄に関しては、最善の支配と最善の判断を法律が果たすことに誰も異議を唱えないからである。しかしながら、法律の規定に取り込まれうる事柄が存在する一方、

b20

8　この説明に従う限り、慣習法による支配、人間による支配、成文法による支配の順に堅固だということになる。

9　本巻第十三章一二八三b二一―二三で述べられている。

10　ホメロス『イリアス』第十歌二二四。ギリシャ軍の英雄の一人であるディオメデスが、トロイア軍の中に忍び込もうと考えて語った台詞。

11　ホメロス『イリアス』第二歌三七二。トロイアとの戦い方について、ギリシャ軍の武将の一人であるネストルが与えた助言に対し、アガメムノンが応答した台詞。

取り込まれえない事柄も存在するため、そのことに起因して、最善の法律による支配と最善の人間による支配とでは、どちらの方が望ましいかという問題の提起と探究が行われるわけである。なぜこの問題が避けられないのかといえば、国家の運営のために審議される事項は、まさに法律で規定不可能な個別の事柄だからである。したがって、全権型王制のような一人の人間による支配に反対する人々は、法律で規定不可能な事柄について人間が判断する必要はないという理由で反対しているわけではなく、判断を行う人間が一人ではなくて多数であるべきだという理由で反対しているのである。

実際、［支配者の質の面から見て］法律の定めによる教育を受けた複数の支配者たちは、個々人が適切な判断を行える。また、［支配者の数の面から見て］ある一人の人間が両目と両耳で判断し、両足と両手で実践する方が、多数の人間の持つ多数の目、耳、手、足を使って物事を見極めた上で実践するよりも優ることなど、おそらくありえないと考えられるだろう。なぜなら、現実にも単独支配者が、多数の人々を自分の目、耳、手、足として使っているからである。つまり、単独支配者は、自分に対しても支配の仕方に対しても好意的な人々を友として集め、共同支配者に仕立てているのが現実なのである。

かくして、いまの共同支配者の例からわかるように、集められた人々が友ではなかったならば、単独支配者の意図通りには行為しないだろう。そう考えると、それらの人々は確かに単独支配者の友であり、支配の仕方に対しても好意的なわけである。そして、友である以上は、単独支配者と対等で同質の人間である。それゆえ、単独支配者がそれらの人々も支配者になるべきだと考えたからには、結局のところ、対等で同質の人々は、同じように支配者になるべきだと考えていることになる［から、一人ではなく多数者による支配を支持していることになる］。

王制に対して異議を唱える人々の主張は、だいたい以上の通りである。

第十七章　全権型王制が適する条件

自然本性と国制の相関

けれども、国制に関する以上の議論は、おそらく、ある人々についてはこの通りのことが当てはまるが、ある人々については当てはまらない。なぜなら、国家のためになる正しい国制というものは人々の自然本性によって異なり、主人による奴隷の支配のような専制的支配が適する場合もあれば、王制が適する場合、あるいは、市民が交替で支配する市民的支配[1]が適する場合もあるからである。しかし、独裁制は自然本性に即した国制ではありえないし、独裁制以外でも、およそ逸脱した国制に属するものは自然本性に即していない。というのも、それらの国制は人間の自然本性に反して生 b40
じるからである。

とはいえ、少なくとも以上の議論からして明らかな点がある。すなわち、同質で対 1288a
等な人々の間では、ただ一人の人物が万事の権限を握ることは正しくないし、国家のためにもならないという点である。このことは、全権型王制（絶対王制）のように法律が存在せず、いわば支配者自身が法律となる場合であっても、法律が存在する場合であっても変わらない。また、支配者と被支配者が、ともに善い人間という意味で同質の場合であっても、ともに善くない人間という意味で同質の場合であっても変わらない。

さらには、支配者が被支配者より徳の点で優っている場合であっても、ある特別な仕方で優っているのではない限り、ただ一人の人物が万事の権限を握ることは、やはり正しくないのである。そこで、その特別な仕方（先にも既に、ある程度は述べた[2]）とはどのようなものかを説明しなければならない。

特別な仕方とは

しかし、その特別な仕方を述べるために、まず明確にしておかなければならないこ

1　本巻第四章注8参照。
2　本巻第十三章一二八四a三―一一で述べられている。

とがある。それは、［三つの正しい国制である］王制、貴族制、共和制のそれぞれに適する人々の集団とはどのようなものかということである。

このうち王制に適するのは、国家運営の主導者に向いた徳に関して、優越した一族を生み出すような自然本性を持つ人々の集団である。また、貴族制に適するのは、市民的支配を主導する［少数の］有徳者たちが［多数の］自由人たちを支配するとき、その支配に従うことのできる多数者[3]を生み出すような自然本性が備わった人々の集団である。さらに、共和制に適するのは、支配されることも支配することもできる多数者[4]が、戦士[5]になるべき人間として生み出されるような自然本性を持つ人々の集団である。この集団では、［重装歩兵用の武具を備えうる］富裕者たちに対し、個々人の［財産の］価値に応じた公職を配分するよう法律が定める。[6]

それゆえ、ある一族の全体にせよ、一族とは無関係なある一個人にせよ、ともかく徳の点で、他のあらゆる人々をしのぐという特別な仕方で優越しているときには、その一族が王族となって［世襲で］万事の権限を握るか、その一個人が［選出された］王となって万事の権限を握ることは正義にかなう。なぜなら、先に述べたように[7]、貴族制、寡頭制、そして民主制のいずれにせよ、国制を確立しようとする人々が常に持ち出す正義に従えば、このような結論になるからである。つまり、［徳や富など］何の優越に着目するかは同じではないにしても、何らかの優越に基づいて公職を要求する点では、国制を確立しようとする人々の全員が一致しているのである。

しかし、正義に関する議論に基づくだけではなく、飛び抜けた人間の扱いに関する先の議論[8]に基づいても同じ結論になる。すなわち、［市民の平等を実現するために］徳の点で傑出した人物を死刑に処したり、国外追放ないし陶片追放の対象にしたりすることは決して適切ではないし、さりとて、交替制の支配制度の中で支配に服させるのがふさわしいと考えることも適切ではない。なぜなら、部分（個人）が全体（国家）

3　ロスは genos（一族）と修正しているが、写本通りに plēthos と読む。
4　ロスは genos（一族）と修正しているが、写本通りに plēthos と読む。
5　ロスは politikon（市民の）と修正しているが、写本通りに polemikon と読む。
6　戦士や武器の所有者が共和制の構成者となることについては、本巻第七章一二七九a三七—b四を参照。
7　本巻第十三章のほぼ全体が該当するが、とくに一二八三a二九—四二で述べられた内容。
8　本巻第十三章一二八四b二八—三四の議論。

を超えるなどということは本来ありえないのだが、いま述べたほど傑出した人物の場合には、そうした超越が起こっているからである。したがって、唯一残された方法は、特別に傑出した人物を支配者とし、他の人々は納得して支配に従うとともに、交替制の支配制度によらず、その人物が無条件に最高の権限を持つようにすることである。

さて、ここまでの王制論では、どのような種類があるか、王制は国家のためになるか、それともならないか、国家のためになる場合には、どのような国家がどのような条件を備えているときにそうなるのかということを、以上のように規定したものとしよう。

第十八章　最善の国制に関する議論への序章

徳のための教育や習慣づけ

私たちの主張によれば、三種類の正しい国制（王制、貴族制、共和制）が存在し、その中でも最善の国制は、最善の人々によって担われるのでなければならない。その最善の国制では、［支配者となる］ある一人の人物か、ある一族の全体か、あるいは多数者の集団が、徳の点で他の誰よりも優っており、かたや被支配者は最も望ましい生を目指して支配に服することができ、かたや支配者は最も望ましい生を目指して支配に当たることができる状態にある。そして、徳に関する最初の議論で示したように[1]、人間の徳と、最善の国家を構成する市民の徳とは、必然的に同じになる。

それゆえ、人間を有徳にする方法や手段は、結局のところ、貴族制の国家なり、王制の国家なりを構築する方法や手段と同じになることは明らかである。したがって、
1288b 教育にしても、習慣づけにしても、有徳な人間を作る場合と、［貴族制の］市民的支

配を行う者や王制の支配を行う者を作る場合とでは、ほぼ同じものになるだろう。[2]

以上の事柄が規定されたので、いまや最善の国制を主題に据え、それが本来どのような仕方で生じ、どのようにして確立されるかということを論じるよう努めなければならない。[3]

1　本巻第四、五章の議論。

2　原語は politikon。「国家の運営者」を意味する politikos の変化形として頻出するが、前章一二八七b三八―三九では「市民的支配」を指している。とくに前章一二八八a九―一二では「市民的支配（politikē arkhē）」という明確な表現が貴族制と結び付けられているため、ここでも同様に解釈した。

3　本章が不自然に短い文章であることをめぐる問題については「解説」参照。

第四巻　王制以外の諸国制と現実的な最善の国制

第一章　国制の研究は何を仕事とするか

四種類の問題

どんな分野の技術ないし学問であっても、部分的に成立しているのではなく、一つの類をなす対象の全体にわたって完成しているとき、その各類に当てはまる問題の考察は、すべて一つの技術ないし学問の仕事ということになる。例えば、身体の訓練という一つの類に関する体育術ないし体育学の場合、どのような身体にはどのような訓練がよいかという［相対的な］問題に加え、最善の訓練とはどのようなものかという［絶対的な］問題も、同じく考察の対象となる。というのも、生来の身体的素質が優れているだけではなく、訓練に必要な環境の面でも最善の条件を備えている場合には、必然的に最善の訓練が適するからである。また、最善の訓練ではないが、万人にとって、たいていの場合に有効な一つの［標準的な］訓練とはどのようなものかという問題も、考察の対象となる。なぜなら、この問題を考えることも、体育術ないし体育学の仕事だからである。さらには、ある者が、体育術で育成される身体の性状も、体育学から得られる知識も、競技選手になるのに十分なほどのものは望まない場合、「最善を望まない」ということを前提として、［前提付きで］その者の要求に応じた体力をつけさせることも、やはり体育教師や体育指導者の仕事になる。こうしたことは、私たちが目の当たりにしているように、医術、航海術、衣服制作術[2]を含め、あらゆる技術において同様に起こっている。

したがって、国制を研究の対象とするときにも、以下のいずれの問題にせよ、同一の学問の仕事になることは明らかである。第一に、最善の国制とはどのようなものかという［絶対的な］問題である。いい換えれば、外的な妨げが何もなく[3]、最も私たち

1　何かを作る技術と、何かを理論的に考える学問は、しばしばアリストテレスの哲学体系の中で峻別されるが、政治術と政治学は不可分ゆえに、ここでは一体性が意識されている。

2　医術と航海術はしばしば技術の例に挙げられるが、ここで衣服制作術に言及されたのは、最善の衣服のほかに、身体の大きさに応じた衣服や万人向きの標準的な衣服を作る仕事が思い浮かべやすいからであろう。

3　「外的な善」の面で不足がないという意味で、好条件がそろっているということ。

の願い通りに構築される国制はどのような性質のものになるかという問題である。第二に、どのような人々にはどのような国制が適するかという「相対的な」問題である。なぜこの問題を立てるかといえば、幸運にも最善の国制を享受するということは、おそらく多くの人々にとって不可能だからである。それゆえ、善い立法者や真の意味での国家の運営者は、絶対的な最善の国制に加え、現実に与えられた基礎条件のもとでの最善の国制についても考えることを忘れてはならない。そして第三に、ある種の国家の場合には、いま挙げた二つの意味の「最善の国制」のいずれも目指せないということを前提として、国制の問題を考えなければならない。なぜこの問題を第三に立てるかといえば、いま現実に与えられてある国制についても、最初はどのような経緯で生じたかということや、今後どのような状態になれば最大限の期間にわたって存続するかということを、善い立法者や国家の運営者は研究できなければならないからである。つまり、ある国家が、最善の国制のもとに運営されていないばかりか、最善の国制を実現するための必要条件も備えておらず、さらには、現実に与えられた条件のもとで実現可能なはずの最善の国制にも到達せず、むしろ劣った国制を持っている場合、「最善を望めない」ということを前提として、「前提付きで」国制を考えなければならないという意味である。

そして、以上の三つの問題すべてのほかに、どんな国家にも最大限に適する［標準的な］国制について知るという課題にも取り組まなければならない。[4]というのも、国制について意見を表明している人々の多くは、他の点では適切に語っているにせよ、実用性のある事柄を語るという点では失敗しているからである。なぜ実用性を問題にするかといえば、国制の研究では、最善の国制についてだけではなく、実現可能な国制についても考えなければならないし、同じ理由により、あらゆる国家にとって、より容易に実現でき、より共有しやすい国制を考えなければならないからである。

しかし現実はどうかといえば、論者のうちのある者は、多くの好条件を必要とする最高の国制だけを追い求めているし、ある者は、比較的共有しやすい国制について論じてはいるものの、現行の国制を全否定し、ラコニアの国制やその他の国制を賞讃している。

けれども、行わなければならないのは、そうしたことではなく、現行の国制を母体

4　ロスは hōsth'（したがって）と修正しているが、多くの写本に従って hōs と読む。

として、容易に人々が納得もすれば、参与することもできるような制度を導入することである。というのも[6]、国制を正しい方向へと立て直すことは、一から国制を作り上げることに劣らないほど困難な仕事だからである。それはちょうど、学び直すことが、一から学ぶことに劣らないほど困難なのと似ている。

それゆえ、国家の運営者は、これまで述べた最善の国制を目指すだけではなく、現行の国制に対して助力を与えることもできなくてはならない。それは、先にも述べた通りである[7]。そして、国制の種類がいくつあるかを知らないでいれば、この仕事を果たすことはできない（現実には、民主制は一種類しかないとか、寡頭制は一種類しかないとか、思い込んでいる人々も存在するが、それは真実ではない）。したがって、それぞれの国制の種類がどれくらいあるかということや、それらの組み合わせ方がどれくらいあるかということを認識せずにいてはならないのである。

法律と国制の関係

また、国制の種類を区別するのと同じ認識能力を用いることによって[8]、［絶対的な］最善の法律も、それぞれの国制に適した［相対的な意味で最善の］法律も見て取らなければならない。というのも、法律は国制に合わせて制定されるべきであり、実際、すべての法律がそうなっているからである。つまり、法律に合わせて国制が構築されるべきではないのである。

なぜ法律と国制の関係がこのようになるかといえば、かたや国制は、それぞれの国家にとっての、支配に関わる公職の組織体制であり、公職がどのような仕方で配分されるか、国制上の最高の権限はどこに置かれるかといった事柄の規定を通じて、それぞれの国家共同体が目指す「目的」は何かということを示すのに対し、かたや法律は、国制の本質を示す事柄からは離れたものだからである。すなわち法律は、支配者が支配を実行したり、不法行為を取り締まったりする際に従うべき規則にすぎないのである。このような国制と法律の関係からすれば、それぞれの国制にはどのような種類があるかということや、それらを数え上げれば[9]いくつあるかということを把握するのは、

a20

5　ロスは kanizein（新たにする）と修正しているが、有力な写本に従って koinōnein と読む。

6　ロスは hōst'（したがって）と修正しているが、写本通りに hōs と読む。

7　本章一二八八b二八―三〇で述べられている。

8　ロスは esti（存在する）と修正しているが、写本通りに meta と読む。

明らかに、法律の制定のためにも必要不可欠である。なぜなら、民主制にせよ寡頭制にせよ、一つしか種類がないわけではなく、複数の種類があるからには、同じ法律があらゆる種類の寡頭制に有効であるとか、同じ法律があらゆる種類の民主制に有効であるとかいうことはありえないからである。

9　ロスは horismon（定義）と修正しているが、写本通りに arithmon と読む。

第二章　残る研究課題の列挙

共和制などの検討へ

国制についての最初の探究の中で、私たちは三種類の正しい国制、すなわち、王制、貴族制、共和制を区別した。[1] また、それらからの逸脱である三種類の国制、すなわち、王制から逸脱した独裁制、貴族制から逸脱した寡頭制、共和制から逸脱した民主制を区別した。その上で、貴族制と王制については既に述べた[2]（なぜこれらの国制を先に扱ったかといえば、最善の国制について研究することは、実質的には「貴族制」や「王制」の名で呼ばれる国制を研究することと同じだからである。すなわち、それらのいずれも、国家にとっての必要条件を備えつつ、徳に基づく国制の構築が目指されるゆえに、最善なのである）。さらには、貴族制と王制は互いにどこが異なるかということ[3]、どのようなときに王制を採用するべきかということも先に明確にした。[4] そこで、残っているのは、共通の呼称である「国制（ポリーテイアー）」と同じ名で呼ばれる「共和制[5]（ポリーテイアー）」と、その他の国制、すなわち、寡頭制、民主制、独裁制について詳しく検討することである。

逸脱した国制の優劣

さて、この寡頭制、民主制、独裁制を比較したとき、逸脱の質には差があり、どれが最も悪い逸脱であるか、また、どれがその次に悪い逸脱であるかは明瞭である。すなわち、第一に挙げられる最も神的な国制から逸脱したものが最悪となるのは必然であって、王制こそは、名ばかりのものを除けば、支配者たる王の大いなる優越によっ

1　第三巻第七章で区別が示されている。
2　第三巻第十四―十七章で述べられている。
3　第三巻第七章一二七九a三二―三五、同巻第十五章一二八六b三―七で述べられている。
4　第三巻第十七章一二八八a一五―二九で述べられている。
5　本巻第八章一二九三b三三―三六によれば、寡頭制と民主制が混合した国制で、民主制的な性格の強い場合に「共和制」と呼ばれるため、これら三種類の国制は密接に関連して論じられる。

て成立するのであるから、それから逸脱した独裁制は、国制と呼べるものから最も懸 1289b
け離れているという意味で最悪なのである。[6]次に悪いのは寡頭制であるが、その理由に挙げられるのは、模範とするべき貴族制が寡頭制から既に大きく隔たってしまっていることである。それに比べ、民主制に見られる共和制からの逸脱は極端なものではなく、その意味で最も穏健である。

確かに、先人たちの中にも、このような意見を述べた人物[7]は既にいたが、私たちとまったく同じ見方をしたわけではない。その人物の判定によれば、国制の序列には二種類の見方がある。すなわち、寡頭制にも他の国制にも何らかの効用があると考えて、優れた独裁制、優れた寡頭制、優れた民主制を比べた場合、民主制は最悪の国制ということになるものの、劣った独裁制、劣った寡頭制、劣った民主制を比べた場合、民主制は最善の国制ということになるのである。しかし私たちとしては、二種類の見方があるとは考えず、三つの国制は総じて誤っていると主張する。それゆえ、ある種類の寡頭制は別の種類の寡頭制より「優れている」と述べるのは適切ではなく、前者は後者ほど「悪くはない」と表現するべきなのである。

五種類の問題

しかしながら、目下のところは、こうした優劣の判定から離れよう。私たちが明確にしなければならないのは、第一に、民主制にも寡頭制にも複数の種類があるのならば、それぞれが国制としていくつの種類を持っているかという問題についてである。第二に、第一の問題の考察で明らかにされた民主制と寡頭制の種類のうち、最も広く共有されうる［標準的な］国制はどのようなものであり、最善の国制の次に望ましい国制はどのようなものかという問題についてである。また、さらにそれ以外に、［民主制と寡頭制が混合されることにより］幸運にも貴族制的な性格を備えつつ、適切に構築された国制がもしも存在し、なおそれが大多数の国家に適しうる［標準的な］国制ならば、それはどのようなものかという問題も含まれる。[8] [9] [10]

6　最悪であるゆえに、以降の考察では、目指すべき国制として独裁制が論じられることはない。

7　プラトン『政治家』三〇二E―三〇三Bにおいて、「エレアからの客人」が述べている。

8　この表現は本巻第一章一二八八b二五で「最善の国制」に関して用いられており、実現する可能性が小さいことを示している。

第三に、第二の問題の考察で扱う国制とは別に、どのような国制がどのような人々
にとって望ましいかという［相対的な］問題がある。なぜこれが問題になるかといえ
ば、おそらく、ある人々にとっては寡頭制より民主制が必要で、ある人々にとっては
民主制より寡頭制が必要だという事情があるかもしれないからである。これらの問題 b20
に続いては、第四に、いま述べた国制、つまり、それぞれの事情に応じた種類の民主
制、あるいは寡頭制を目指す場合、どのような仕方で構築するべきかという問題が
ある。

そして最後の課題として、第五に、以上のすべての論点を可能な限り簡潔に記した後で、国制がどのようにして消滅するかということや、どのようにして存続するかということを明らかにする必要がある。その際には、すべての国制に共通する観点からも、国制ごとの個別の観点からも詳しく論じるとともに、そうした消滅や存続が本来どのような原因によってとりわけ起こりやすいかという点についても論じるよう努めなければならない[11]。

9　本巻第八章一二九三b三四―三八によれば、寡頭制と民主制が混合した国制で、寡頭制的な性格の強い場合に「貴族制」と呼ばれるため、これら三種類の国制は密接に関連して論じられる。

10　ロスは hama de（しかし同時に）と修正しているが、写本通りに alla と読む。

11　第一の問題は本巻第四―六章、第二の問題は本巻第十一章、第三の問題は本巻第十二章、第四の問題は本巻第十四―第十六章と第六巻、第五の問題は第五巻で論じられる。

第三章　なぜ国制には多くの種類があるか

国家の部分と国制の関係

さて、多くの種類の国制が存在する理由は何かといえば、どんな国家でも、部分を数え上げると多くの部分が存在することである。すなわち、私たちが目の当たりにしているように、どんな国家であっても、まずは家々から構成されているのであり、それから今度は、多数の家々の中に富裕層、貧困層、中間層が必ず存在し、富裕層は武器を所有しているが、貧困層は武器を所有していない。さらに「貧困層である」民衆は、私たちが実際に見ているように、農民、商人、職人に分かれる。また、「富裕層である」名士たちにも富や財産の大きさに基づく違いがあり、例えば、馬を飼っているか否かという点での違いがある。なぜなら、資産家でなければ、馬を飼うのは容易ではないからである。だからこそ、古い時代、武力を騎馬に依存していた国家では、どこでも寡頭制であった。例えば、エレトリア人[1]、カルキス人[2]、マイアンドロス河沿いにいたマグネシア人、[3]さらにはアジア一帯の多くの民族がそうであり、隣国との戦争には馬を用いていたのである。 b40

また、こうした富に基づく違いの他にも、名士たちには生まれの善さや徳に基づく 1290a
違いがあり、さらにこの種のものとして、貴族制論の中で国家の部分として言及した他の要素[4]に基づく違いもありうる。すなわち、貴族制について論じた際、あらゆる国家が必要不可欠な部分をいくつ持つかということを、私たちは規定したのであった。[5]そして、それらの必要不可欠な部分のすべてから成る国制もあれば、より少ない部分

1　エレトリアは、エーゲ海西部にあるエウボイア島の都市国家。

2　第二巻第十二章注13参照。

3　第二巻第九章注6参照。

4　第三巻第十三章一二八三a二五、同巻第十八章一二八八b一で言及される「教育」を指すと考えられる。実際、次章一二九一b二九では、名士を種類分けするときの特徴として富、生まれの善さ、徳、教育が列挙される。

5　どの論述を指すのかが明瞭ではないが、おそらく、第三巻第十二章一二八三a一四—二二と同巻第十三章の全体を指すと考えられる。

から成る国制、あるいは、より多い部分から成る国制もある。それゆえ、いまや明らかなように、こうした事情から、互いに種類を異にする複数の国制が必然的に存在するのである。つまり、国家の部分そのものに種類の違いがある以上、種類の違う複数の国制も存在するわけである。

なぜ国家の部分が国制に関わってくるのかといえば、国制とは支配に関わる公職の組織体制であり、すべての公職の配分は、公職に参与する人々の能力、あるいは、公職に参与する人々に共通な性質の対等性に基づいて行われるからである（つまり、貧困者と富裕者の間に能力の差を認めて［非対等に］配分したり、両者に共通する［自由のような］要素に基づいて［対等に］配分したりするという意味である）。したがって、公職の組織体制の作り方というものが、国家の部分となる人々の優劣の差や何らかの違いを根拠とするゆえに多数の種類になる以上、その数だけ国制の種類も必ず存在するのである。

二種類をもとにする考え方

しかし一般に、国制は主に二種類しかないと考えられている。それはちょうど、風の種類を挙げるとき、一方は北風、他方は南風と分け、他の風はこれらからの派生であるといわれるように、国制の場合も民主制と寡頭制の二種類しかないといわれるのである。というのも、一般的な見方では、貴族制は少数者支配（オリガルキアー）の一形態であるゆえに寡頭制（オリガルキアー）の一種であり、「共和制」と呼ばれる国制は多数者支配の一形態であるゆえに民主制の一種だからである。これは、風の種類でいえば、西風が北風の一種と見なされ、東風が南風の一種と見なされるのと同じである。[6]そして、同様のことは音階にも当てはまると主張する人々が存在する。すなわち、その人々はドーリス旋法とフリギア旋法の二種類の音階だけが存在すると見なし、他の音列の組織をそれらの一種と見なして「ドーリス調」や「フリギア調」と呼ぶのである。

かくして、国制に関しても二種類をもとにしてとらえることが、最も人々に定着した習慣になっている。しかしながら、［逸脱を認める］私たちのとらえ方こそ、いっそう真実に近く、いっそう優れている。すなわち、立派に構築されている国制は二つか

6　『気象論』第二巻第六章三六四ａ一九―二二では、この通りの説明が行われている。

一つであり、他の国制はそこからの逸脱である。その中には、複数の音階が混合されたかのように[7]複数の国制がうまく混合された［貴族制や共和制のような］[8]国制からの逸脱もあれば、最善の国制からの逸脱もある。すなわち、逸脱した国制の中でも、厳しい緊張感を感じさせる音階に[9]近く、より専制的な性格を持つのが寡頭制であるのに対し、ゆったりとした調子の音階に近く、柔和な性格を持つのが民主制なのである。

7　この文と次の文では、国制を音階に譬えた表現が続く。

8　前章注5、注9参照。

9　第八巻第五章注22参照。

第四章　国家の部分の枚挙、制度から見た民主制の種類

なぜ支配者の数では規定できないか

さて、民主制とは何かということを考えるとき、今日、ある人々が習慣としているような単純な仕方で、「多数者である大衆が最高の権限を握る国制」[1]と見なすべきではない。というのも、「少数者支配」を意味する寡頭制においてであれ、どんな国制においてであれ、何らかの意味で大勢を占める部分[2]が最高の権限を握ることに変わりはないからである。また、寡頭制とは何かということを考えるときにも、「少数者が最高の権限を握る国制」と見なすべきではない。なぜなら、仮に市民が全部で千三百人いて、そのうちの千人が富裕者、三百人が貧困者であるとした場合、自由人である点でも他の点でも両者が同質であるにもかかわらず、多数を占める富裕者が貧困者に公職を分け与えないとき、この市民たちが「民主制」で治められているとは誰も主張しないだろうからである。同様に、貧困者が少数にもかかわらず、多数を占める富裕

者より優位に立っているとき、[3]貧困者だけが公職に就いて、他の富裕な人々には名誉ある公職に参与させなかったとしたら、このような国制を指して「寡頭制」と呼ぶ者はいないだろう。 a40

したがって、むしろ次のように説明するべきである。すなわち、自由を持つ自由人 1290b
が最高の権限を握っているとき、その国制は民主制であるのに対し、富を持つ富裕者が最高の権限を握っているとき、その国制は寡頭制である。ただ、民主制では最高の権限を握る自由人が多数者として存在し、寡頭制では最高の権限を握る富裕者が少数

1　プラトン『政治家』二九一Dにおいて、「エレアからの客人」は、ほぼこのように民主制を説明している。

2　原語は to pleon meros。「より大きな部分」を意味するが、必ずしも過半数の市民を意味するわけではないため、こう訳した。例えば寡頭制では、富裕者の富の総和が全市民の財産の半分を超えるという意味で、富裕者が大勢を占めると考えられる。

3　どのような意味で優位に立つのかが示されていない点は、第三巻第十三章一二八三b二三―二七の論述と共通する。武力のような強制力による優位とも考えられるが、単に思考上の仮想状態を提示しているのかもしれない。

者として存在するという事態が結果的に付随するのであって、この原因は、もともと自由人は多く、富裕者は少ないことにある。こうした事態の付随関係を見逃すと、ちょうどエチオピアでの実施が伝えられるように、[4]身体の大きさに基づいて公職を配分する場合でさえ、寡頭制ということになってしまうだろう。あるいは、容姿の美しさに基づいて公職を配分する場合でさえ、寡頭制ということになってしまうだろう。なぜなら、容姿の美しい人にせよ、身体の大きな人にせよ、数としては少ないからである。

とはいえ、これら二つの国制を規定するとき、自由と富［のような原理］を挙げるだけでは十分ではない。民主制にせよ、寡頭制にせよ、国制の特徴となる部分はもっと多く存在するのだから、さらに細かく区別してみるべきである。なぜなら、例えば自由人が少数者として存在し、自由人ではない多数者を支配している場合は、民主制と見なすべきではないからである。実際、このような例がイオニア湾に位置するアポロニア、[5]あるいはテラに[6]存在する。なぜこうした状態になったのかといえば、どちらの国家でも、公職に就いたのは、生まれの善さという要素で際立っていた人々、つまり、最初の入植者の家系に属する人々だったからであり、この人々は多くの住民たち

b10

の中で少数者になったのである。また、富裕者が支配している場合でも、人数の多さで優越するゆえに権限を握っているのならば、寡頭制と見なすべきではないが、このような例が昔のコロフォン[7]にはあった。なぜコロフォンではこのような状態になったのかといえば、リディアとの戦争[8]が発生する以前、多数の人々が莫大な財産を所有していたからである。しかし、以上挙げた例のようにではなく、自由人かつ貧困者が多数者となって支配権を握るときに民主制となり、富裕者かつ生まれの善い人々が少数者となって支配権を握るときに寡頭制となるのである。

4　ヘロドトス『歴史』第三巻第二十章の記述を指すと考えられる。
5　ギリシャ北西部の都市国家。
6　エーゲ海南部のキュクラデス諸島に属する島。
7　小アジアのイオニア地方にあった都市国家。
8　リディアは小アジアにあった国家で、ヘロドトス『歴史』第一巻第十四章によれば、紀元前七世紀にイオニア地方のギリシャ人の諸都市を攻撃した。

国家の部分はいくつあるか

以上までは、国制には多くの種類があるということと、その理由を述べた。そこで今度は、いま民主制と寡頭制に関連して挙げた例よりもさらに多くの種類の国制があることを示し、それらがどのようなもので、なぜそのようなあり方をするのかを述べよう。その際には、先に提示した論点9を出発点とする。すなわち、どんな国家も一つの部分から成るのではなく、多くの部分から成るという論点について、私たちは合意しているため、そこから出発するのである。

そこで、参考例を考えてみると、もしも私たちの研究が動物学で、動物の種類を把握することが目的であったならば、どんな動物でも持っていなければならない部分を最初に取り上げようとするだろう。10そうした部分とは、感覚器官のいくつかや、口や胃のように食物の摂取と消化を行う部分、さらには、各種の動物が運動器官として用いる部分などである。そして、どんな動物でも持っていなければならない部分が、仮にこれだけしかないとしても、口や胃や感覚器官にはいくつかの種類が存在し、さらに運動器官となる部分にしてもそうであるから、諸部分に多様性がある以上、それらの組み合わせの数だけ動物の種類の数も多くなるのは必然である（というのも、同一

b30

の種類の動物が多種類の口を持つことはできないし、感覚器官の耳にしてもそうだからである）。かくして、可能な組み合わせ方がすべて把握されたとき、組み合わせの種類が動物の種類になるだろう。つまり、動物の種類の数は、必要不可欠な部分の組み合わせの数とまさに同じになるわけである。

したがって、これまで私たちが扱ってきた国制についても同様である。なぜなら、既に繰り返し述べたように、国家の場合も、一つではなく多くの部分から成っているからである。

そこで、国家の部分を枚挙してゆけば、第一は、食糧に関わる人間の集団であり、「農民」と呼ばれる。第二は、「職人」と呼ばれる人々である。この人々が持つ技術がないと、国家の中での暮らしは不可能になるが、そうした技術の中には日常生活に必要不可欠なものがある一方、贅沢な暮らしや優美な生き方に向いたものもある。第三は、広場（アゴラ）で商業活動を行う商人であり、売買［の両方を行う仕事］、卸し売

9　前章一二八九b二七―二八で提示された論点。
10　部分に分けてゆく探究法については第一巻第一章注5参照。

り、小売りに従事する人々のことである。第四は、賃金労働者である。第五は、戦士という種類の人々で、侵略者への隷属を望まない限り、第四までに挙げた人々のいずれにも劣らず、国家にとって必要不可欠な存在である。というのも、侵略されて他の国家に隷属した状態になっていれば、「国家」と呼ばれるに値する存在であることは不可能だからである。すなわち、自足していればこそ国家なのであり、隷属とは自足していない状態にほかならないのである。[11]

『国家』に対する批判

ここまでの枚挙を踏まえると、プラトンの『国家』では、国家の部分について巧みに語られているとはいえ、十分な語り方にはなっていない。すなわち、問題なのは、国家を構成するために最も欠かせない部分が四つあるとソクラテスが主張して、機織り師、農民、靴職人、大工を挙げた後、これだけでは自足できないという理由で、さらに鍛冶屋、生活に必要不可欠な家畜の飼育者、そして、卸し売りの商人、小売りの商人を追加している点である。これらのすべてがそろえば「最初の国家」は充足されるというのであるが、この語り方からすると、どんな国家も生活に必要不可欠なもののために構築されるのであって、それを超えて美しく立派なもののために構築されるのではないとソクラテスは考えていることになる。また、靴職人と農民とを比べたとき、国家にとっての必要性は同等で、差がないと考えていることにもなる。しかも、ソクラテスによれば、戦士の場合、国家の領土が拡大されて隣国と接触し、戦争が起こるまでは国家の部分と認められないのである。

しかしながら、共同体の構成員が機織り師、農民、靴職人、大工の四人だけであれ、あるいはどんな人数であれ、正義というものを認め、正しいことを判断する人々がいなければならない。それは、先ほども使った動物の部分の譬えでいえば、身体以上に魂こそが動物の部分と見なされるのと同じように、国家の場合も、実用的な意味での必要性と結び付く農民や大工たち以上に、むしろ国家の魂に当たるものが部分と見なされなければならないのである。国家の魂に当たる部分とは、戦士、裁判において正義の裁きに参与する者、そして審議を行う者である。まさに審議は国家の魂の働きであり、国家の運営に関する理解力の働きにほかならない。これら三つの役割を担う

a20

11　隷属状態では主権が欠如しているゆえに、国家として不足のある状態だということ。

人々が別々であっても、あるいは同じ人々であっても、目下の議論に違いは生じない。実際のところ、しばしば同じ人々が重装歩兵となって戦いもすれば、農耕を行いもするのである。したがって、農民や大工たちのように実用的な意味で国家に必要不可欠なものも、いま述べた国家の魂に当たるものも、ともに国家の部分と見なすべきである以上、少なくとも重装歩兵の戦士が国家の部分でなければならないことは明らかである。

枚挙の続き

さて、第七[12]に挙げられる部分は、財産を使って公共奉仕を行う人々で、私たちの呼び方では「富裕者」である。第八は行政官[13]、すなわち、公職を通じて公共奉仕を行う人々である。というのも、公職者がいなければ国家は存立しえないからである。それゆえ、同一人物がずっと職務を続けるにせよ、交替制にせよ、ともかく支配に当たる能力を持ち、公職に就いて国家のために公共奉仕を行う人々が必ず存在しなければならない。そして、残っているのは、たまたま先ほど説明することになった部分、すなわち審議員と、係争中の人々に対して正義の判断を下す裁判員である。かくして、国家では審議や正義の判断が行われなければならないとすれば、しかも、立派に正しく行われなければならないとすれば、国家の運営に関わる徳を備えた人々が必要不可欠であることになる。[14]

なぜ国制は二種類だと考えられてしまうのか

いま国家の運営に関わる徳を挙げたが、これ以外の能力ならば、同じ人が多数の能力を備えうると、多くの人々が考えている。例えば、同じ人が戦士と農民と職人を兼ね、さらには審議員と裁判員までも兼ねうるというのである。それればかりか、自分は国家の運営に関わる徳さえも備えていると誰もが主張し、大方の公職を務められると思い込んでいる［ゆえに、国家に多くの部分があるとは考えず、部分の組み合わせによって多くの種類の国制が生じるとも考えていない］。しかしながら、同じ人が貧困者と富裕

1291b

12　先の枚挙では第五が戦士であったが、第六の部分は挙げられていない。そのため、さまざまな推測がなされているものの、真相は不明である。
13　第三巻第二章注5参照。
14　ロスは polītōn（市民の）と修正しているが、写本通りに polītikōn と読む。

者を兼ねることだけは不可能である。このことから、これら二つの部分、つまり、富裕者と貧困者が、とりわけ国家の中の異なる部分になると考えられているわけである。しかも、たいていの場合、富裕者は少数で、貧困者は多数であるゆえに、国家の諸部分の中でも、これら二つの部分は少数者対多数者の対立を作っているように映る。その結果として国制も、貧困者と富裕者のどちらが優勢かに応じて構築されるため、民主制と寡頭制の二種類の国制しかないと考えられるにいたるのである。

しかし実際には、多くの種類の国制があること、また、どのような理由で多くの種類に分かれるかということを先に述べた。そこで今度は、民主制の中にも、寡頭制の中にも、多くの種類があるということを述べよう。とはいえ、このことは、国家の部分の種類が国制の種類を生み出すという、既述の内容からも明らかである。すなわち、民主制の中心部分となる民衆にせよ、寡頭制の支配層の「名士」と呼ばれる部分にせよ、多くの種類が存在するのである。

例えば、まず民衆の場合には、農民、技術に関わる職人、広場（アゴラ）での売買に従事する商人、海に関わる人々という種類がある。さらに、海に関わる人々の中には、海兵、貿易商、海運業者、漁師という種類がある。実際、これらのどの職種にしても、多くの地域で多くの人々が携わっている。例えば、タラス[15]やビュザンティオン[16]の漁師、アテナイにいる三段櫂船の漕ぎ手、アイギナ[17]やキオス[18]の貿易商、テネドス[19]の海運業者が挙げられる。これらの他にも、手仕事に従事する者、財産が少ないゆえに余裕ある生活を送れない者、さらには、父親か母親の一方だけが市民[20]であるような自由人も民衆の種類になるし、他にもこれらに類するものがあれば加えられる。一方、名士の場合は、富、生まれの善さ、徳、教育のほか、これらと同列に置かれる特徴に応じて種類が分けられる。

15　イタリア半島を長靴に見立てたとき、かかとの内側に位置する都市で、タレントゥムとも呼ばれる。
16　ボスフォラス海峡の西側の都市で、現在のイスタンブール。
17　アテナイ南西のサロニコス湾にある島。
18　第一巻第十一章注9参照。
19　エーゲ海北東部の島。
20　ロスは politōn を削除しているが、写本通りに読む。

民主制の五種類

さて、民主制の第一の種類に挙げられるのは、とりわけ「平等」という観点から民主制と呼ばれるものである。この種類の民主制が持つ法律によれば、平等とは、貧困者と富裕者のいずれが優位に立つのでもなく、どちらであれ、一方が最高の権限を握るのでもなく、両者が同等の存在であることである。すなわち、ある人々が認識したように、[21]自由、そして平等は、とりわけ民主制において成立するのならば、全員が同等の立場で最大限に国制に参与するときほど、目的が最大限に実現されることはない。[22]こうした国制になるのは、民衆が多数を占め、その多数者の意見が決定権を持つときであるから、必然的に「民衆支配」すなわち民主制になる。それゆえ、民主制の一つの種類はこれにほかならない。

民主制の第二の種類は、市民に公職を与える際、所有財産の査定額が基準になるものであるが、公職に就くための条件となる査定額は大きくない。この場合、一定の財産を所有している者には公職への参与が許されなければならないが、財産を失ったと b40
きには参与が許されない。これとは異なる第三の種類として、［両親の素性など］市民としての資格に疑いのない者なら誰でも公職に参与できるような民主制がある。この 1292a

場合、国家を支配するのは［後述の民会決議ではなく］法律である。さらに別の第四の種類として、ただ市民でありさえすれば、誰にでも公職を与える民主制がある。この場合も、やはり国家を支配するのは法律である。

また、法律ではなく大衆が権限を持つ点だけが異なり、それ以外は、いま述べたのと同じ制度の民主制があり、これがもう一つ別の、第五の種類になる。この種類の民主制は、国家の法律ではなく、民会決議が決定力を持つときに出現するが、このような状態をもたらすのは民衆指導者である。すなわち、法律に従って民主制が行われていれば民衆指導者は現れず、最善の市民たちが支配の座につくけれども、法律が決定力を失っているところでは民衆指導者が出現するわけである。このとき、多数の民衆が一つにまとまることによって、民衆の単独支配となる。つまり、多数者は、個々人

21　例えば、プラトン『国家』第八巻五五七A―B、五六二B―五六三Dの内容を指すと考えられる。ただし、そこでソクラテスは民主制の特徴として「自由」を強調し、「平等」にはほとんど触れていない。

22　「平等」の原理から見て最も優れた民主制であるが、民衆が国家の運営に参与するための生活の余裕が考慮されていないため、本巻第六章の民主制の種類分けでは扱われない。

としてではなく全体として権限を握るのである。

あのホメロスは、統率者が多数いるのはよくないと述べているが[23]、それは、いま述べたように多数の支配者が一つにまとまる場合なのか、それとも、別々に支配を行う場合なのか、どのような場合を指しているのかが明確ではない。しかしいずれにせよ、一つにまとまる民衆は、いわば単独の支配者のようなものであるから、法律によって支配されないゆえに単独支配を求める。そして、専制的支配者になり果てた結果、追従者［すなわち民衆指導者］を重用するのである。したがって、こうした種類の民主制を類比的に表せば、単独者支配制のさまざまな種類の中では独裁制に相当するのである[24]。

それゆえ、こうした種類の民主制と独裁制とでは性格も同じであり[25]、どちらにおいても支配者は自分より優れた人々に対して専制的に振る舞う。そして、この種類の民主制における民会決議は、独裁制における独裁者の命令に相当する。さらに、この種類の民主制における民衆指導者は、独裁制における追従者とまったく同じか、あるいは類比的に同じであるため、どちらも支配者のもとで最も力を発揮する。つまり、追従者は独裁者のもとで力を発揮し、民衆指導者は独裁制的な民主制の民衆のもとで力を発揮するのである。そして、この民衆指導者の存在こそ、国家の法律ではなく民会決議が決定力を持つようになる原因にほかならない。というのも、万事を民衆の決定に帰すのは民衆指導者だからである。すなわち、民衆が万事の決定権を握り、その民衆の意見を支配しているのは民衆指導者であるために、結果的には民衆指導者が強大になるわけである。それは、多数者である大衆が民衆指導者の言葉に説得されるからである。加えて、公職者を非難する人々は、公職者ではなく民衆こそが判断者になるべきだと主張し、民衆の方はその提案を喜んで受け容れるので、あらゆる公職の制度[26]

23　ホメロス『イリアス』第二歌二〇四において、オデュッセウスがギリシャ軍の統率者は一人でよいと語った内容を指す。
24　民主制は単独者支配制に属さず、多数者支配制に属するため、「独裁制」といっても文字通りの意味ではなく類比的な意味になる。
25　外面的な現象だけではなく、根本の体質も同じだということ。
26　この点が、次の段落で説明される国制の本来的なあり方、つまり、法律の普遍的な言葉による支配と異なるが、言葉に関わる点は共通するため、「説得」という表現が用いられている。

は崩壊するのである。

a30

批判には道理がある

最後に挙げたような種類の民主制に対し、国制の体裁をなしていないと主張して批判する者がいるとすれば、それには道理があると考えられよう。なぜなら、法律が支配していないところに国制は存在しえないからである。すなわち、法律が普遍的な言葉で万事を支配する一方、公職者が個別の事情に配慮しているときこそ国制の体裁をなしていると判断されるべきなのである[27]。

したがって、ともかく民主制が国制の一種である限り、万事が法律ではなく民会決議で運営されるような状態であれば「国制とさえ呼べないゆえに」本来の意味での民主制ではないこと、これは明らかである。というのも、民会決議は法律のように普遍的な内容を何ら持ちえないからである。

民主制のさまざまな種類については、以上のように規定したものとしよう。

27　第三巻第十一章一二八二b二―六にも同様の説明がある。

第五章　制度から見た寡頭制の種類

公職に就く条件などが異なる四種類

次に、寡頭制の種類を挙げてゆくと、その第一は、市民に公職を与える際、所有財産の査定額が条件となるもので、貧困者が多数を占めていても国制に参与できないような程度に条件が設定されているが、ともかく一定の財産を所有している者には国制への参与が許される。これと別の第二の種類は、公職に就く条件となる所有財産の査定額が高額に設定されているような寡頭制で、欠員を補充する場合は、現職の公職者自身が選ぶものである。補充者を選ぶ場合、所有財産が条件を満たす者なら誰でも選ばれる可能性があれば、むしろ貴族制に近づくと考えられるが、ある限られた範囲から選ばれるならば寡頭制的になる。

さらに、［補充者を選ぶ範囲が最も狭くなり］父親に代わって息子が公職を引き継ぐ制度にするならば、寡頭制の第三の種類になる。これと異なるのが第四の種類で、いま述べた父子の世襲制に加え、法律ではなく公職者が国家を支配するという特徴を持つものである。この第四の種類がさまざまな寡頭制の中で占める位置は、ちょうど独裁制がさまざまな単独者支配制の中で占める位置に相当し、さらには、先ほど最後に挙げたような種類の民主制がさまざまな民主制の中で占める位置に相当する。だからこそ、このような寡頭制は他の種類と区別されて「門閥制」と呼ばれるのである。

変革後に生じやすい状態

寡頭制と民主制の種類は、以上挙げた数だけある。しかし、見逃してはならないのは、法律の面から見ると民主制的ではない国制にもかかわらず、習慣づけや教育的な導きのゆえに民主制的に国家が運営されている場合も数多いこと、さらには、その反対も同様にあり、法律の面では民主制に近い国制にもかかわらず、教育的な導きや習慣づけによって、むしろ寡頭制的に国家が運営されている場合もあるということである。こうした状態は、とりわけ国制の変革後に生じやすい。なぜなら、変革しても国制は直ちに完全に移行するわけではなく、最初のうち人々は、旧体制だった寡頭制もしくは民主制に対して少しでも勝利を収めれば喜ぶため、結果的に、旧体制の法律が残りつつ、国制の変革者たちが権力を握る状態になるからである。

第六章　国家の部分から見た民主制と寡頭制の種類

民主制では生活の余裕が要因に

民主制と寡頭制の種類が以上挙げた数だけあるという事実は、国家の部分と種類の関係を説明した既述の内容から明らかである。[1] すなわち、民主制の場合であれば、先に挙げた民衆の部分（農民、職人、商人など）のすべてが国制に参与するか、[2] あるいは、一部の民衆は参与し、それ以外の部分は参与しないかのいずれかになるため、種類が分かれるのは必然だからである。

まず、国制の権限を握る人々が、農民と、［農民と同様に］財産が多すぎることも少なすぎることもなく、ほどほどの財産を持つ者である場合には、国家は法律に基づいて運営されることになる。なぜなら、これらの人々は働かなければ生きられず、公職に専念できるほどの余裕はないため、国家運営の拠り所として法律を制定した上で、必要なときだけ民会を開催するからである。農民以外の人々の場合でも、ともかく所有財産の査定額が法律で定められた基準に達していれば国制に参与することが許されるので、一定の財産を所有する者なら誰でも公職への参与が許されるわけである。なぜこれが民主制の特徴になるかといえば、［財産の条件がある点は同じでも］総じて寡頭制は少数者支配であるから、誰でも公職への参与が許されるということはないからである（とはいえ、誰でも公職への参与が許されるような民主制だとはいっても、国家に公的な収入がなければ［公職者の手当を支給できないので］、民衆の全員に生活の余裕を与えることはできない）[3]。かくして、いま述べた理由により、これが民主制の

1　本巻第四章と第五章で示された民主制と寡頭制の種類は、制度の違いに即して分類されたものであったが、本章では国家の諸部分の組み合わせ（公職に就く人々の組み合わせ）に即して種類が枚挙され、どちらの方法でも種類の数は同じになることが示される。背景には、部分の組み合わせの数だけ種類があるという認識（本巻第四章一二九〇b三三―三八）がある。

2　本巻第四章では「平等」を原理とする全員参加の民主制が第一の種類に挙げられたが、そうした理想的な国制は本章で扱われない。ただ、手当の支給によって民衆の全員参加が可能になる民主制が、最も劣る第四の種類に挙げられる。

3　この一文は後世の何者かによる挿入の可能性もあるため、括弧内に入れた。

一つの種類[4]になる。

第二の種類の民主制は、次のような選別に基づくものである。すなわち、市民としての生まれに関して疑い[5]のない者なら「財産の査定額にかかわらず」誰でも公職への参与が許されるが、実際には、手当を受給しなくても余裕のある生活を送れる人だけが公職に参与するような民主制である。こうした事情から、この種類の民主制では、国家に公的な収入がないという理由により「民会や公職に手当がなく、参与する者は限られるので」法律が国家を支配している。

第三の種類[6]は、奴隷ではなく自由人でありさえすれば、誰でも国制への参与が許されるような民主制である。とはいえ、いま述べた国家の公的な収入の欠如により、実際には民会や公職に参与しない者が存在する。したがって、この種類の民主制でも、必然的に法律が国家を支配することになる。

1293a

そして、民主制の第四の種類[7]は、時間の経過からいえば最後になって国家に出現するものである。すなわち、国家が最初期よりもずっと大きくなり、公的な収入の面でも豊かになっているため、数で優位に立つ大衆が国制に参与する。ここでは貧困者でさえも手当を得て余裕のある生活を送れることから、全員による国制への参加と国家の運営が実現するのである。そして、市民の中でもとりわけ余裕のある生活を享受するのは、こうした大衆である。なぜなら、大衆の場合、私的な利害に気をつかって煩わされるということが何もないからである。それに対し、富裕者は［財産の問題など］私的な利害に煩わされるため、民会や裁判に参加しないこともしばしばある。こうしたことから、国家の法律ではなく、貧困者の大衆が国制上の決定権を握るようになるのである。

a10

かくして、こうした不可避な諸事情により[8]、民主制の種類は以上挙げただけの数になり、それぞれの種類は以上説明したような性質になるのであるが、寡頭制の種類に

4　本巻第四章で挙げられた民主制の第二の種類。

5　本巻第四章で挙げられた民主制の第三の種類。

6　本巻第四章で挙げられた民主制の第四の種類。

7　本巻第四章で挙げられた民主制の第五の種類。

8　例えば、民衆には生活の余裕がない上に国家の公的な収入が欠如しているため、民会を開催しにくい状況から法律への依存を余儀なくされるといった事情。この一文は、国家の目的や理念ではなく、国家の部分をなすものの条件から国制が説明されたことを示している。

ついては以下のようになる。

寡頭制では財産の額と所有者の数が要因に

　寡頭制の第一の種類[9]は、多くの市民が財産を所有しているものの、比較的少額の財産で、過度に多額ではない場合である。この場合、比較的少額の財産を所有していれば国制への参与が許されるため、多数の人々が政府に参与することから、必然的に人間ではなく法律が決定力を持つことになる。というのも、多数の人々が政府に参与しているゆえに、［誰かが権限を独占して］単独者支配に至る状況にはほど遠いからである。また、多くの市民は、まったく心配せずに余裕のある生活を送れるほど多くの財産を所有しているわけでもなければ、国家に養ってもらわなければならないほど少ない財産でもないことから、自分たちが支配に当たるよりも、法律に支配してもらう方が適切だと考えるのが必然なのである。

　そして、第一の種類の寡頭制に比べ、財産の所有者の数は少ないものの、より多額の財産を所有するようになると、第二の種類の寡頭制になる。この場合、財産の所有者の力はいっそう増し、より多くの権限を握って当然だと考えるようになるため、

a20

〔自分の家系外の〕他人の中から、新たに政府に加わる者を自分たちで選ぶようになる。とはいえ、法律を用いずに支配できるほどの力はまだ持っていないので、まずは政府の現職者で新たな構成員を選ぶことを可能にするような法律を制定するのである。

しかし、第二の種類の寡頭制よりも、さらに財産の所有者が少数化し、もっと多額の財産を所有するような状況に達すると、第三の種類の寡頭制が生じる段階に進む。この段階では、多額の財産の所有者たちが自ら公職に就いて支配に当たりつつ、死後は公職を息子が引き継ぐよう法律で定めるのである。

さらに、公職に就く者たちが、既に財産の面でも盟友の多さの面でも著しく優越した存在になると、このような門閥制は単独者支配制に近づき、法律ではなく人間が権限を握るようになる。すなわち、これこそが寡頭制の第四の種類であり、民主制の種類でいえば最後に挙げたものに相当するのである。[10]

9　以下で説明される四種類は、本巻第五章で挙げられた寡頭制の四種類にそれぞれ対応する。

10　民主制は支配者の多数化が進むほど劣悪な種類になり、寡頭制は支配者の少数化が進むほど劣悪な種類になるため、このように総括される。

第七章　貴族制の種類

「最優秀者支配制」の意味を持つ国制

民主制と寡頭制の他に、なお二つの国制がある。その一方は、誰もが語る国制で、
よく挙げられる四種類の国制のうちの一つとなる貴族制である。ちなみに、その四種
類とは、単独者支配制、寡頭制（少数者支配制）、民主制（多数者支配制）、そして第
四に「最優秀者支配制」の意味で「貴族制」と呼ばれるものである。もう一方は、第
五の種類であり、あらゆる国制（ポリーテイアー）と共通の名称で「共和制（ポリー
テイアー）」と呼ばれるものであるが、実際、人々はこの呼び方を使っている。しか a40
し、共和制が出現することは多くないため、国制の種類を数え上げようとする人々か
ら見逃されてしまう。それゆえ人々は、まさにプラトンがそうであるように、さまざ
まな国制の中で四種類だけを取り上げるのである。
1293b さて、最初の議論[1]で私たちが取り上げた国制を「最優秀者支配制」の意味で「貴族

制」と呼ぶのは適切である。なぜなら、国制ごとに異なる特定の前提と相関する意味での善い人々ではなく、絶対的な意味で、すなわち、徳の点で最善の人々から成る国制だけが、正当に「最優秀者支配制」と呼ばれるからである。実際、善い人間と善い市民が絶対的な意味で同じになるのは貴族制においてだけであり、それ以外の国制においては、市民が属する国制との相関で善い市民が決まるにすぎないのである。[2]

他の三つの種類

しかしながら、別の理由で「貴族制」という名称で呼ばれている国制もいくつかある。すなわち、それを寡頭制と見なそうとしても異なる点があり、いわゆる共和制と見なそうとしても異なる点があるゆえに、「貴族制」と呼ばれるのである。それは、公職者を選ぶ際、単に富の所有を条件とするのではなく、徳における最優秀性も条件

1　国制の種類を挙げ始める第三巻第七章を指すと考えられる。
2　例えば、寡頭制では富を持つのが善い人々であり、民主制では自由を持つのが善い人々である。

とする場合である。この点で寡頭制と共和制のどちらとも異なるため、こうした国制が「貴族制」と呼ばれるわけである。実際、徳への顧慮が市民に共有されていない国家であっても、評判の高い人物、すなわち有徳者と考えられている人物は、やはり存在するのである。それゆえ、例えばカルタゴのように、富と徳と民衆に目を向けた国制になっているところでは、この意味で貴族制的な特徴が見られる。

また、ラケダイモン人の国制のように、それら三つの要素のうちの二つだけ、つまり、徳と民衆に目を向けている場合もある。この場合、民主制と徳という二つの要素が混合されていることから、やはり貴族制的になっている。

かくして、最初に挙げた最善の国制としての貴族制以外にも、こうした二つの種類
b20 があり、さらには第三に、「共和制」と呼ばれるものの中で、どちらかといえば寡頭制に傾いている国制も貴族制の種類に挙げられる。[3]

3　最後に挙げられた国制を「貴族制」と呼ぶのは、富に徳が付随すると考える人々の習慣であり、そのことが次章で示される。

第八章　共和制と貴族制はどのように異なるか

残る研究課題

私たちにとって残されているのは、「共和制」という名称で呼ばれる国制と独裁制について述べることである。しかし、このような順序で各種の国制を取り上げているのは、共和制が民主制や寡頭制と同じように逸脱した国制だからというわけではないし、いま述べたばかりの貴族制も、もちろん逸脱した国制ではない。こうした順序で取り上げている真の理由を述べれば、現実にある共和制と貴族制のいずれも、最も正しい国制になり損ねているという事情があり、その結果、それらは逸脱した国制と一緒に数え上げられるということなのである。既に最初の議論で示したように[1]、民主制と寡頭制は、それぞれ共和制と貴族制から逸脱したものにほかならない。

一方、独裁制についての記述を最後に行うのは、理にかなっている。というのも、私たちが行っているのは国制についての探究であるにもかかわらず、独裁制こそは、あらゆる国制の中で「国制」と呼ばれるに最もふさわしくないものだからである。

共和制が貴族制と混同される理由

さて、こうした理由により、各種の国制を取り上げる順序はこのようになったのであるが、いまや私たちが行うべきなのは、「共和制とは何か」を示すことである。実際のところ、寡頭制と民主制についての規定を既に終えているため、「共和制」という言葉が意味する内容は明瞭さを増している。なぜなら、単純にいえば、共和制は寡頭制と民主制の混合だからである。

しかし、人々の習慣では、寡頭制と民主制の混合の中でも、民主制に傾いている場合を「共和制」と呼び、どちらかといえば寡頭制に傾いている場合を「最優秀者支配制」と混同して「貴族制」と呼ぶ。それは、寡頭制では富裕者が比較的多く、富裕であればあるほど教育や生まれの善さが伴うからである。[2] さらには、教育や生まれの善

1　第三巻第七章一二七九b四―六で示されている。

2　富に徳が付随するため、あえて徳を目指す必要はないと考える人々の見解。

さに加え、不正な者が不正を犯してまで欲しがる［世俗的な価値を持つ］ものを、富
裕者は所有していると一般に思われていることから、人々は富裕者を、あたかも貴族
b40 制の支配者のようにとらえて「善美を備えた人」[3]や「名士」と呼ぶのである。要する
に、そもそも貴族制とは、市民の中で最善の人物たちに優越した権限を割り当てよう
とする国制なのだから、この観点に立って寡頭制を見ると、「寡頭制だって、むしろ
善美を備えた市民が多い［ゆえに貴族制と変わらない］ではないか」と人々は主張する
わけである。

混同に対する批判

1294a 　だが、法律との関係から見たとき、最善の人々によって統治される国家ではなく、
［徳を備えない富裕者のように］劣った人々によって統治される国家ならば、善い法治
を行うのは不可能だと考えられる。また同様に、善い法治が行われていない国家なら
ば、最善の人々によって貴族制の統治を行うことは不可能だと考えられる。さらに、
善い法治というものを考えると、制定されている法律が善くても、人々がそれに納得
して従うのでなければ善い法治はありえない。それゆえ、善い法治は二つの側面を

持っており、一方には、制定されている法律に人々が納得して従うという側面があり、他方には、順守される法律が適切に制定されているという側面があることを理解しなければならない。なぜ「適切な制定」を問題にするかといえば、拙劣な法律が制定されているにもかかわらず、人々が従っていることもありうるからである。さらにまた、法律の「適切な制定」にも二通りの場合がありうる。すなわち、人々の従う法律が、「特定の国制下にいる」自分たちにとって可能な限り最善の法律[4]になっている場合もあれば、「最善の国制に対応する」絶対的な意味での最善の法律になっている場合もありうるのである。

また、名誉ある公職が徳に基づいて配分される点にこそ、とりわけ貴族制の特徴があると考えられる。すなわち、徳こそが貴族制の本質的特徴であり、寡頭制の場合は

3　この表現が第一巻第十三章一二五九b三四—一二六〇a四で用いられた際には「完全な最高の徳」を意味していたが、ここでは人々の世俗的な願望を反映して富や名誉などの「外的な善」も含意していると考えられる。

4　本巻第一章一二八八b二五—二六で述べられた「現実に与えられた基礎条件のもとでの最善の国制」に適した法律を指す。

a10

富、民主制の場合は自由というように異なるわけである。一方、「これが国家の大勢の見解である」として運営が行われる点は、どんな国制でも変わりがない。つまり、寡頭制、貴族制、民主制のいずれであろうとも、国制に参与する人々のうち大勢を占める部分[5]の見解が決定権を持つ点では変わりがない。こうした事情から、たいていの国家はそれ自身の国制を、多数者が支配する共和制[6]の一種［である貴族制］だと称する。[7]なぜ共和制の一種と称するかといえば、ひたすら目指しているのは［多数者支配を確立するための］富裕者と貧困者の混合、いい換えれば、富と自由の混合だからである。そして、なぜ富と自由の混合だけを目指すかといえば、ほぼ大多数の国家では、富裕者が「善美を備えた人」の地位を保持している［ゆえに、あらためて徳を目指すまでもない］と考えられているからである。

貴族制と認められるべき場合

けれども、国制への平等な参与を要求するときに根拠とされるものは、［共和制が混合を目指す］自由と富だけではなく、徳を加えて三つの要素である（第四に、いわゆる「生まれの善さ」が挙げられることもあるが、これは先祖が富と徳を兼ね備えていたことに由来するから、富と徳という二つの要素に付随するものである）。したがって、以上から明らかなのは、富と自由の二つの要素に対応して富裕者と貧困者を混合している場合は「共和制」と呼ばれるべきであるのに対し、徳を含め三要素のすべてを混合している国制の場合には、最初に挙げられた真の貴族制は別としても、とりわけ他の種類の貴族制に該当すると認められるべきだということである[8]。

かくして、単独者支配制、民主制、寡頭制の他にも、別の種類の国制がいくつか存在するということ、そして、それらがどのような国制であり、さまざまな種類の貴族

5　本巻第四章注2参照。

6　第三巻第七章一二七九a三七―三九によれば、「多数者が公共善を目指して国家を運営」しているのが共和制である。

7　ロスは kakōs（悪い仕方で）を挿入しており、従来の訳はそれに従うものが多いが、写本通りに読む。この難解な一文は、市民の大勢の見解に支えられた「共和制」が類、国制の本質的特徴となる「徳」、「富」、「自由」が種差となり、多様な国制を種として生み出すという俗説への言及と考えられる。今日でも、王制や独裁制以外は広く「共和制」と呼ばれることを想起すれば、理解に困難はない。

8　前章一二九三b一四―一六で述べられたカルタゴの国制がこれに該当する。

制は互いにどう異なるかということを述べた。さらには、さまざまな共和制[9]が貴族制とどう異なるかも述べたが、それらが互いに遠くは隔たっていないことも明らかとなった。

9　複数形で書かれているのは、寡頭制に近い共和制と民主制に近い共和制の存在をアリストテレスが認めているからであろう。

第九章　中間的な国制としての共和制

三つの方法

以上述べた事柄に続いては、「共和制」と呼ばれる国制が、既に民主制や寡頭制の出現しているところで、どのようにして生じるかということや、どのようにして確立されるべきかということを論じよう。この議論は、民主制と寡頭制それぞれの本質的特徴も同時に明らかにすることになるだろう。なぜなら、まずもって民主制と寡頭制を切り離してとらえる必要があり、その上で、二つの国制を一対の割符のようにとらえて「共和制を原理的に」合成することが、私たちの行うべきことだからである。そして、この合成ないし混合には三つの方法があり、それぞれに特徴がある。

第一の方法は、民主制と寡頭制のそれぞれが法律で制定している内容を、両方とも採用しなければならないと考える点に特徴を持つ。例えば、裁判員に関する法律の場合、寡頭制では、富裕者が裁判員を務めなければ罰金が科される一方、貧困者は裁判

a30

員を務めても手当を支給されない。それに対し民主制では、貧困者は裁判員を務めると手当が支給される一方、富裕者が裁判員を務めなくても罰金は科されない。これらの両方を採用する方法［すなわち、貧困者が裁判員を務めると手当を支給し、富裕者が裁判員を務めなければ罰金を科す方法］とは、民主制と寡頭制で共有しうる部分を合成し、それによって中間的な制度を作る方法であるから、これは共和制に適した制度にもなる。なぜなら、まさに両方の国制の混合だからである。

かくして、これが民主制と寡頭制を組み合わせる一つの方法であるが、それと異なる第二の方法は、それぞれの国制が定めている内容の中間を採用するものである。例えば、民会への参加資格に関して、民主制では財産の査定額の条件をまったく設けないか、非常にわずかな査定額を条件に設ける。それに対し寡頭制では、多大な査定額を条件に設ける。この場合、少なくとも、どちらか一方の条件が両方の国制で共有しうる制度になることはないが、それぞれの国制が条件に定めている査定額の中間を採用するという方法がある。

そして第三の方法は、ある部分は寡頭制の法律から採用し、ある部分は民主制の法律から採用するというようにして、二つの国制のしくみを選び出して組み合わせる方法である。どういうことかというと、例えば一般的な通念では、公職者を決める際、籤引きを用いるのが民主制的で、人々の選出によるのが寡頭制的だと考えられているのに加え、民主制では財産の査定額を条件にせず、寡頭制では査定額を条件にすると考えられている。そこで、それぞれの国制から一つずつしくみを選び出し、寡頭制からは人々による公職者の選出を、民主制からは査定額を条件にしない点を採用すれば、貴族制[1]にも共和制にも適する制度になるわけである。

民主制とも寡頭制とも呼べる状態

以上が民主制と寡頭制を混合する方法であるが、うまく混合されていることを示す指標になるのは、同じ国制を指して「民主制」とも「寡頭制」とも呼べることである。すなわち、そのように呼んでよいという印象を受けるのは、明らかに、民主制と寡頭制が見事に混合されているからなのである。そして、民主制と寡頭制の中間的な国制が成立した場合も、まさにこれと同じ印象を受けるのであるが、その理由は、同一の国制の中に民主制と寡頭制という両極の国制が現れていることにある。

まさにこの状態になっているのが、ラケダイモン人の国制である。すなわち、多くの人々が、ラケダイモン人の制度の中に民主制的な要素が多数あることを根拠にして、「民主制」と呼ぼうとする。例えば、まず、子どもの養育に関する制度が民主制的である。なぜなら、富裕者の子どもも貧困者の子どもと同じように養育され、貧困者の子どもでも受けられるような教育を同じ仕方で受けるからである。さらに、もっと年齢を増しても同様であり、成人になってからもやはり変わらない。このような状態であるから、富裕者と貧困者を分け隔てる要素は何もないのである。食物に関しても、共同食事では全員が同じものを食べるし、衣服の場合、貧困者の誰でも身につけられるようなものを富裕者が着るのである。さらには、最も重要な二つの公職のうち、一方は民衆が公職者を選出し、他方は民衆自身が参与する。すなわち、長老会の構成員は民衆が選出し、監督官の職には民衆自身が就くのである。その一方、ラケダイモン人の国制に多くの寡頭制的な要素があることを根拠にして、「寡頭制」と呼ぶ人々もいる。例えば、すべての公職者が選出制で決まり、籤引きがまったく用いられない点や、死刑と国外追放の決定権を少数者が握っていること、さらには、これらに類する

b20 b30

1　人々が公職者を選出する制度では有徳者が選ばれるゆえに、貴族制にも適するということ。

多くの制度が寡頭制的なのである。

それ自身の力で維持

したがって、[2] 民主制と寡頭制が見事に混合された共和制であろうとすれば、制度が民主制的にも寡頭制的にも見えるのでなければならず、どちらか一方だけに見えるのであってはならない。そして、外部からの力によってではなく、共和制それ自身の力によって制度が維持されるのでなければならない。つまり、ここでいう「共和制それ自身の力によって」とは、「現行の国制の存続を望む人々が多数派になることによって」という意味ではなく（なぜなら、劣悪な国制でも、存続を望む人々が多数派になることはありうるからである）、「貧困者や富裕者など」国家のどの部分も総じて別の国制を望まないことによって、という意味である。[3]

かくして、共和制について、また同様に「貴族制」と呼ばれる国制についても、どのような仕方で確立されるべきかということが、いまや述べられた。

2　ロスは dei de（しかし……しなければならない）を採用しているが、ズゼミールの提案に従って dei dē と読む。

3　例えば、アリストテレスの提唱するような制度上の混合がうまくゆかず、民主制には見えるが寡頭制には見えない共和制がありうる。このとき、寡頭制を支持する富裕者はこの共和制の存続を望まないため、民衆は外部の民主制国家の力を借りて共和制を維持せざるをえなくなり、富裕者の支持を含む「共和制それ自身の力によって」ではなくなる。

第十章　独裁制の種類

既に述べた二種類

1295a 独裁制について述べること、これが私たちにとって残された課題であった。独裁制を取り上げるのは、論じるべき事柄が多くあるからではない。独裁制もさまざまな国制の一部分をなすと見なしている以上、目下の探究の一部分を占めさせることが私たちの目的である。

さて、私たちは最初の議論[1]で王制について規定した。そこでは、「王制」と呼ばれるのが最もふさわしい国制について考察を行い、それが国家のためになるかどうかということや、誰をどこから選び出し、どのように王として擁立するかということを論じたのであった。そして、王制について考察する過程で、二種類の独裁制を区別したのであった。[2]なぜ王制論の中で取り上げたかといえば、二種類の独裁制の両方ともが法律に基づいて支配を行うゆえに、ある意味では王制とも重なり合うような権力を持つからである。すなわち、その一つは、ギリシャ人以外のいくつかの民族の国制であり、独裁的な権力を持つ単独支配者が人々によって選出される[3]制度である。もう一つは、かつて古い時代のギリシャにあった国制であり、人々によって選出される単独支配者がいて、「執政者」と呼ばれた制度である。これら二種類の独裁制は互いに異なる点をいくつか持っているけれども、法律に基づく支配制度である点と、自ら進んで支配に従う人々を被支配者とする単独者支配制である点では、ともに王制的である。一方、支配者が自分の思い通りに専制的に支配する点では、ともに独裁制的である。

第三の種類

そして、第三の種類の独裁制は、王制の種類でいえば全権型王制に相当するもので、これこそがまさに独裁制だと考えられることの最も多い国制である。単独者支配制が

1　第三巻第十四―十七章の議論。

2　第三巻第十四章一二八五a一六―b三において、独裁制に近い王制が二種類挙げられている。

3　第三巻第十四章一二八五a二四では、「世襲」の制度だと説明されている。

この種類の独裁制に必ず陥ってしまう場合とは、執務審査を受けることのない支配者 a20
が自分自身の利益だけを目指し、市民が自分と同等の人間であろうと、自分より優れた人間であろうと、構わずに全員を支配するときである。これは被支配者のための支配ではないから、市民が自ら進んで支配に従うことはない。というのも、自由人は誰ひとりとして、自ら進んでこのような支配のもとにとどまり、耐えようとはしないからである。

かくして、これらが独裁制の種類であるが、これだけの数の種類がある理由については以上述べた通りである。

第十一章　中間的な国制による最善の国制の実現

考察する理由と中庸の原理

大多数の国家や大多数の人々にとって、最善の国制とはどのようなものであり、最善の生き方とはどのようなものなのか。この問いの目指すところは、一般的な個人の彼方にあるような徳や、生来の素質でも富などの条件でも幸運を必要とする教育や、私たちの願い通りに作られる［理想郷のような］国制といったものを前提にした「最善」ではなく、大多数の人々にとって共有可能な生き方と、大多数の国家にとって実現可能な国制を前提にして「最善」を考察することである。なぜこのように二つの「最善」を区別するのかといえば、先ほど述べた通り、「貴族制」と呼ばれる最善の国制にはさまざまな種類があり、ある種類のものは大多数の国家にとって実現可能な範囲の彼方にあるのに対し、ある種類のものはいわゆる「共和制」と隣り合わせのように近くにあるからである。[1] こうした事情から、後者の種類の貴族制と共和制は、あたかも一つの国制であるかのように論じられなければならない関係にある［ので、ここではその国制を考察する］。

では、そのような考察が可能かといえば、実際のところ、国制や生き方に関しては、すべて同じ要因（徳や外的な条件）に基づいて「最善」を判断できる。すなわち、もしも『倫理学』で述べたことが適切ならば[2]、個人の幸福な生き方とは、徳に即しつつ、［富などの］外的な条件に妨げのない状態で生きることであり、徳とは中庸であるから、必然的に、中庸に当たる生き方こそが最善の生き方だということになる。この場合の中庸は、一人一人の個人にとって達成可能な目標のことであるが、必然的に、これを同じ中庸を達成しているかどうかということが、国家や国制にとっても優劣の指標になる。というのも、ある意味では、国制は国家にとっての生き方だからである。

1　本章では極端な民主制と極端な寡頭制を両極に置き、それらの中間の国制を探究することによって共和制に近い貴族制、すなわち、実現可能な最善の国制を構想する。

2　『ニコマコス倫理学』の随所で述べられている内容を指すが、例えば、第一巻第七、八章、第二巻第二章、第七巻第十三章の論述が典型的である。

中間の人々の運営が最善――国家の部分から見た場合

1295b
　さて、どんな国家にも三つの部分があり、それらは、極めて富裕な人々、極めて貧困な人々、そして第三に、それらの中間の人々である。そこで、どれが最善の部分かを考えると、適度であること、つまり、中庸であることが最善だという点については、いまや同意を得ているから、［富や生まれの善さなどのように］幸運によって得られる事物も、中庸の程度に所有することが何にもまして最善なのは明らかである。なぜなら、中庸の状態のときこそ、人は道理に従うのが最も容易になるからである。
　それに対し、容姿の美しさ、身体の強さ、生まれの善さ、富の点で過度に幸運に恵まれた状態であったり、それらとは反対に、貧困、身体の弱さ、卑賤な生まれの点で過度に恵まれない状態であったりすると、人は道理に従うのが難しくなる。というのも、過度に恵まれた人々は傲慢になって大きな悪事を働く者になり、過度に恵まれない人々は素行不良になって小さな悪事を働く者になるということが、かなり多いからである。こうなってしまうのは、不正な行為というものが、ある場合には傲慢さによって引き起こされ、ある場合には素行不良によって引き起こされるからにほかならない。さらには、公職を忌避することも、公職に執心することも、ともに国家にとっ

b10

ては有害になるが、そのような行為に及ぶことの最も少ないのが中間の人々（中庸の状態の人々）なのである。

加えて、中庸の状態になく、身体の強さ、富、友人など、幸運によって得られる事物に恵まれすぎた人々は、支配されることを望まず、支配される仕方も知らない。[3] こうした状態は、既に子どもの頃から家庭内で起こっている。すなわち、子どもたちはわがままに育ったため、学校の中でさえ支配されることを習慣づけられないのである。一方、幸運によって得られる事物に恵まれず、過度の欠乏状態にある人々は、あまりにも卑俗な人間になる。その結果、支配する仕方を知らず、奴隷のように支配される仕方だけを知る状態になるのである。これと対照的に、先の恵まれすぎた人々は、どのような意味でも支配される仕方を知らないものの、主人が奴隷を支配するような専制的支配の仕方は知っているのである。このように中庸から外れた人々だけが存在するならば、奴隷と主人から成る国家が生じ、自由人の国家にはならない。そして、支

3　「自ら進んで支配されるということがない」という事実を、欲求と認知の二側面から説明した文で、アリストテレスの行為論に基づいている。

b20

配者に嫉妬する人々と、被支配者を侮蔑する人々から成る国家となり、相互の友愛から最も遠い状態になるゆえに本来の国家共同体から最も遠ざかる。なぜなら、共同体というものは友愛によって成立するからである。すなわち、敵と道をともにしたいと思う者などいないのである。共同体のうち、少なくとも国家の場合は、できるだけ対等で同質な人々によって構成されることが望まれるのであり、この望みは中間の人々によって最大限に実現される。したがって必然的に、中間の人々によって構成される国家こそが、国家として最善の仕方で運営されることになる。というのも、私たちが主張するように、この種の国家は、国家が自然本性的に備えるような［対等で同質な］人間たちによって構成されるからである。

しかも、市民のうち中間の人々こそが、国家の中で最も安寧を保っている。なぜなら中間の人々は、貧困な人々のように他の階層の人々の所有物を欲しがりはしないからである。また、裕福な人々の所有物は、貧困な人々から欲しがられる対象になるけれども、中間の人々の場合、他人からそのような対象にされることもない。それゆえ、誰かの陰謀で狙われることもなければ、自らが陰謀を企てて誰かを狙うこともないため、危険のない状態で過ごせるのである。こうしたことを踏まえると、フォキュリデ

b30

スが「多くのことは中間の人々にとっての最善になる。私は国家において中間の者になりたい」と祈った[4]のは見事である。

それゆえ、国家共同体の場合も、中間の人々によって共同体の運営が担われるときに最善となることは明らかである。したがってまた、中間の人々が多数いて、富裕者と貧困者の両方より力で優るに越したことはないが、それが無理なら、せめて富裕者と貧困者のいずれか一方より中間の人々が力で優るような国家になっていれば、うまく国家を運営できることも明らかである。というのも、中間の人々が富裕者に加勢して極端な民主制の出現を防いだり、貧困者に加勢して極端な寡頭制の出現を防いだりすることで、行き過ぎた国制の出現を防げるからである。それゆえ、国家の運営者が中庸の程度の、かつ、生きるのに十分な程度の財産を所有している状態ならば、最大の幸運なのである。なぜなら、ある者は莫大な財産を所有し、ある者は何も財産を所有しないといった状態のところでは、極端な民主制か純然たる寡頭制が出現するからであり、あるいは、これら両方の行き過ぎた国制を経て独裁制が出現するからである。

1296a

4　フォキュリデスは紀元前六世紀のミレトスの詩人で、祈りの句は「断片」一〇（D）。

つまり、民主制であれ、寡頭制であれ、過激さを極めると、そこから独裁制を生み出してしまうのである。それに対し、中間の人々によって担われる国制や、それに近い国制の場合、そこから独裁制が生じることは極めて少ない。その理由については、国制の変革に関する議論のところで後に述べよう[5]。

中間的な国制が最善——民主制や寡頭制と比較した場合

けれども、国制という観点から見ると、中間的な国制[6]が最善であることは既に明らかである。なぜなら、中間的な国制だけが内紛と無縁だからである。すなわち、国家の部分として中間の人々が多数いるところでは、市民の間での内紛や抗争の発生が最も少ないのである。大きな国家で内紛が比較的起こりにくいのも理由は同じであり、中間の人々が多数いるからにほかならない。それに対し、小さな国家では市民の全体が容易に二つに分かれやすく、ほぼ全員が貧困者か富裕者のいずれかになるため、どちらでもない中間の者がまったく残らないほどなのである。

また、民主制のさまざまな種類は、寡頭制のさまざまな種類と比較したとき、より安定性が高く、より長く存続するが、この要因は中間の人々である。すなわち、寡頭

a10

制に比べて民主制には、より多く中間の人々が存在し、いっそう公職に参与しているのである。というのも、民主制において中間の人々がいなくなると貧困者が数の上で極端な優位に立ち、悪政の結果、すぐに滅びてしまうからである。さらには、歴史上、最も優れた立法者たちが中間の市民層から輩出された事実も、いま述べたことの証拠だと考えるべきである。例えばソロンは、その詩が明らかにしているように[7]中間の市民層の出身であった。また、リュクルゴスもそうであり、その証拠にスパルタ王にはならなかった。加えて、カロンダスなど、ほぼ大多数の他の立法者も中間の市民層の出身だったのである。

こうした事柄を踏まえれば、現実には大多数の国制が民主制的か、寡頭制的かのいずれかになっている理由も明らかになる。すなわち大多数の国家では、しばしば中間の人々が少ないため、財産を持つ富裕者か貧しい民衆のどちらかが優勢になるたび、

5　第五巻第八章一三〇八a三一―二四で述べられる。
6　中間の人々によって担われる国制が、以後このように表現される。
7　『アテナイ人の国制』第五章に引用されており、富裕者の貪欲を戒め、中庸を心がけるように説く内容になっている。

優勢に立った側の人々が中庸の国家運営を踏み外し、自分たち本位に国制を動かす結
果、民主制か寡頭制が出現するわけである。さらに、その後にも民衆と富裕者の間で
は内紛や抗争が起こるため、どちらの側が敵対者を打ち負かす結果になるにせよ、互
a30 いに共有できる国制を構築することもなければ、互いにとって対等な国制を構築する
こともない。それどころか、抗争の勝利の褒賞として国制上の優越を獲得しようとする
ため、民衆が勝てば民主制を、富裕者が勝てば寡頭制を構築するのである。

さらに、ギリシャの指導的地位に立った二つの国家（アテナイとスパルタ）の市民
たちは、それぞれが自国の国制を模範に仰ぎながら、さまざまな国家に民主制あるい
は寡頭制を築いた［ので、ますます二つの国制だけが増えた］。それは、当の国家のため
になるようにと考えてのことではなく、自分たち自身のために行ったことであった。

このような理由により、中間的な国制はまったく出現しないか、わずかな国家のも
とで稀に生じるかのいずれかになるのである。実際、かつてギリシャで指導的な地位
に就いた人々のうち、中間的な国制の組織体制に納得して導入を許した人物は一人し
1296b かいない。[8] そして、諸国家の市民の側でも、もはや指導的な国家と対等になることな
ど望まない習慣が定着してしまい、思い切って相手国を支配しようとするか、そうで

なければ力で支配されることに耐えるかのいずれかを選ぶようになっているのである。

総括

かくして、以上述べたことから、最善の国制とはどのようなものであるか、また、どのような理由で最善といえるのかが明らかとなった。また、民主制にも寡頭制にも多くの種類があるという私たちの主張に基づいて、最善の国制以外の多くの国制を挙げたが、最善の国制を明確にした以上、それらのうちどれを優劣の点で第一級の国制と考えるべきか、また、どれを第二級以下、後続の国制と考えるべきかを見て取るのは難しくない。なぜなら、常に、最善の国制に最も近いものが、より優れた国制として上位に置かれ、最善である中間的な国制から遠ざかるほど、より劣った国制として下位に置かれるのが必然だからである。ただし、特定の前提に基づいて国制の優劣を判断するときは別である。つまり、他

8　紀元前五世紀のアテナイの政治家テラメネスを指すという解釈が従来有力だが、真相は不明。

にもっと望ましい国制が存在するにもかかわらず、ある国家が「特定の前提に基づいて」判断する限り、最善ではない特定の国制が、いっそう国家のためになる場合もしばしばあり、それはそれで構わないのである。

第十二章　中間の人々による国制の安定化

性質と数量から見た国家の優勢な部分

以上述べた事柄に続いては、どの種類の国制がどの種類の人々のためになり、どのような性質の国制がどのような性質の人々のためになるかということを論じなければならない。そこで、最初に取り出しておかなければならないのは、あらゆる国制に関して普遍的に当てはまる同一の原則である。すなわち、国家の中で国制の存続を望む人々が、存続を望まない人々よりも優勢な部分を占めていなければならないということである。[1][2]

しかし「部分」といっても、どんな国家であれ、性質で分けられる部分から構成されていると同時に、数量で分けられる部分からも構成されている。どういう意味かというと、性質とは自由、富、教育、生まれの善さ［の優劣］を指し、数量とは多さでこれがあれより優るという相対的な関係を指す。だが、国家を構成する諸部分を分けたとき、性質の上での優位と数量の上での優位が同一の部分に該当せず、別々の部分に該当することもありうる。例えば、生まれの善くない人々が生まれの善い人々より性質では劣るものの、数の上では多数派になることもあれば、貧困者が富裕者より富の所有という性質では劣るものの、数の上では多数派になることもありうるのである。とはいえ、そのような場合、性質の点で劣っている分だけ、ちょうど数量の点で優る［ことで対等な］状態になっているとは限らない。それゆえ、性質の観点から見た優劣と、数量の観点から見た優劣を互いに比較して、優勢な部分を判断しなければならないのである。

まず、いま述べた比例関係、すなわち、性質の点で劣る割合と類比的に同じだけ数量の点で優るという均衡[3]を超え出て、貧困者の数が多くなっているところでは「民衆が優勢な部分となるため」、自然に民主制が生じる。そして、どの種類の民衆が数で優

1　本巻第四章で「国家の部分」として挙げられた人々と同義。
2　本巻第四章一二九〇a三二の「大勢を占める部分」に相当する。同章注2参照。
3　実際には性質の数値化は困難であるが、例えば性質が三割劣ると、それに比例して数量で三割優るゆえに均衡するような関係が想定されている。

越するかに応じて、どの種類の民主制になるかが決まる。例えば、農民の数が優勢ならば、先に挙げた第一の種類の［農民と、ほどほどの財産を持つ人々が主体の］民主制 4 が生じ、職人と賃金労働者の数が優勢ならば、最後に挙げた種類の［民会決議が決定権を持つ］民主制が生じる。5 そして、これら両極の種類の間にある他の民主制も同じような仕方で生じるのである。他方、富裕者や名士が数の点で劣る割合以上に性質の点で優るところでは、自然に寡頭制が生じる。そして、民主制の場合と同じように、寡頭制特有の［富裕者の］集団として、［財産の額でいえば］どの種類の人々が優越するかに応じて、どの種類の寡頭制になるかが決まるのである 6

b30

「仲裁者」が必要

しかし立法者は、国家の部分として、民衆と富裕者に加え、中間の人々も常に国制の中に位置づけなければならない。すなわち、寡頭制的な法律を制定するのならば、富裕者だけではなく中間の人々のためになることを狙った規定にしなければならないし、民主制的な法律を制定するのならば、貧困者だけではなく中間の人々も支持するような規定にしなければならないのである。

こうした法律の側の条件に加えて、中間の人々の数が、富裕者と貧困者という両極の人々を合わせた数より優るか、あるいは、片方の数だけでも上回る状態になっているところでは、国制を安定化させることができる。というのも、中間の人々に対抗するために、富裕者が貧困者と協調する恐れなど、まったくないからである。なぜかといえば、富裕者と貧困者の間で、一方が他方への隷従を望むことなど決してないし、仮に富裕者と貧困者が共有できる国制を求めたとしても、中間の人々が加わった国制以上に共有しやすい国制は見つからないだろうからである。実際、富裕者と貧困者が交替で支配する制度を共有したところで、相互の不信ゆえに、交替制に耐えて維持することはないだろう。それに対し、どこでも仲裁者こそは最も信頼されるのであり、中間の人々は国家の中の仲裁者にほかならないのである。

そして、［仲裁者の存在によって］国家の諸部分が善く混合されていればいるほど、

4　本巻第四章で最初に挙げられた種類の民主制。

5　本巻第四章で第五の種類に挙げられた民主制。

6　本巻第六章で説明されたように、富裕者が少数化するにつれて財産の額は大きくなることから、四種類の寡頭制が段階的に変遷する。

1297a　b40

国制はより安定する。それにもかかわらず、〔最善の国制を求めて〕貴族制的な国制の構築を望む人々でさえも、国家の諸部分の混合を忘れ、その多くが誤りを犯す。すなわち、富裕者に多くの特典を割り当てるという誤りを犯すだけではなく、その富裕者優遇に気づかれないよう〔懐柔策を施して〕民衆を欺かなければならなくなるという点でも誤るのである。[7]なぜ、この誤りを指摘するのかというと、時が経過すれば、偽 a10
りの善から真の悪が出現するのは不可避だからである。つまり、富裕者が多くのものを独占することは、民衆が同じことをしたときよりも〔独裁制を招きやすいので〕、いっそう国制を滅ぼすことにつながるのである。

7　中間の人々を加えれば富裕者と民衆の混合が進み、最善の中間的な国制を構築できるにもかかわらず、混合を忘れて貴族制の実現を急ぐ人々は富裕者だけに特典を与えるため、民衆に対する懐柔策を施さざるをえなくなるという指摘である。具体的な懐柔策は次章で論じられる。

第十三章　懐柔策による国制の安定化

五つの策

さまざまな国制には、〔富裕者への優遇に関して〕弁解ができるよう民衆対策として知恵をめぐらした懐柔策があり、[1]そのようなものを枚挙すれば数にして五つになる。すなわち、民会、公職、裁判所、重装武具、体育に関する懐柔策である。

まず、民会に関しては、市民は誰でも民会への参加を許されるが、欠席した場合、富裕者だけに罰金が科されるか、もしくは、富裕者には他の人々よりもかなり高額の罰金が科される。次に、公職に関しては、一定の財産を持つ者の場合、職務を遂行できないと宣誓して辞任する手続きが許されないが、貧困者には許される。また、裁判所に関しては、裁判員を務めなかった場合、富裕者には罰金が科されるが、貧困者にはその心配がない。あるいは、カロンダスの法律のように、富裕者に対する罰金は高額で、貧困者に対する罰金は低額という場合もある。さらに、いくつかの国家では、

a20

登録すれば誰でも民会に参加したり、裁判員を務めたりすることが許されるものの、登録した上で民会や裁判に出席しなかったときには高額の罰金が科される。その目的は、罰金を恐れて登録を避けるよう仕向けることにあり、つまりは、無登録となって裁判や民会に参加しないよう仕向けるためなのである。

そして、重装武具の所有、体育の訓練に関する立法も同様に行われている。すなわち、貧困者は重装武具を所有していなくても許されるが、富裕者が重装武具を所有していないときには罰金が科される。また、貧困者が体育の訓練を受けなくても罰金は科されないが、富裕者には科される。その目的は、富裕者に対しては、罰金を恐れて訓練に参加するよう仕向け、貧困者に対しては、罰金を科される恐れがないゆえに訓練に参加しないよう仕向けることなのである。

以上挙げた立法上の懐柔策は寡頭制的な性格を持っているが、民主制では、これら

1　貴族制を目指す国家が富裕者を優遇するとき、その国制には民衆に対する懐柔策があるという意味で、前章で挙げられた「どの種類の国制がどの種類の人々のためになるか」という考察の続きである。

と正反対の仕方で知恵をめぐらした［富裕者に対する］懐柔策が施される。すなわち、貧困者が民会や裁判に出席したときには手当を支給するが、富裕者に対しては、欠席しても罰金を科さないという懐柔策である。かくして、この事例から明らかなように、本来、寡頭制的な法律と民主制的な法律を正しく混合しようと思えば、それぞれの一部を合わせて、出席した貧困者には手当を支給し、欠席した富裕者には罰金を科すという規定[2]にしなければならない。このようにすると共有できる制度になり、誰もが国制に参与できるのに対し、単なる懐柔策を施す場合には、富裕者と民衆のどちらか一方だけのための国制になってしまうだろう。[3]

共和制特有の課題

しかしながら、［寡頭制と民主制の混合である］共和制の公職者の場合には、重装武具を所有する富裕者だけで構成される[4]必要がある。その場合、公職への参与が許される財産の査定額を単純に定め、「重装武具を所有するには、これだけの額あればよい」ということはできない。そうではなく、条件とする査定額の上限がどれくらいであったなら国制に参与できる者の数が参与できない者の数を上回るか、その額を熟考して定めなければならない[5]のである。なぜこのような条件を定めるのかといえば、貧困者は、たとえ名誉ある公職に参与できなくても、誰かから傲慢な振る舞いをされたり、自分の財産を奪われたりするようなことが何もなければ、［懐柔策がなくても］反抗せずに静穏を保とうとするからである。とはいえ、貧困者に静穏を保たせることは容易ではない。なぜなら、共和制の場合、政府の構成員たちが、必ずしも傲慢な振る舞いをしない上品な人々であるとは限らないからである。また、貧困者の側でも、食糧が得られずに困窮しているときには、戦争が起こっても戦うことを躊躇［して反抗］するのが常なのである。しかし、［懐柔策として］食糧を支給すれば、貧困者は戦う気になるものである。

また、いくつかの国家の共和制では、現役の重装歩兵だけではなく、かつて重装歩

b10

2　本巻第九章で述べられた国制の混合に関する第一の方法。

3　懐柔策は、いわば、国制の正しい混合法からの逸脱である。

4　第二巻第六章一二六五b二六―二九で「共和制」に言及された際、プラトン『法律』の記述に従い、このように規定された。

5　共和制は多数者支配の国制であるから、その点を考慮しなければならないということ。

兵だった退役者も公職の構成員にしているが[6]、マリス人[7]のところでは、現役の兵士と退役者の両方で「民会や裁判所などの」国制を構成しつつも、行政に関わる公職者は現役の軍人から選んでいた。

さらに、ギリシャ人のもとで王制の後に出現した最初の共和制では、現役の戦士によって公職者が構成されていたけれども、初期の戦士は重装歩兵ではなく騎兵であった。すなわち、当時の戦争では、騎兵で敵国に優る国家が強国だったのである。というのも、重装歩兵は隊列を組まないと役に立たないが、古い時代には隊列を組んで戦った経験もなければ、戦術として組織立てられた隊列もなかったため、戦力の強さが騎兵に依拠していたからである。しかし、国家が大きくなり、重装歩兵に依拠して戦力を増すと、より多くの人々が国制に参与するようになった。だからこそ、いま私たちが「共和制」と呼ぶ国制を、以前の人々は多数の民衆による支配という意味で「民主制」と呼んだわけである。とはいえ、古い時代の国制は、「民主制」と呼ばれながらも寡頭制的な性格や王制的な性格を持っていたのであり、それには十分な理由がある。すなわち、国家の人口そのものが小さかったために中間の人々が多くはなく、その結果、富裕者と王を除く民衆は、数が少ない上に組織化の点でも貧弱な状態だったので、［懐柔策がなくても］支配されることに甘んじていたのである。

かくして、どのような理由で多くの国制が存在するのかということ、また、一般に挙げられる国制とは別の種類の国制が存在すること（例えば、民主制の種類を数え上げると一つではなく、他の国制の場合も同様である）について、それはなぜかということが述べられた。加えて、複数の種類の間でどのような違いがあるのかということや、そうした違いがどのような理由で生じるのかということ、さらには、「大方の場合でいえば」というとらえ方で、大多数の国家にとっての最善の国制とはどのようなものかということや、最善の国制以外の国制の中では、どのような性質のものがどのような人々に適しているのかということも述べられた。

b30

6　重装歩兵の退役者が国制に反感を持たないようにする懐柔策。
7　マリスはギリシャ中部の地方。

第十四章　国制の中の審議を担う部分

立法者が研究するべき三つの部分

以上の事柄に後続する問題を論じるに当たっては、適切な論点をその出発点とし、再び、総論として多くの国制に共通する点を、各論としてそれぞれの国制に固有の点を述べてゆくことにしよう。

さて、どんな国制にも三つの部分があるから、優れた立法者ならば、それらの部分について、それぞれの国制のためになるよう研究しなければならない。三つの部分が
適切な状態ならば必然的に国制全体も適切になる。また、さまざまな国制同士の異な b40
りも、三つの部分の各々の異なりから必然的に生じるのである。すなわち、どのよう
であるべきかが研究課題となる三つの部分とは、第一に、公共の事柄についての審議 1298a
を担う部分、第二に、公職を担う部分（どのような種類の公職があるべきか、どのような権限を持つべきか、どのように公職者の選出を行うべきかが問題になる）、第三

に、裁判を担う部分である。[1]

このうち、審議を担う部分は、戦争と平和、軍事同盟の締結と破棄、さまざまな法律、死刑と国外追放と財産没収、公職者の選出と執務審査に関して権限を持つ。そして、審議で決める際の方法としては、あらゆる案件の判断を全市民にゆだねるか、それとも、あらゆる案件の判断を一部の市民にゆだねるか（例えば、一つの公職にゆだねる、複数の公職にゆだねる、案件の種類に応じて異なる公職にゆだねる、という方法がある）、あるいは、一部の案件の判断は全市民にゆだね、他の案件の判断は一部の市民にゆだねるかのいずれかになるのが必然である。

民主制的な方式

いま挙げた方法のうち、あらゆる案件の判断を全市民にゆだねるのは民主制的である。なぜなら、このような仕方での平等を求めているのが民衆だからである。とはい

1　三つの部分は、ほぼ立法、行政、司法に相当し、本章から第十六章までにかけて論じられる。

え、全市民参加の方式はさまざまにある。

第一の方式は、全員が同時に審議員を務めるのではなく、交替制で順番に務めるもので、ミレトスのテレクレスの国制[2]にちょうど実例が見られる。それ以外の国制では、公職者の合同協議会が会合を行って審議するが、この公職には、各部族から、あるいは最小の市民組織の単位から、というようにして網羅的に市民が順番に就任し、最終的には全員が務めるところまで続けられる。この方式の場合、全市民が同時に集まるのは、法律を制定するとき、国制に関わることを審議するとき、公職者による報告を聞くときに限られる。

第二の方式は、公職者の選出、立法、戦争と平和に関する審議、公職者の執務審査のときだけは全市民が同時に集まるが、それ以外の案件は、それぞれの担当分野に分かれて配置された公職者が審議するものである。この方式の場合、担当分野別の公職者は全市民の中から選出されるか、あるいは籤引きで決められる。

第三の方式は、公職者の選出と執務審査、戦争と軍事同盟に関する審議を行うときは全市民が集まるが、それ以外の案件は、選出された公職者が専門に扱うものである。こうした公職者は、可能な限り、籤引きではなく選出の手続きで決められるが、それは、専門の知識を持つ人々が務めなければならないような公職に限っての事情なのである。

第四の方式は、あらゆる案件について、全市民が集まって審議し、公職者は何も判断せず、予備審議だけを行うものであるが、現実に、まさにこの方式で究極の民主制が運営されている。このように民主制の中でも究極のものは、寡頭制の中の門閥制的なものや、単独者支配制の中の独裁制的なものに類比されるというのが、私たちの主張にほかならない。[3]

a30

寡頭制的な方式

以上挙げた方式はすべて民主制的であるのに対し、あらゆる案件の審議を一部の市民にゆだねるのが寡頭制的な方式である。そして、この寡頭制的な方式にもさまざま

2　人物も国制も不詳。
3　本巻の中で繰り返されている主張で、第四章一二九二a一七―一八、第五章一二九二b七―一〇、第六章一二九三a三〇―三四で提示されている。

な種類がある。
第一の方式は、審議員に選出されるための条件となる財産の査定額が、比較的穏当な適度の額に定められるものである。穏当な額に定められるゆえに、選出される人々は比較的多くなり、その人々は法律のさまざまな禁止規定を改変することなく、そのまま従おうとする。そして、定められた査定額に達する財産の所有者なら誰でも審議への参与を許されるので、このような寡頭制は、穏当な制度ゆえに共和制的な性格を持つのである。

これに対し、第二の方式は、定められた査定額に達する財産の所有者の全員ではなく、そこから選ばれた人々が審議に参与するもので、第一の方式と同様、法律に従った支配が行われるが、［少人数の審議員になるため］寡頭制的な性格を持っている。

さらに、第三の方式は、審議の権限を持つ人々が自分たちで自分たちを［再び］選出するものであるが、この方式には、父親に代わって息子が引き継ぐ制度も加わるため、審議員[4]は法律そのものを動かす権限さえ持つことになる。このような制度は、寡頭制的なものにならざるをえない。

1298b　a40

貴族制や共和制のような方式

しかし、ここまで挙げた方式とは異なり、一部の案件の審議を一部の市民にゆだねる方式もある。例えば、戦争と平和、公職者の執務審査に関する審議には全市民が参与するけれども、それ以外の案件の審議は公職者にゆだねる方式があり、しかもこの公職者は、籤引きで決められるのではなく、人々によって選出される。このような国制は貴族制である。

だが、そのようにせず、全市民で審議される案件以外のうち、ある案件は、人々によって選出された審議員にゆだね、ある案件は、籤引き（単純に籤引きを行う方法と、予備審査を経た候補者が籤引きを行う方法がある）で決められた審議員にゆだねるという方式もある。あるいは、人々によって選出された審議員と、籤引きで決められた審議員が共同で審議する方式もあり、このような方式の中には、貴族制に近い共和制の性格を持つものもあれば、共和制そのものの性格を持つものもある。

4　ロスは oligarkhikōtatēn（最も寡頭制的な）と修正しているが、写本通りに oligarkhikēn と読む。

民主制的な審議制度の改善策

かくして、国家の中で審議を担う部分のあり方は、以上述べたように国制の種類との相関で区別されるのであり、国制の側からいえば、各国制は、いま示したように区別される審議制度に対応した運営を行うのである。

しかし、現在これこそが民主制だと考えられることの最も多い民主制、つまり、民衆が法律さえも動かす権限を持つような民主制における審議制度について考えると、その改善に有効なのは、寡頭制における裁判所で行われているのとまさに同じ制度を実施することである。すなわち、裁判への出席を促すために、裁判員になるよう望まれている［名士の］市民が欠席した場合には罰金を科す制度であり、民主制の場合ならば、裁判員を務める貧困者に手当を支給する制度がこれに当たる。したがって、こうした制度を民会の審議員に関しても適用すればよいということである。なぜこれが改善策になるのかといえば、民衆としては名士たちと一緒になることによって、名士たちとしては大衆と一緒になることによって、全員が共同で審議に当たるならば、より善い審議になるだろうからである。

また、審議員を人々が選出するにせよ、籤引きで決めるにせよ、民衆と名士たちから送り出す人数を等しくすることも善い結果を生む。さらに、民衆から送り出された審議員の人数が、国家の運営に向いた人々[5]（名士たち）の人数よりもはるかに超過した場合には、民衆派の全員に手当を支給するのではなく、対応策として、名士たちの人数と釣り合う分の民衆派だけに手当を支給するか、もしくは、名士たちの人数を超えた分の民衆派を除籍するよう籤引きで決めるのも有効である。

寡頭制的な審議制度の改善策

これに対し、寡頭制においては、［富裕者だけではなく］大衆からも何人か審議員を選んで加えるか、あるいは、いくつかの国制で「予備審議会」や「護法官」と呼ばれているような公職を設け、そうした公職者が予備審議した事項だけを審議の場で扱うようにすることが有効である。なぜなら、こうすれば民衆が審議に参与できるのと同

b30

5　ロスは politōn（市民たち）と修正しているが、写本通りに politikōn と読む。この語は主に「国家の運営者たち」を意味するが、この文脈では、審議員になるよう望まれている名士たちを指す。

時に、国制に関する規定を廃止できるほどの力を民衆に何ら持たせないことも可能になるからである。

また、審議の結論を出すため民衆に投票させるとしても、［予備審議会から持ち込まれた］原案に賛成する投票だけを許すか、もしくは、原案に反対する投票は許さないか、あるいは、共同討議への参加は誰にでも認めるが、審議の結論を出すのは公職者に限る方法が有効である。

さらに、寡頭制においては、共和制で行われているのと正反対のことを実行しなければならない。すなわち寡頭制では、大衆が原案に反対する投票を行った場合は、その通りに否決する権限を持つが、大衆が賛成する投票を行った場合は、可決する権限を持たないと定め、いずれにせよ、必ず議案は再び公職者に差し戻されなければならないのである。実際、共和制では、これと正反対のことが行われている。すなわち、少数者［である公職者］は原案を否決する権限を持つが、可決する権限を持たないので、常に議案は多数者の［民会の］ところに差し戻されるのである。

かくして、国家の中で審議を担う部分、つまり国制上の最高の決定権を握る部分については、以上のように規定されたものとしよう。

1299a　b40

第十五章　国制の中の公職を担う部分

課題は分類と適合

続いては、さまざまな公職の分類が主題となる。実際、国制の中の公職を担う部分には多くの種類があるので、それらの公職がいくつあり、何に関して権限を持っているのか、それぞれの公職の任期はどれくらいなのかということが問題となる。任期が問題になるのは、公職によって、六カ月であったり、それより短かったり、一年であったり、もっと長かったりするからである。また、公職に終身制や長期間の任期を認めるべきか、それとも、そのどちらも認めるべきではなく、むしろ同じ者が何度も就任することを認めるべきか、あるいは、同じ者が二度就任することを認めず、一度きりにするべきかということも問題となる。さらには、公職者を任命する方法に関して、誰が任命主体となり、誰を任命対象として、どのような仕方で任命するかが問われる。

つまり、こうした問題のすべてに関して、まず、採用しうる方法がいくつあるかを明確にし、次に、どのような公職の制度ならば善い結果を生むかという観点から、さまざまな国制に適合させることができなければならないのである。[1]

公職とは何か

しかしながら、どのような職務を「公職」と呼ぶべきかということ、このこと自体さえ、明確にするのは容易ではない。なぜなら、そもそも国家共同体は多くの監督者を必要とするため、人々に選出された監督者にせよ、籤引きで決められた監督者にせよ、必ずしもそのすべてを公職者と見なすべきではないからである。その例として第一に挙げられるのが祭司である。というのも、祭司は、国家を運営する公職とは別の何かと見なされなければならないからである。また、合唱舞踊隊の後援者、[2]伝令使、

1　ロスは hopoiais hai poiai（どのような国制にどのような公職が）と修正しているが、写本通りに poiai と読む。
2　原語は khorēgos。第一巻第六章注2参照。

外交使節のいずれも人々によって選出されるが、やはり公職者ではない。

他方、ある種の監督者は、顧慮する対象が確かに国家の運営に関わっている。その中には、戦争を指揮する将軍のように、何かの実行のために国家の全市民を監督する場合もあれば、女性に対する監督官や幼児に対する監督官のように、一部の市民を監督する場合もある。それに対し、国家の運営ではなく家政に関わる監督官もある。例えば、穀物測量官[3]がしばしば選出される。さらに、監督者の中には下働きのような職務もあり、国家が富裕であれば、その職務を奴隷に割り当てる。[4]

けれども、端的にいえば、とりわけ「公職」と呼ばれるべきなのは、何事かを審議し、判断し、命令する権限が認められている職務であり、このうち最も重要なのは「命令する」権限である。なぜなら、命令することこそ、他の権限にもまして「公職（アルカイ、アルケー）」が持つ「支配（アルケー）」の性格の強いものだからである。だが、これは「公職」という言葉をめぐる問題[5]であり、いまだに論争の決着はついていないが、まったくといってよいほど実際的な面での影響はないにしても、それとは別の知的な研究課題になる。

小さな国家の課題

しかし、「公職とは何か」ということよりも、いっそう問題になるのは、国家が成立するためにはどのような公職がいくつ必要なのか、また、必要不可欠な公職ではないにせよ、優れた国家となるのに役立つ公職はどのようなものなのかということであろう。実際、このことはすべての国制にとって問題になるけれども、とりわけ小さな国家の場合にはそうである。というのも、大きな国家ならば、一つの仕事に対して一つの公職を配置することが現実に可能になっているし、そのように配置するべきでもあるからである。つまり、大きな国家は市民を多数持つゆえに、公職に就任できる人々が多く、結果的に、何度か公職に就任するにしても長期の間隔を空けられるか、一度きりの就任で済むのである。加えて、多くの職務に就くよりも一つの職務に就く

3　飢饉のときや、穀物が国家に贈与されたときに、市民に穀物を分配する役職。

4　共同体ないし共同関係である国家、家、主人と奴隷のいずれにも、関わりを持つような監督者が存在するという説明。

5　「公職」の原語は複数形の arkhai もしくは単数形の arkhē であるが、arkhē は「支配」も意味することから、語源上のつながりをめぐる問題が提起されていたと考えられる。

方が、それぞれの仕事の担当能力が向上する。これに対して小さな国家では、多くの公職が少数の人々の手に集中せざるをえない。なぜなら、小さい人口のゆえに、多くの人々を公職に就任させるのは容易ではないからである。たとえ多くの人々が就任したとしても、今度は、いったい誰がその後を引き継ぐというのだろうか。

とはいえ、小さな国家であっても、大きな国家にあるのと同じ公職や法律を必要とする場合が時としてある。ただ、大きな国家はそうした公職をしばしば必要とするのに対し、小さな国家では長期間の中で稀に必要性が生じるだけであるから[6]、一人の市民に対して多くの担当を同時に命じても差し支えない。なぜなら、複数の担当の間に妨げ合う関係はないからである。また、人口が小さい以上、比喩的にいえば、肉を焼く串と燭台を兼ねる道具[7]のように、一つの公職に対して多くの仕事を持たせる必要もある。それゆえ、すべての国家に必要な公職はいくつあるのか、また、必要不可欠ではないにせよ、できれば「優れた国家となるために」設けるべき公職はいくつあるのかということを私たちが言明できるようになれば、それを知った人が公職を統合するのはより容易になるだろう。すなわち、どのような役職とどのような役職ならば一つの公職にまとめるのに適するかという観点から、統合できるようになるだろう。

1299b

b10

公職の配置を分ける要因

だが、公職を統合しようとする際、それに関連して次のような問題も生じるということを見逃してはならない。すなわち、管轄する事柄がどのようなものであるときには場所ごとに公職を設けて管轄するべきなのか、そして、管轄する事柄がどのようなものであるときには場所を分けず、国家の全領域を一つの公職が管轄するようにするべきなのかという問題である。例えば、公序良俗の維持について、[8]広場（アゴラ）は広場監督が管轄し、他の場所は他の監督者が管轄するというように分けるべきか、それとも、同一の監督者が全領域を管轄するべきかという問題がある。

また、場所ごとに分けるべきかという問題の他に、管轄する事柄の違いに応じて公

6　工事を監督する職務のようなものが考えられ、城壁の修復の際に公職が設けられたという推測もある。

7　『動物部分論』第四巻第六章六八三a二二でも挙げられており、動物の持つ一つの器官が、この道具のように多機能を持つことを自然は避けようとすると述べられている。

8　原語は eukosmia。「規律ある振る舞い」や「善良な行動」を意味するが、ここで公職者の管轄対象とされている事柄の公共性が明確になるよう、現代の成句を訳語に用いた。

職を分けるべきか、それとも、管轄対象となる人間の違いに応じて分けるべきかということも問題となる。どういうことかというと、例えば、公序良俗の維持は事柄として一つであるから一人の監督者によって管轄されるべきなのか、あるいは、同じ公序良俗の維持であっても、子どもを対象とする監督者と女性を対象とする監督者は分けられるべきなのか、というようなことである。

国制と公職の関係

さらには、国制ごとに考えることもでき、それぞれの国制に応じて公職の種類も違ってくるのか、それとも、何ら違わないのかということも問題となる。例えば、民主制、寡頭制、貴族制、単独者支配制のいずれにおいても、同じ公職が同じ権限を持つのかどうかが問題になる。すなわち、公職者を選ぶ際に、例えば貴族制では教育を受けた人々の中から、寡頭制では富裕者の中から、民主制では自由人の中から選ぶというように、国制が異なれば選出対象も異なるため、対等な人々ないし同質の人々の中から選ぶのではないにもかかわらず、それでもなお、どの国制においても同じ公職が同じ権限を持つのか、という問題である。それとも、そうではなく、公職の中のいくつかは国制によって権限を異にするのが実状であり、公職によって、同じ権限を持つ方がよい場合もあれば、異なる権限を持つ方がよい場合もあるということなのか。つまり、同じ公職であっても、大きな権限を持つことが適する国制と、小さな権限を持つことが適する国制があるため、この点が問題になるわけである。 b30

しかしまた、特定の国制だけに適した固有の公職も存在し、［現状ではさまざまな国制に見られる］予備審議会[9]がその例である。これは民主制には適さない。それに対し、審議会は民主制に適する。なぜなら、民衆が労働者としての忙しい生活を送れるようにするためには、民衆［の民会］に先立って審議することを任務とするような公職が、何か存在しなければならないからである。とはいえ、もしもこの審議会が少人数で構成されるならば、寡頭制的な公職になってしまう。他方、予備審議会は少人数で構成されなければならない組織であるから、もともと寡頭制に適した公職である。

ところが、予備審議会と審議会の両方が公職として設けられているところでは、予備審議員が審議員に優越するものとして上位に位置づけられている。その理由は、審

9　前章一二九八b二六―三二で言及された制度。

議員が民主制的であるのに対し、予備審議員は寡頭制的であるという点にある。とはいえ、民衆自身が会合を開いて万事を取り扱うような民主制においては、民主制的であるはずの審議会の権能さえ破壊されてしまう。こうしたことがいつも決まって起こるのは、民会の出席者に対する手当が高額なときである。なぜなら、高額の手当てを得て生活に余裕ができると、民衆は頻繁に民会に集まり、何でも自分たちで判断するからである。

また、幼児監督官と女性監督官（女性を対象とする監督官）、あるいは、それらに類する監督の権限を持つ公職が他にもあるならば、それも含めて、こうした公職は貴族制には適しても民主制には適さない。というのも、民主制において貧困者の妻たちが外出するのをどうして止めることができるだろうか。また、そうした公職は寡頭制にも適さない。なぜなら、寡頭制における支配者の妻たちは贅沢な暮らしをしているからである。

任命方法の種類

しかし、こうした事柄について述べるのは、いまはこれくらいにして、公職者の任

1300a

命について最初のところから詳しく論じるよう努めなければならない。

さて、公職者の任命方法の違いは、三つの規定において生じるため、それらの違いを組み合わせれば、必然的に、あらゆる種類の方法が得られることになる。三つの規定のうち第一は、誰が任命主体になるか（A）[11]ということである。第二は、誰を任命対象にするか（B）ということである。残る第三は、どのような方式で任命するか（C）ということである。

さらに、これら三つの規定のそれぞれについて、三つずつ異なる方式がある。

まず、任命主体については、全市民が任命主体になるか（A1）、それとも、一部の市民が任命主体になるか（A2）、というように二分される。次に、任命対象については、全市民の中から選ぶか（B1）、それとも、財産の査定額、生まれの善さ、徳などの条件によって限定された一部の市民の中から選ぶか（B2）、というように

a10

10　第六巻第八章一三二三a三―六によれば、奴隷を持たない貧困者の場合、妻や子どもを従者のように使用する。

11　個々の方式の種類が明確になるよう括弧内に記号を付す。

二分される。例えばメガラでは、国外追放になっていた人々が一斉に帰国し、民衆を相手にして戦ったとき、その人々の中から公職者が選ばれた。また、任命の方式については、選出制にするか（C1）、それとも、籤引きにするか（C2）、というように二分される。その上で、今度は、二分された方式が組み合わされる場合もある。つまり、一定の公職者については全市民が任命主体になり、それ以外の公職者については全市民が任命主体になる方式（A3）が加えられる。次に、一定の公職者については全市民の中から選び、それ以外の公職者については一部の市民の中から選ぶ方式（B3）が加えられる。また、一定の公職者については人々が選出し、それ以外の公職者については籤引きで決める方式（C3）が加えられる。

そして、これらの各々をもとに、四つ[12]の異なる種類の方式が生じるだろう。まず、全市民が任命主体になって全市民の中から選ぶ方法（A1かつB1）を固定すると[13]（「全市民の中から」といっても、部族、居住区、兄弟団などの単位に分けて順番に任命することによって全市民が就任するまで続ける方式と、その都度、全市民を対象にして選ぶ方式がある）、選出制（C1）と籤引き（C2）に分かれ、さらに、一定の公職者は選出制にし、それ以外の公職者は籤引きで決める方式（C3）が加わる。

次に、一部の市民が任命主体になって全市民の中から選ぶ方法（A2かつB1）を固定すると、選出制（C1）と籤引き（C2）に分かれる。また、一部の市民が任命主体になって一部の市民の中から選ぶ方法（A2かつB2）を固定すると、やはり選出制（C1）と籤引き（C2）に分かれる。そして、この方法には、一定の公職者は選出制にし、それ以外の公職者は籤引きで決める方式（C3）も加わる。すると、どうなるかといえば、先に挙げたように全市民の中から選ぶ場合（A2かつB1）も、一定の公職者は選出制にし、それ以外の公職者は籤引きで決める方式（C3）が加わるということである。[14]

したがって、なお残る二つの方式の組み合わせ[15]を別としても、十二種類[16]の方法がある。

12　ロスは heks（六つ）と修正しているが、任命主体のA1かA2、任命対象のB1かB2を組み合わせると四通りあることを指すと解釈し、写本通りに読む。

13　ロスは原文に「全市民が任命主体になって、選出制か籤引きで一部の市民の中から選ぶ」を意味するギリシャ語を加えているが、それに従わず、写本通りに読む。

14　ロスは原文に「選出制か籤引きで一部の市民の中から選ぶ」を意味するギリシャ語を加えているが、それに従わず、写本通りに読む。

ることになる。

国制と任命方法の関係

このうち二つ[17]の任命方式は民主制に適する。すなわち、全市民が任命主体になって選出制で全市民の中から選ぶ方式と、全市民が任命主体になって籤引きで全市民の中から選ぶ方式である。あるいは、その両方を使い、一定の公職者は籤引きで決め、それ以外の公職者は選出制にする方式も民主制的である。[18]

他方、全市民が任命主体になるものの、一度に全員がそうなるのではなく、交替で順番に務めつつ、全市民もしくは一部の市民の中から、籤引きか選出制、もしくはその両方で選ぶ任命方式は共和制に適する。あるいは、全市民が交替で順番に任命主体になりつつ、一定の公職者については全市民の中から、それ以外の公職者については一部の市民の中から、籤引きか選出制、もしくはその両方（すなわち、公職の一部には籤引きを用い、他は選出制にするという意味である）で選ぶ方式もやはり共和制的である。[19]

また、一部の市民が任命主体になって、籤引きか選出制、もしくはその両方（つまり、公職の一部には籤引きを用い、他は選出制とする方式）で、全市民の中から選ぶ任命方式は、共和制の中でも寡頭制に近い場合に適する。[20] とくに、この中でも籤引きと選出制の両方を用いるものは、いっそう寡頭制の性格が強い[21]方式である。

さらに、一定の公職者については全市民の中から選び、それ以外の公職者について 1300b は一部の市民の中から選ぶ方式は、共和制の中でも貴族制的に運営される場合に適しており、公職の一部は選出制とし、他には籤引きを用いる方式も同様である。[22]

15　A3ないしB3を用いる組み合わせを指すと考えられる。

16　説明されているのは九種類に見えることから、どのように十二種類を数えるかが不明瞭だが、ここで言及されていない「A1かつB2」の生み出す三種類を加えれば理解できよう。

17　ロスは treis（三つ）と修正しているが、一部の写本に従って読む。

18　A1かつB1を採用する方式は、すべて民主制的ということ。

19　一度に全市民が任命主体にはならないという条件つきで、A1かつB1、A1かつB2、A1かつB3のいずれかを採用する方式は、共和制的ということ。

20　A2かつB1を採用するならば、共和制でも寡頭制に近づくということ。

21　例えば、重要な公職を選出制とし、それに富裕者だけが就くような運用を想定しているのであろう。

それに対し、寡頭制に適するのは、一部の市民が任命主体になって、選出制か籤引き（現実には籤引きが採用されていなくても、これが寡頭制的であることは変わらない）、もしくはその両方で、一部の市民の中から選ぶ方式である。[23]また、一部の市民が選出主体になって、まず全市民の中から何人かの候補者を選び、その中から公職者を全市民で選出する方式は貴族制に適する。[24]

かくして公職の任命方法は、これだけの数あり、国制ごとの適合性に基づけば、以上述べたように区別される。[25]しかし、どの公職がどの人々のためになるか、それゆえ、どのような任命方法が用いられるべきかということは、さまざまな公職がどのような権能を持つかという点を明確にしたときに、同時に明瞭になるだろう。ここで「公職の権能」といっているのは、例えば、国家の収入に関する権限や国家の防衛に関する決定権のことである。なぜ、さまざまな公職の権能を明確にしなければならないのかというと、いま挙げた防衛に関する将軍の権限と、国家の収入に関わって広場での売買契約を取り仕切る権限とでは、「どの人々に関わるかという点で」公職としての権能の種類が異なるからにほかならない。

22　Ｂ３かＣ３を採用する場合は、他の条件にかかわらず、重要な公職に優れた市民を就かせるような配慮が可能になることから、貴族制（最優秀者支配制）に近づくということ。

23　Ａ２かつＢ２を採用する方式は、すべて寡頭制的ということ。

24　文の前半と後半を切り離し、「Ａ２かつＢ１かつＣ１と、Ａ１かつＢ２かつＣ１は貴族制的である」という解釈が従来見られたが、これらは既に共和制的だと述べられているので、適切ではない。「Ａ２かつＢ１かつＣ１」と「Ａ１かつＢ２かつＣ１」を組み合わせた方式（Ａ３かつＢ１かつＣ１に近い方式）により、優れた市民が選ばれることから貴族制に向くという説明である。

25　すべての任命方法と適合する国制は次頁の表のようになる。

【公職者の任命方法】

	全市民	一部	混合
任命主体（A）	A1	A2	A3
任命対象（B）	B1	B2	B3

	選出	籤引き	併用
任命方式（C）	C1	C2	C3

【AとBの組み合わせ】

	B1	B2	B3
A1	①	②	③
A2	④	⑤	⑥
A3	⑦	⑧	⑨

【適合する国制】（注24に該当する貴族制は省く）

	C1	C2	C3
①	民 共＊	民 共＊	民 共＊ 共（貴）
②	共＊	共＊	共＊ 共（貴）
③	共＊ 共（貴）	共＊ 共（貴）	共＊ 共（貴）
④	共（寡）	共（寡）	共（寡） 共（貴）
⑤	寡	寡	寡 共（貴）
⑥	共（貴）	共（貴）	共（貴）
⑦	貴？	貴？	共（貴）
⑧	貴？	貴？	共（貴）
⑨	共（貴）	共（貴）	共（貴）

民：民主制　共＊：注19の条件つきで共和制　共（寡）：寡頭制に近い共和制
寡：寡頭制　共（貴）：注22より貴族制に近い共和制　貴？：言及されていないが、
A3は注24の方式に近いため、貴族制に適合すると考えられる

第十六章　国制の中の裁判を担う部分

三つの規定における法廷の違い

残っているのは、国制の三つの部分のうち裁判を担う部分について述べることであるが、この部分に関しても、公職者の任命方法を把握したときと同じ前提に基づいて、その種類を把握しなければならない。すなわち、さまざまな法廷の違いは三つの規定の中にあり、それらは、第一に、どのような人々の中から裁判員を任命するか、第二に、どのような事案を扱うか、第三に、どのような方式で裁判員を任命するか、ということである。

このうち、第一の「どのような人々の中から」とは、全市民の中から選ぶか、それとも、一部の市民の中から選ぶか、という選択肢を意味する。次に、第二の「どのような事案を扱うか」とは、法廷の種類を、扱う内容で分けるといくつあるか、ということを意味する。また、第三の「どのような方式で」とは、籤引きで決めるか、それとも、人々が選出するか、という選択肢を意味する。

八種類の法廷

そこで、最初に、法廷の種類がいくつあるかを明確にしよう。それは、数えると八種類になる。

それらを枚挙すれば、第一に、公職の執務審査を扱うもの、第二に、公共的な事柄に関する不正を扱うもの、第三に、国制に影響を与える事案[1]を扱うもの、第四に、罰金をめぐって公職者と私人とが争っている事案を扱うもの、第五に、個人間の取り引きで、取引額が大きい事案を扱うものであるが、これらに加えて、第六に、殺人を扱うもの、第七に、外国人に関する事項を扱うものがある。

以上までに挙げた法廷のうち、殺人を扱う法廷にはさまざまな種類があり、どの種類の法廷も同じ裁判員で審理される場合もあれば、種類ごとに異なる裁判員で審理される場合もある。第一は、計画的な故意の殺人を扱うものであり、第二は、意図的で

b20

1　国家に反逆し、国制の転覆を企てる行動などが含まれる。

はない殺人を扱うものである。第三は、殺人の事実については争わないものの、その正当性について争いが生じている事案を扱うものである。第四は、殺人を犯して国外追放[2]になっていた者が帰国したときに、別の殺人の罪に問われた場合を扱うもので、アテナイではフレアトスの法廷[3]がその例だといわれている。だが、このような事案は、大きな国家でさえ、建国以来の全時代を通じてわずかに発生するだけである。さらに、外国人に関する事項を扱う法廷も二種類に分かれ、一方は、外国人同士の間で発生した事案を扱うが、他方は、外国人と自国の市民との間で発生した事案を扱う。

そして、第七までに挙げた法廷以外にも、第八として、一ドラクマ[4]か五ドラクマ、あるいはそれを少し超える程度の少額の取り引きを扱うものがある。なぜ、このような法廷が別にあるかといえば、少額の取り引きの場合でも、事案になれば判断を要する一方、多数の裁判員から成る法廷で扱う事案には該当しないからである。

国家の運営に影響する法廷

しかしながら、少額の取り引きの事案、殺人や外国人の事案に関する法廷についての議論からは以上をもって離れ、国家の運営に影響する法廷、つまり、適切に行われなければ国家の分裂や国制の変動さえ引き起こすような［第一から第五までに挙げた］法廷について述べることにしよう。

これらの法廷で判断に当たる裁判員を、全市民の中から選ぶ方式（A1）の場合、その任命方法は必然的に次のいずれかになる。まず、先ほど種類分けした全事案を扱う方式（B1）とし、裁判員を選出制（C1）か籤引き（C2）で決める方式である。あるいは、同様に全市民の中から選ぶ方式（A1）かつ全事案を扱う方式（B1）としつつ、一部の法廷では、籤引きで決められた裁判員が審理し、他の法廷では、選出された裁判員が審理する方式[5]（C3）である。もしくは、一部の事案に限っては[6]、同じ法廷の中に、籤引きで決められた裁判員と選出された裁判員が同席する方式（C

2　意図的ではない殺人の場合、遺族と和解すれば、殺人犯は死刑ではなく国外追放に処された。

3　アテナイのペイライエウス港の神域にあった法廷。被告は上陸を許されず、船上で弁明したことが『アテナイ人の国制』第五十七章に記されている。

4　ドラクマは通貨単位で、一ドラクマは六オボロスに相当する。オボロスについては第二巻第七章注12、第七巻第一章注3参照。

4）である。かくして、全市民の中から選ぶ方式かつ全事案を扱う方式（A1かつB1）を固定すると、裁判員の任命方法の種類は数にして四つになる。

他方、一部の市民の中から選ぶ方式（A2）を採用した場合も、任命方法は同じく四種類になる。すなわち、今度は一部の市民の中から選ばれた裁判員が全事案を扱う方式（B1）とし、選出制（C1）か籤引き（C2）を用いる。あるいは、一部の法廷では、籤引きで決められた裁判員が審理し、他の法廷では、選出された裁判員が審理する方式[7]（C3）とする。もしくは、一部の法廷では、籤引きで決められた裁判員と選出された裁判員が同席して同じ事案を審理する方式（C4）を採用する。かくして、一部の市民の中から選ぶ方式かつ全事案を扱う方式（A2かつB1）を固定すると、やはり四種類になり、既に述べた通り、先の四種類に対応するものとなる。

さらに、これらの方式が組み合わされる場合もある。つまり、法廷によって、全市民の中から裁判員を選ぶ方式（A1）にするか、一部の市民の中から裁判員を選ぶ方式（A2）にするか、両方を用いる（すなわち、同じ法廷に、全市民の中から選ばれた裁判員と、一部の市民の中から選ばれた裁判員が同席する）方式（A3）にするかが異なっているような場合であり、さらに選び方として、籤引き（C2）にするか、

1301a

選出制（C1）にするか、その両方（C3）を用いるかが、法廷によって分かれているような場合である。 a10

国制と法廷のあり方の関係

以上、裁判員の任命方法を含めた法廷のあり方が、種類としていくつありうるかを述べた。このうち、第一群に挙げた方法、すなわち、全市民の中から選ばれた裁判員が全事案を審理する四種類は民主制に適する。他方、第二群に挙げた方法、すなわち、

5　この方式では、法廷によって裁判員が異なることから、同じ裁判員が「全事案を扱う」方式とはならない。しかし、全市民の中から選ばれた裁判員の総体としては「全事案を扱う」ことになるため、そのように原文を理解する。

6　この表現に示されているように、同じ裁判員が「全事案を扱う」方式ではないが、前注と同じ考え方で、全市民の中から選ばれた裁判員の総体としては「全事案を扱う」と理解する。

7　前注と同じ考え方で、一部の市民の中から選ばれた裁判員の総体としては「全事案を扱う」と理解する。

一部の市民の中から選ばれた裁判員が全事案を審理する四種類は寡頭制に適する。さらに、第三群に挙げた方法、すなわち、一部の法廷の裁判員は全市民の中から選び、他の法廷の裁判員は一部の市民の中から選ぶものは貴族制と共和制に適する。

『政治学（上）』解説

『政治学（上）』解説目次

（一）王制の位置づけ

（二）第四巻の議論内容——寡頭制と民主制の混合論

解説

三浦 洋

一 『政治学』を読むために

訳者として『政治学』の解説を行うに当たり、最初に、和訳の参考にさせて頂いた四種類の先行の訳書を掲げます（二番目に挙げたものには第二、六、八巻が含まれず、他の巻も一部の章のみ取り上げられている場合があります）。

山本光雄訳「政治学」『アリストテレス全集15』所収、岩波書店、一九六九年
田中美知太郎ら訳「政治学」田中美知太郎責任編集『中公バックス 世界の名著8 アリストテレス』所収、第一巻第一―二章、第三巻第一―五章（田中美知太郎訳）、第三巻第六―十八章（北嶋美雪訳）、第四巻（尼ヶ崎徳一訳）、第五巻（松居正俊訳）、第七巻第一―十二章（津村寛二訳）、中央公論社、一九七九年

牛田徳子訳『政治学』西洋古典叢書、京都大学学術出版会、二〇〇一年
神崎繁ら訳「政治学」『アリストテレス全集17』所収、第一巻（神崎繁訳）、第二―四巻、第六巻（相澤康隆訳）、第五巻、第七―八巻（瀬口昌久訳）、岩波書店、二〇一八年

いずれの訳からも、教えられるところが多数ありました。しかし結果的には、かなり趣を異にする新訳となっています。ギリシャ語原文の解釈が異なる箇所はさほど多くないものの、できるだけ現代の日常語に近い訳語を選んだことや、原文の「それ」、「これら」、「このような」などの指示語が指す内容を可能な限り具体化したことが、その最大の要因でしょう。なお、底本の校訂者、デイヴィッド・ロス卿による挿入や修正については、多くの場合、従う必要性を認めなかったため、ほぼ写本通りに原文を読んだ上での和訳になりました。

また、訳者の『政治学』に対する理解は、英国で刊行された次の書物に依拠する面が少なからずあります。

C. Rowe & M. Schofield ed., *The Cambridge History of Greek and Roman Political Thought*, Cambridge University Press, 2000

この研究書の編者の一人であるマルコム・スコフィールド先生は、訳者が二〇一一年に英国ケンブリッジ大学古典学部の客員研究員となった際、同学部の学部長を務めておられました。その際に温かく受け容れて頂いたこと、そして、ギリシャ・ローマの政治思想を解説した本研究書から教示を受けたことについても、ここに謝辞を記しておきたいと思います。

さて、「万学の祖」と呼ばれるアリストテレスは、大河のような哲学の営為から、その支流に当たるさまざまな探究の分野を生み出しました。この『政治学』は、書名通りの政治学にとどまらず、経済学、家政学、社会学、民族学、人類学、教育学などの要素も含んだ書物ですから、おそらく幅広い層の読者が、執筆の動機や歴史的背景に関心を持たれることでしょう。そこで、知っておくと読解に役立つような、『政治学』の背景や成り立ちを解説することから始めます。

（一）執筆時期と全八巻の構造

『政治学』の完成時期については、アリストテレスが「リュケイオン」という哲学の学園を創設した紀元前三三五年頃以降と考えられるのが一般的です。つまり、この哲学者にとっては人生最後の時期で、「学頭時代」と呼ばれます。しかし、一部の研究者は、学頭時代に完成したことは認めつつも、『政治学』のいくつかの巻はもっと早い時期に書かれていたと推測し、その推測に基づいて全八巻の配列や構成もとらえています。その点を順次説明しましょう。

いつ頃に執筆されたか

本書に記述された歴史的事実の中で、執筆時期の手がかりを与えるのは第五巻第十章の「マケドニア王フィリッポスが愛人のパウサニアスから攻撃された事件」（一三一一b一―三）です。これは紀元前三三六年に起こった暗殺事件を指しているため、『政治学』が学頭時代の著作であることを示す有力な証拠となります。何より、当のフィリッポス二世の死去に伴って王子のアレクサンドロスが王位を継ぎ、その後ろ盾でアリストテレスはマケドニアからアテナイに帰って学園を開いたわけですから、『政治学』の成立さえも古代史の奔流の只中にあったといえるかもしれません。

仮に、『政治学』が紀元前三三〇年頃に完成したと想定し、第二巻第十二章で挙げられるアテナイの政治家や歴史的な出来事をいくつか年代順に並べてみると、次のようになります（「紀元前」は省略します）。

六二一年　ドラコンが最初の成文法を制定
五九四年　ソロンが国制改革を実施
四九二―四四九年　ペルシャ戦争でギリシャ連合軍がペルシャ帝国軍に勝利
四四三―四二九年　ペリクレスが将軍職に就いて民主制を実施（ペリクレス時代）
四三一―四〇四年　ペロポネソス戦争でアテナイ軍がスパルタ軍に敗戦
三八四年　ギリシャ北部のスタゲイラでアリストテレスが生まれる
三三八年　カイロネイアの戦いでアテナイの同盟軍がマケドニア軍に敗戦
三三六年　マケドニア王フィリッポス二世が暗殺される

三三五年頃　アリストテレスがアテナイにリュケイオンを創設
三三〇年　アレクサンドロスの率いるマケドニア軍がペルシャ帝国を滅ぼす
三三〇年頃　『政治学』が完成

このように『政治学』は、アテナイの黄金時代であったペリクレス時代から約百年後の著作です。ドラコンの時代からは、既に三百年近くが経過していました。また、アリストテレスが生まれる以前、歴史家のヘロドトスがペルシャ戦争史を、トゥキュディデスがペロポネソス戦争史の途中までを書き残していましたので、『政治学』の一部の記述はそれを参考にしている可能性もあります。伝えられている過去の出来事を参照しつつ、アテナイやマケドニアの周辺でアリストテレス自身が見聞きした事件も、国家の存亡について考察する上での材料になったことは疑いえません。

後期の著作群

同じ学頭時代に完成したと考えられる『魂について』、『ニコマコス倫理学』、『詩学』は、アリストテレス後期の著作群を成し、いずれも内容の面で『政治学』と関連を持ちます。このうち『ニコマコス倫理学』との関連については後述することとし、『詩学』との関連については本書（下）の「解説」で述べますが、『魂について』から『政治学』への影響も少なからず認められます。

とりわけ『政治学』の中で、自然に基づく支配関係の正当性と、魂の善である徳の意義を説く文脈では、ほぼ例外なく、魂のあり方を自然のパラダイム（模範）とした議論が展開されます。例えば、第一巻第五章と第十三章、第三巻第四章では、魂と身体、理性と欲求が支配者と被支配者の関係にあると説明され、これに類する自然的な支配は被支配者のためにもなるという理由で、国家や家での支配関係が正当化されます。また、第七巻第一章で述べられる徳の教育論や、同巻第十四章で説明される魂の三つの働きなども、『魂について』の考察に基づいていると考えられます。その点、次のように述べられていることは注目されます。

眼の治療に当たる者が、ある程度は身体の全体について知っている必要があるのと同じように、国家の運営者は魂に関する事柄について知っている必要があることは明らかである。しかも、国家の運営の方が治療よりも重要で優れているだけに、知っておく必要性はいっそう大きい。

（『ニコマコス倫理学』第一巻第十三章一一〇二a一八―二一）

このように身体と魂を対比させる論法は『政治学』にもしばしば見られますが、現代語でいえば「精神」、「心」、「意識」、「命」などに相当する「プシューケー（魂）」について、政治家が理解しておくべきだという主張は示唆に富みます。アリストテレスの思想では、広義の「心理学」も政治学と密接な関係を持つわけです。

三つのグループの分岐構造

先に述べたように、『政治学』は全八巻が同じ頃に書かれたわけではなく、巻によって執筆時期が異なると推測する研究者も存在します。そうした研究者の中には、アリストテレスがプラトンの思想から次第に離反したと考える「発展史的解釈」の提唱者もいました。すなわち、プラトン的にひたすら理想を追求する第七―八巻と原論的な第二―三巻はアリストテレス初期の執筆であるのに対し、貧富の差などを現実的に考慮する第四―六巻は後期の成熟期の執筆であり、それに第一巻が序論として付加されたと考えるような解釈です。

しかし、こうした発展史的解釈は、現在ほとんど受け容れられていません。確かに、アリストテレスがプラトンを批判する場合はありますが、それは年月を経て師の思想と訣別したことを証明する事実ではないし、ましてや、一つの著作の中に異質な議論が含まれる理由を説明するような事実でもないからです。

ただ、本書の全体が、やや性格の異なる三つのグループから成っていることは認められ、「訳者まえがき」にも記したように、次のような分岐構造を持っていると考えられます。

第一―三巻（国家共同体論の原論）
　　第四―六巻（現実的な最善の国制の探究）
　　第七―八巻（理想的な最善の国制の探究）

なぜ、古来伝えられてきた第一―三巻→第四―六巻→第七―八巻の直線的な並べ方（配列①）を、そのまま論述の進む順として受け容れられないのかというと、巻と巻との接続や論述の呼応関係に不自然な箇所が見つかるためです。それゆえ、代替案として、第一―三巻→第七―八巻→第四―六巻の並べ方（配列②）を提案する研究者が存在するのです。

まず、配列②を支持するように思われる事実としては、一部の写本を見ると、第三巻第十八章末尾に、「したがって、最善の国制について適切な方法で考察しようとする者は……しなければならない」という断片的な語列（本訳の底本では削除）が含まれており、これが第七巻第一章冒頭の文と酷似していることです。つまり、この語列は、もともと両章がつながっていたことを想像させるわけです。また、第三巻第十八章では「最善の国制」を主題に据えて考察を始める旨が告げられますが、そこでは「教育」もはっきりと考察課題に挙げられているため、その直後に教育論を含む第七―八巻のグループが続くと自然に見えます。さらに、一部の研究者は、第七巻第四章の「私たちは最善の国制以外の国制に関する研究を先に終えている」（一三二五b三四）という文が、第二巻あるいは第三巻の内容を指しているととらえ、第一―三巻を踏まえた議論が第七―八巻だと判断するのです。しかし、配列②を採用すると、「最善の国制」に関する考察を第八巻で終えた直後、第四巻第一章に「最善の国制」を含む国制の研究のための序文が再び現れるので、接続が不自然になるという難点があります。

他方、配列①を支持する研究者は、第七巻第四章一三二五b三四の「最善の国制以外の国制に関する研究」とは第四―六巻を指すと考えます。また、第四巻第二章冒頭の段落において、既に諸国制を区別した旨が述べられるのは、第三巻の内容を指していると考えられることから、第一―三巻に第四―六巻が接続するのは疑いえないと主張します。さらに、本書全体の論述構造として、原初的な共同体である家の発生から、理想的な最善の国制の完成に向かい、より優れた共同体へと議論が進められていると説いて配列①を擁護する研究者も存在します。しかし、「最善の国制」に関する考察を第六巻で終えた直後、第七巻第一章に「最善の国制」の研究に関する序文が再び現れるのは不自然なため、やはり難点を抱えることになります。

もう一つ、問題を複雑にしているのは、第一―三巻のグループの最後に位置する第三巻第十八章そのものです。王制について論じてきた同巻第十七章までの内容とうまく接続しない上、あまりにも短い文章のために、後世の誰かが人工的に作ったのではないかという推測がなされることもあります。

訳者の仮説

以上のような事情から、配列①と配列②のいずれかが、論述の順として決定的に正当だと判断できる状況にはありません。それは何よりも、序文付きで「最善の国制」を論じる二つのグループ、すなわち、第四―六巻と第七―八巻の関係について、アリストテレスが説明を与えていないことに起因します。それゆえ訳者は、全八巻の並べ方としては配列①に従いつつ、第四巻と第七巻には、第三巻の直後で接続する権利が同等にあると考え、分岐構造を認めます。

その最大の理由は、アリストテレスが第四巻第一章冒頭で、「最善の国制」には、絶対的な意味のもの、標準的な意味のもの、相対的な意味のものの三通りがあると述べていることにあります。ここから、絶対的な意味での「最善の国制」を探究しているのが第七―八巻だと推察し、これを「理想的な」探究と呼びます。この「理想的な」探究では、「私たちの願い通りに建設されようとする国家」（第七巻第四章一三二五b三六）を念頭に置いて考察が進められます。一方、標準的な意味と相対的な意味での「最善の国制」を探究しているのが第四―六巻だと推察し、これを「現実的な」

探究と呼びます。この「現実的な」探究では、「大多数の国家にとって実現可能な国制」（第四巻第十一章一二九五a三〇―三一）が考察されます。以上が、訳者の提案する一つの仮説です。

（二）『ニコマコス倫理学』との関係

『政治学』には「先に『倫理学』で述べたように……」という枕詞のような句が何度か登場しますが、これは本書が『ニコマコス倫理学』の続編であることを示しています。倫理学の著作を受けて政治学の著作が始まるという展開は、一般に大学の倫理学科が文学部にあり、政治学科は法学部にある現代日本では奇妙にさえ感じられるかもしれません。しかし、少しだけ呼称を変えて、政治「哲」学が、実践哲学である倫理学と不可分な関係にあると説明したなら、かなり説得力を増すのではないでしょうか。アリストテレス哲学の内部での政治学と倫理学は、まさに不可分な関係にありますので、その点を『ニコマコス倫理学』の論述に即して解説しましょう。

人間に関わる事柄についての哲学

まず、『ニコマコス倫理学』の最終章である第十巻第九章の末尾では、自分たちで立法を含む国制の全体について考察する必要があると主張され、それをやり遂げれば「人間に関わる事柄についての哲学」が完成すると説かれます。この考察は、先人たちの見解や記述された国制の集成に基づき、国制の存続と滅亡の要因、国家を立派に運営するのに役立つ要因を検討することで果たされ、その結果、「最善の国制」とはどのような性質のもので、どのようにして組織化されるかが判明するというのです。ほぼこの通りの内容が『政治学』に見られますから、『ニコマコス倫理学』の最後に記された「では、最初のところから論じよう」という句が『政治学』への橋渡しになっていることは疑いえません。

しかし、正確にいえば、倫理学が終わって政治学が始まるわけではなく、アリストテレスが「人間に関わる事柄についての哲学」と呼ぶものは、『ニコマコス倫理学』第一巻第二章で既に「政治学」と呼ばれています。政治学は「人間にとっての善」を目的とし、統帥術、家政術、弁論術を従えると述べられていますので、ここには、政治学と弁論術を同一視したソフィストへの批判も読み取れます。では、政治学と倫理学はどのような関係なのでしょうか。一方が他方を包摂するのか、それとも、両者は同一の学問なのでしょうか。アリストテレスは、こう説明しています。

目的となる「人間にとっての善」は、一人の個人にとっても、国家にとっても、たとえ同じであるとしても、それを国家が達成したり、保ち続けたりする場合の方が、より大きな善となり、より究極的な善となることは明らかである。なぜなら、確かに、単独の個人に愛されるものとしても善は存在するが、民族や国家にとっては、もっと素晴らしく、もっと神的な存在になるからである。したがって、私たちが行う［倫理学の］探究は、こうした事柄を目指しており、［国家全体に関わるという意味で］一種の政治学なのである。

（『ニコマコス倫理学』第一巻第二章一〇九四b七―一一）

最後の文に登場する「一種の政治学」は、「一種の国家学」と訳した方が論旨にふさわしいかもしれません。基本的に個人の生き方を問題にする倫理学と、国家のあり方や運営を問題にする国家学、すなわち政治学は、同じ「人間にとっての善」を目指しますが、国家全体にとっての善の方が大きいゆえに、学問としての意義や探究の射程からいえば、一種の政治学として倫理学の考察を展開した方がよい――アリストテレスはそう述べているように思われます。そうであれば、『ニコマコス倫理学』の考察は既に政治学の一部ですから、その第八巻第十章で国制の種類が提示されていることも、第十巻第九章で法律による公教育の実施が望ましいと述べられていることも理解できます。

善く生きるための共同体

引用文の中にある「人間にとっての善」という表現には、「神にとっての善」でもなければ、「獣にとっての善」でもないという含意があります。アリストテレスによれば、知性を働かせる哲学的な観想は「神的」と形容されるほどに善い活動ですが、神と違い、人間の場合は「外的な善」に含まれる生活必需品なしには観想もできません。観想それ自体は個人が単独で行えるものの、生活に必要不可欠な事物をそろえて自足するには、農民や職人を含む多様な人々を必要とします。だからこそ、人間は国家共同体を形成するわけですが、国家は「そもそもは生きるために発生したのだが、善く生きるために存在している」(『政治学』第一巻第二章一二五二b三〇)と語る哲学者の強調点は「善く生きる」の方にあります。実際、第三巻第九章一二八〇a三一―三四では、国家は「善く生きる」ための共同体であると説かれます。

人間にとっての「善く生きる」とは、獣の場合と異なり、食物と安全に寝られる場所を確保した生活のことではありません。人間が共同体で生活を営む目的は、必需品の確保に尽きず、むしろ正義、平等、自由の実現や、それを可能にする徳や友愛の尊重にあります。『政治学』の大部分を占める国制論は、『ニコマコス倫理学』の多様な論考に劣らず、ソクラテスとプラトンが残した「善く生きる」という思想を常に意識した議論になっていること、この点はいくら強調してもよいと思われます。

(三) プラトンの著作との関係

『政治学』第二巻第一―六章では、プラトンの『国家』と『法律』の名が挙げられた上で、二つの著作への批判を中心にした議論が展開されます。この箇所以外でも、ソクラテスとプラトンの思想を念頭に置いた考察や批判が全篇にわたって数多く見られますので、両者への応答が『政治学』の重要な部分を成しているといえます。

もちろんそれは、両者の哲学から多くを学んだアリストテレスの、畏敬の念の表れでもあります。『ニコマコス倫理学』第一巻第六章で「真理も友人も、ともに愛すべきものではあるが、真理の方を、よりいっそう尊重することこそ敬虔な態度である」（一〇九六a一六―一七）と述べ、プラトンのイデア論を批判したアリストテレスの姿勢は『政治学』でも変わらないといえるでしょう。

『国家』と『法律』の対照性

全十巻の『国家』と全十二巻の『法律』は、書名に明らかなように社会哲学の性格を持った著作で、プラトンの対話篇の中では、前者が中期対話篇、後者は後期対話篇に属します。近世英国の哲学者ホッブズは『リヴァイアサン』（一六五一年）の第二十六章「市民法について」の中で、プラトンやアリストテレスなどの名を挙げた上で、「法律の専門家ではないにもかかわらず、法律の研究を行った」と説明し、自身が市民法について述べることを正当化していますが、念頭に置かれていたのはプラトンの『法律』とアリストテレスの『政治学』でしょう。

アテナイを舞台にした『国家』には、他の多くの対話篇と同様にソクラテスが登場するのに対し、プラトン最後の著作と目される『法律』では、クレタ島を舞台にした対話を「アテナイからの客人」が主導し、ソクラテスは登場しません。この「アテナイからの客人」は、現代ではプラトン自身だと考えられるのが一般的ですが、アリストテレスは『政治学』第二巻第六章で「ソクラテスの議論」(一二六五a一一)と書いていますので、ソクラテスと同一視したようです。

プラトンの両著作は、理想の国家を議論の上で構築するという目的においては共通しつつ、結論的な内容は違っています。端的にいえば、『国家』の三階級論と「哲人王」思想、すなわち、国家を支配者階級、防衛者階級、労働者階級で構成し、哲学者が支配を行うという考え方が『法律』には見られません。このことは、やはり後期対話篇に属する『政治家』と共通します。『法律』では、『政治家』でも議論された「法律による支配」が最終的に選択されます。すなわち、もしも善に関する知識を十分に持つ人物が存在するならば、その支配は法律の支配に優るが、そのような人物を望むのは「人間たちの中に神」を探すことに等しいので、本来なら次善の策であるはずの法律の支配を採用せざるをえないというのです。このように現実的な考察を進める

『法律』は、ペルシャの単独者支配制とアテナイの民主制を国制の原型と見なし、それらを混合した国制を推奨しています。その点、ひたすら理想論で考察を進め、「地上のどこにも存在しない国家」を構想する『国家』とは対照的です。

理想的な考察と現実的な考察

興味深いことに、アリストテレスはこのような『国家』と『法律』の対照性を意識しています。例えば『政治学』第二巻第六章では、『法律』の議論に対して、「もしも［ソクラテスが］『国家』で示した実現不可能な国制を除外し、諸国家にとって最も共有しやすい国制を構築しようとしたのならば、おそらくは適切に語っているが、もしも『国家』で示した至高の国制の後に続く最善の国制を挙げようとしたのならば不適切である」（一二六五b二九―三一）と論評しています。つまり、『国家』では理想論として「至高の国制」が示されたのに対し、『法律』は現実的な姿勢で共有しやすい国制を提示しているか、あるいは、実現不可能な「至高の国制」に次ぐ最善の国制を提示しているはずで、前者なら議論内容に同意できるけれども、後者なら受け容れられない、と精妙に評しているわけです。

やや難解な文面ですが、少なくともここに読み取れるのは、「最善の国制」を追求するといっても、ひたすら理想的に考える場合と、現実的に考える場合とでは結論が異なるということです。だからこそ、『政治学』第四巻第一章冒頭では、「最善の国制」には、絶対的な意味のもの、標準的な意味のもの、相対的な意味のものの三通りがあると述べているのでしょう。すると、確証はできないものの、可能性としては、アリストテレスが目指す「絶対的な意味での最善の国制」は、プラトンが『国家』で追求したような国制の系列に属し、「標準的な意味、あるいは、相対的な意味での最善の国制」は、『法律』で提示されるような国制の系列に属するのかもしれません。実際、『法律』が推奨する諸国制の混合は、現実的な最善の国制を考察する『政治学』第四―六巻の主題になっており、混合的な国制のあり方が模索されています。

こうしたことから、プラトンの『国家』と『法律』は、それぞれの内容がアリストテレスの探究に手がかりを与えたというだけではなく、両著作の対照性も、探究の実質に影響を及ぼしたと考えられます。

二　家、国家、国制、市民に関する原論

本節からは、概ね『政治学』の各巻に即して解説を進めてゆきます。また、本書が近現代の思想に与えた影響についても、随所で触れることにします。

まず、国家共同体論の原論に当たる第一―三巻は、それぞれの巻で扱われる題材こそ違って見えますが、探究の根底には、一貫して「国家とは何か」という問題設定があります。たとえ完全にではなくても、「国家とは何か」が把握できていなければ、「善い国家」について構想しようがなく、最善の国家を実現する最善の国制についても考えようがないからです。

プラトンが残した対話篇の中でソクラテスが「正義とは何か」、「美とは何か」、「勇気とは何か」と問うのと同じように、アリストテレスも「Xとは何か」と問い求めながら考察を進めますが、そこでは独自の探究方法も用いられています。

（一）第一巻の議論内容――共同体、家政、奴隷

第一巻第一章は、「およそ国家というものは、私たちが目の当たりにしているように、どれもが一種の共同体であり、どの共同体も何らかの善のために形成されている」（一二五二a一―二）という文で始まります。「共同体」と訳した「コイノーニアー」は、「共同関係」、「関わり合い」とも訳せる語で、「共有する」、「分かち合う」、「関わる」、「参与する」を意味する「コイノーネイン」や、「共通的な」、「公共的な」を意味する「コイノス」もしくは「コイノーノス」と同系です。これらの語はすべて「複数の人間が何かを共にする」という概念を表示しており、「共同体」を意味する英語 community の接頭辞 com と同じ意味合いを含んでいます。

共同関係と支配関係

「国家とは何か」を最も素朴に問うとき、既に国家の中で暮らしている私たちは、目の前にいる多くの人々との関わり合い、つまり、家族であれ、名も知らぬ他人であれ、

日々の生活を共にしている人々との関係に思い当たります。たとえ国家が権力、法律、制度で成立しているとしても、それが見えて現れているわけではなく、まずもって「私たちが目の当たりにしている」国家は、人々の共同関係そのもの、いい換えれば、共同体だとアリストテレスは最初に述べているわけです。

国家を人々の「共同関係」という現象あるいは事態ととらえるか、それとも実体のある「共同体」ととらえるかということは、哲学的には大きな問題です。社会や家庭についても同じ問題がありますし、近現代の哲学では、もしかすると個人ですら実体ではなく、社会的な関係の網の結節のようなものではないかと考えられるにいたります。この新訳では、「コイノーニアー」がcommunityと英訳される場合の多いことを踏まえて「共同体」と訳しましたが、文脈によっては「共同関係」と表現したり、括弧書きで添えたりしました。それは、アリストテレスが、人間と人間、もしくは人間と事物の関係を表すためにこの語を用いる場合が少なからずあるからです。

なぜ人々が関わり合って共同体を形成するのかといえば、何らかの善いこと、つまり「善」を達成するためです。この「善」の内実は、論述が進むにつれて明らかにされてゆきますが、第一章では、さしあたり「あらゆる善の中で最高のもの」（一二五二a五）、すなわち最高善だといわれています。つまり、国家とは「最高善を目指す共同体」であり、これを暫定的な国家の定義と見なすと、「共同体」が類、「最高善を目指す」が種差です。例えば、もしも鳥が「翼を持つ爬虫類」と定義できるとしたならば、「爬虫類」が類、「翼を持つ」が種差になるのと同様です。

しかしアリストテレスは、国家に共同関係を認めるのと同時に、支配関係も認めます。多様な人々が群衆のようにたまたま居合わせているのではなく、共同体にまとまっているのは、支配と被支配の関係が成立しているからにほかなりません。共同体（共同関係）ごとに支配関係は異なりますが、それは共同体によって支配者や被支配者の数が違うからではなく、支配関係の種類が違い、質的に異なるからです。国家の場合は国制によって支配関係が異なります。

すると、善い国家を作るという政治学の課題は、善い共同関係を作る面と、善い支配関係を作る面を持つことになります。『政治学』では、この二つの面が次第に収斂し、最終的には支配関係を共有すること、つまり、市民が交替で支配に当たるという方法で共同の国家運営を行うことが最善であるという結論に至ります。

共同体の自然発生論

第二章では、家が集まって村となり、村の集まりが国家となるまでの共同体の発生過程が説明されますが、その強調点は、こうした発生がすべて自然的であるということです。それゆえ、「国家は自然的に存在するものに属する」（一二五三a二）、「人間は自然本性的に国家を形成する動物である」（一二五三a二―三）と主張されるわけです。

アリストテレスは、自然物Xを研究する際、しばしば三段階から成る方法を採用しました。すなわち、「Xとは何か」という本質を求める理論研究、「なぜXは存在するのか」を考える発生原因論、それらに先立って行われるXの事例収集です。動物学でいえば、『動物誌』、『動物部分論』、『動物発生論』が、それぞれ事例収集、理論研究、発生原因論に相当します。『政治学』では多数の国制の事例が挙げられる上、「国家とは何か」に関する理論的考察や、いま述べた国家の発生論が見られますので、動物学と同じ研究方法に従っているといえます。また、第四巻第四章には、動物の部分と国家の部分を見比べる議論が登場しますが、これは単なる譬え話ではなく、ともに自然発生物であるゆえに同じ論理が適用できるという考え方に基づいています。

『政治学』第一巻第二章に話を戻せば、「なぜ国家は存在するのか」という問いに対するアリストテレスの回答は、「そもそもは生きるために発生したのだが、善く生きるために存在している」（一二五二b三〇）というものです。「生きるため」とは、生活に必要不可欠な事物をそろえて自足するためという意味であり、「善く生きるため」とは、第一章で述べられた最高善を実現するためという意味です。動物の中で人間だけが言葉を持つことによって、善と悪、正義と不正を明示できるという議論（第二章一二五三a一〇—一八）は、最高善を追求できる理由の一端を示しています。

つまり、アリストテレスの国家論の中心的な内容をまとめると、人間は国家共同体に関わってのみ、単に生きることではなく、「善く生きる」ことを実現できるという論点になります。「善く生きる」とは人間として幸福に生きることですが、そこには人間だけが持つ徳の発揮も伴います。同じことを、国家と人間の自然本性に即していえば、人間は国家共同体に関わってのみ、人間の自然本性を発揮できるということになります。その際、個人は共同体（コイノーニアー）から一方的に恩恵を受けるわけではなく、自らが共同体に参与する（コイノーネイン）わけですから、相互的な関係を持っています。アリストテレスが「支配される」ことと「支配する」ことを不可分な対として語る理由も、この点にあります。

ここで近代思想を顧みれば、アリストテレスの倫理学から影響を受けたヘーゲルは、『法哲学』（一八二一年）で『政治学』の共同体論を参照したと思われる「人倫《じんりん》(Sittlichkeit)」の理論を展開しました。人倫とは人間集団、あるいは人間集団の倫理のことで、「家」と「国家」の間に「市民社会」という人倫を置く点でアリストテレスとは異なるものの、国家を最高の共同体と考える点では共通しています。何より、『法哲学』の正式な名称は『法の哲学の概要と国家学の概説』ですから、『政治学』と同様に内実は国家学です。ヘーゲルが、国家の基盤となる家の発生を自然的だと述べたり、国家の全体は個人に先立つと説いたりする点は、『政治学』第一巻第二章の内容を想起させます。

家政論の二つの主題

さて、『政治学』第一巻第三―十三章は家政論です。最初の共同体（共同関係）である家に関して、「家政とは何か」あるいは「家政術とは何か」が一貫した考察課題になっています。議論は二つの主題を持ち、家の中の支配関係に関わる事柄と、生活のための財貨（財産）の獲得に関わる事柄に分かれています。現代的な家庭の営みでいえば、家族同士の関わり合いと、収入を得て経済生活を送ることの二本柱に相当するでしょう。

まず、家の中には、男性（夫）と女性（妻）、父親と子ども、主人と奴隷という三種類の支配関係（すなわち共同関係）があるとアリストテレスは考えます（第三章一二五三b六―七）。そして、それらが優れた支配となるためには、それぞれの立場の者が、立場に応じた徳を備えなければならないという結論を第十二―十三章で導きます。ここでは、支配者だけではなく、被支配者も徳を備えなければならないという、国制論の重要な論点が先取りされています。

そして、家政論において最も重要な役割を果たすのは、「自然」あるいは「自然本性」という概念です。第五章の「自然的に存在するものについて考察するときには、自然本性をより善く保持しているものを対象とするべきであり、自然本性が損なわれたものを対象とするべきではない」（一二五四a三六―三七）という一節は、近世フランスで活躍した哲学者ルソーによって、その著作『人間不平等起源論』（一七五五年）の題辞として引用されました。

奴隷論の問題

この「自然」概念のもとに、家の中の支配関係に関して最大の問題となるのは、主人に対する奴隷の隷従です。アリストテレス自身の思想によれば、男性（夫）が女性（妻）を支配し、父親が子どもを支配することは「自然的な支配関係」であり、主人が奴隷を専制的に支配することも同様です。ところが、知者たちの中には、戦争の敗者が勝者の奴隷になる場合、一種の法（人為的な取り決め）である協定に従うことを指摘し、「隷従は法的なものだ」と主張する人々がいます。その人々は、もしもそのような協定が正義にかない、それに従わなければならないのだとしたら「恐ろしいことだ」と主張して協定に反対します（第六章一二五五a五―一二）。この「反対派」と対立する陣営を「協定派」と呼ぶならば、アリストテレスの立場は協定派と対立し、どちらかというと反対派に近いものの、「自然本性的な奴隷」を認める点で両派のいずれとも異なります。

アリストテレスの立論は、ある意味では非常に単純です。すなわち、先に一（一）節で触れた自然のパラダイムに基づいて、すべての人間の間で「優る者が支配し、劣る者が支配されるのでなくてはならない」（第五章一二五四b一四―一六）と考え、「自然本性的な奴隷にとっては、……自分より優れたものによる支配に服することが、より善いことなのである」（第五章一二五四b一九―二〇）というものです。この「自然本性的な奴隷」に関しては、魂と身体、人間と獣の間に優劣の差があるのと同じ程度の差をもって、「人間の中で劣位に置かれている者」という説明があります（第五章一二五四b一六―一七）。

こうした議論の背景には、古代ギリシャの哲学論争における「フュシス（自然、自然本性）」と「ノモス（法や慣習、人為的な取り決め）」の対立があり、人間はどちらに従うべきかということが、しばしば議論の争点になりました。いま挙げた協定への反対派に限らず、主人と奴隷に区分すること自体に反対する人々は、その区分がノモスにすぎず、フュシスに反すると主張します。そして、主人と奴隷の「両者は自然的には何ら異ならないのだから、強制的に分けられているにすぎず、正しいことではない」（第三章一二五三b二〇―二三）と説くのです。それに対し、主人と奴隷の区分に関して自然に規範を求め、「自然本性的な奴隷」、つまり、フュシスに基づく奴隷が存在する以上は「隷従することが奴隷自身のためにもなり、正しくもある」（第五章一二五五a二一―二三）と説くアリストテレスの見解は真っ向から対立しています。「フュシスに基づく奴隷」は「生まれながらの奴隷」といい換えられますから、これが、一九四八年の国際連合総会で採択された「世界人権宣言」第一条の「すべての人間は、生まれながらにして自由であり、かつ、尊厳と権利とについて平等である」という条文と対立することは明らかです。現代に生きる私たちは、アリストテレスの奴隷肯定論や、隷従も場合によっては正義にかなうという主張を受け容れられません。紀元前五世紀のアテナイには、全人口の半数にも及ぼうとする十万人くらいの奴隷がいたと推定され、どの世帯も二～四人の奴隷を所有したと考えられていますが、そうした歴史的状況が哲学者の理論を無条件に正当化するわけではないでしょう。また、アリストテレスは、自分の奴隷を解放する旨を遺書に書き残したと伝えられますが、それも奴隷肯定論の問題性を解消するわけではありません。これまで幾人かの『政治学』研究者が、本書はノモスに基づく隷従に正しく反対しているとか、アリストテレスは時勢に流されてはいないなどと述べ、奴隷肯定論について何らかの弁護を試みましたが、いずれも古代における人権思想の欠如を露呈させただけだったように思われます。

かのマルクスは、『資本論』第三巻（一八九四年）の第二十三章に『政治学』第一巻第七章一二五五b三一—三七をギリシャ語で引用し、アリストテレスの奴隷肯定論が、米国の南北戦争の頃に「南部の正義」として使われたことを示唆しています。すなわち、「自然そのもの」が奴隷の隷従を決めているという思想として利用されたわけです。

また、近世フランスの哲学者モンテスキューは、『法の精神』（一七四八年）の第十五篇第七章「奴隷制の権利などの真の起源」の中で、「アリストテレスは自然的奴隷の存在を証明しようとしている。そして、彼の述べていることそのものは、それをほとんど証明しようとしていない」と批判しました。モンテスキューとほぼ同じ時代にフランスで活躍したルソーも、『社会契約論』（一七六二年）の第一篇第二章「最初の社会について」の中で、同様に批判的な論評を記しています。「アリストテレスは、やはり人間は生まれつき平等ではなく、ある者は奴隷になるために、ある者は支配者になるために生まれる、と述べた。アリストテレスは正しかった。しかし彼は、結果を原因と取り違え、奴隷身分に生まれた人間を、すべて奴隷になるために生まれたと考えた」という記述には皮肉が満ちています。

ノモスからジェンダーへ

　自然のパラダイムに基づいて人間の生き方や国家のあり方を考察する方法は、アリストテレス哲学の根幹をなし、多くの場合、人間の自然本性、すなわちフュシスを活かす思想が積極的な意義を持ちます。幸福こそが人間の目的だととらえ、徳性の涵養を重視する『ニコマコス倫理学』と『政治学』の思想も、人間のフュシス論に根差しています。しかし、主人が奴隷を支配し、男性（夫）が女性（妻）を支配することなどをフュシスに基づいて正当化する思想は、現代の人権思想と相容れません。こうした古代と現代の隔たりを俯瞰すれば、それらの支配がフュシスではなく、ノモスに基づいていることを暴き立てるという方法で現代思想は発展してきたと思われます。

　例えば、ボーヴォワールが『第二の性』（一九四九年）に書いた「人は女に生まれるのではない、女になるのだ」という有名な一文は、女性らしさを決めているのはフュシスではなくノモスである、という告発と受け取れます。性差別の問題をめぐって現在では日常的に使われるようになった「ジェンダー（文化的性差）」も、ノモスによる性差をいい当てるために確立された言葉といえるでしょう。一九八二年に『ジェンダー』という著作を発表したイリイチは、性差別の解決を主題にしたわけではないにせよ、自然的性差と文化的性差を対立させて議論を展開した点では、フュシスとノモスを対立させた古代の議論の現代版にも見えます。

財貨の獲得術をめぐって

以上の支配関係の問題とは別に、家政論にはもう一つの主題として、生活のための財貨（財産）の獲得に関わる事柄があり、第一巻第八―十一章で論じられます。この四つの章は、家の中の支配関係に言及する第三―七章と第十二―十三章との間に割って入っているため、一見、不自然な配列に思われます。

しかし、このような章の配列になったのには理由があり、第四章で述べられているように、奴隷が、主人の所有財産の一つだと考えられているからです。つまり、主人と奴隷は、支配者と被支配者という支配関係にあると同時に、所有者と所有財産という所有関係にもあるゆえに、主人と奴隷をめぐる議論が、財貨（財産）の獲得をめぐる議論に接続されたということです。アリストテレスはそれを明示するために、第八章の冒頭で「奴隷も所有財産の一部分であることは既に述べた」（一二五六a二―三）

と語り出しています。一方、男性（夫）と女性（妻）、父親と子どもは所有関係のない支配関係のため、第十二―十三章で別途扱われているのです。

財貨の獲得をめぐる議論の中心は明瞭です。アリストテレスは、食糧こそが生活に必要不可欠な財貨（財産）だと考え、食糧は自然が人間に与えるもので、自然から食糧を獲得すること（しばしば「狩猟」と表現されます）は当然、家政の一部をなすと説きます。現代的にいえば、家の営みには経済的な収入が必要だということです。そして、善く生きるための自足が達成されれば財貨の量は十分なわけですから、富が際限なく求められることはないと主張します（第八章）。これは、いわば自然主義的な、フュシスに基づく「財貨」、「富」、「家政」の概念です。

ところが、人々は別の意味での「財産の獲得術」、つまり金儲けの術を求めており、際限なく富を追求しようとします。その原因は、物資の交換を円滑化するために貨幣が生み出され、商業的売買の成立に至ったため、貨幣という富が際限なく求められるようになったことです。アリストテレスは、この種の「財産の獲得術」すなわち商業的売買術が自然に反すると指摘し、それは家政術ではないと結論します（第九章）。なぜ人々は欲望のままに際限なく富を追求するのかといえば、「生きることに対しては真剣になるが、善く生きることに対してはそうではない」（第九章一二五七b四〇―一二五八a一）からであり、ここで「善く生きる」を打ち出したのは、金儲けの意味での経済学に対する、倫理学（すなわち政治学）からの根底的な批判といってよいでしょう。その批判は、利子が貨幣を増殖させる金融術への批判（第十章）で極まります。

家政と経済

いま、『政治学』には登場しない「経済」と「経済学」という語をあえて用いたのには理由があります。「経済」を意味する英語のeconomyの語源は、「家政」を意味するギリシャ語のoikonomiāですから、単純に考えれば同じになるはずですが、実際にはかなり異なります。家政とは家の経営であって、生活のために財貨を得ることはその一部にすぎません。アリストテレスによれば、家政の本分は、財産を増やすことではなく、「人間としての優越性、つまり、徳」を目指すことです（第十三章一二五九b一八―二一）。また、日本語の「経済」は、国家や世の中を治めて人民を救うという意味の「経国済民」あるいは「経世済民」の略だといわれますが、国家ではなく家の経営を意味する「家政」からは離れてしまっています。

とはいえ、財産、富、貨幣、金融をめぐる論点を取り出せば、アリストテレスの家政論が近現代の経済学に結び付くことは明らかです。例えば、経済学者のシュンペーターは『経済分析の歴史』（一九五四年）で、貨幣の起源が、物資との交換に用いられた金属だとする「金属貨幣説」の祖をアリストテレスだと見なし、『国家』第二巻で「交換のための符丁《ふちょう》」として貨幣を説明したプラトンと対置しました。また、『政治学』との直接的な関係は明らかではありませんが、ジンメルは『貨幣の哲学』（一九〇〇年）で「貨幣」と「信用」の異同を問題にしており、「貨幣」を意味するギリシャ語の「ノミスマ」がもともと「信じられるもの」を意味したこととの関連を想起させます。「ノミスマ」は「ノミゾー（信じる）」からの派生語ですが、アリストテレスは「ノミスマ」と「ノモス」にも語源的な関連があると考えたらしく、『ニコマコス倫理学』第五巻第五章では、貨幣がノモスに基づくゆえに変更可能であり、無意味にもできると述べています。ほぼ同じ論点は『政治学』第一巻第九章でも挙げられていますから、フュシスに基づく財貨や家政とノモスに基づく貨幣との関係に関心を寄せていたのかもしれません。

さらに、『政治学』第一巻第九章で説明される「靴の二つの使い方」は、マルクスが『資本論』第一巻（一八六七年）の第一章で説明した「使用価値」と「交換価値」の原型と見なしてよいでしょう。同じく靴を例に挙げる論述は『ニコマコス倫理学』第五巻第五章にもあり、靴と食糧の等価交換と、貨幣による価値の通約性が論じられています。これも『資本論』の価値論に大きな影響を与えました。また、労働を商品の一種ととらえるマルクスの発想は、『政治学』第一巻第十一章で交換術の第三の部分に挙げられた「賃金労働」に負うのかもしれません。

（二）著者不明の『家政論』との関係

いま述べた通り、『政治学』の中には経済学的な内容があります。それとは別に、『家政論（Oikonomika）』の名で伝えられる著作が、十九世紀ドイツの原語版アリストテレス全集であるベッカー版に含まれており、これが『経済学』の書名で和訳される場合もありました。より正確にいえば、全三巻の著作のうち、第三巻はギリシャ語の原本が失われ、ラテン語訳のみ現存するため、第一、二巻だけがベッカー版に収められています。しかし、二十世紀ドイツの西洋古典学者パウル・ゴールケを除けば、『家政論』をアリストテレス自身の著作だと認める研究者はいません。ただ、内容の一部が『政治学』の家政論と関わりますので、紹介しておくことにします。

全三巻の内容

まず、『家政論』第一巻は、自然に基づいた財産の獲得を説く点などでは『政治学』の家政論に従いつつ、家政術を政治学の一部と見なさないかのような叙述も見られ、『政治学』と相容れない主張も含んでいます。また、農業は正義にかなない、勇気の育成にも役立つといった礼賛や、子どもに対する父親と母親の役割は異なるとする論点には、ソクラテスの弟子だった著作家クセノフォンの『家政論』(紀元前三七〇年頃)からの影響が見られます。こうした内容からすると、アリストテレス学派に属する人物が自説をまじえて書いた可能性が高く、アリストテレスの友人だったテオフラストスの著作であるとの推測もありますが、真相は不明です。

第二巻は、財産を増やすのに成功した人々の多数の事例を集成しています。これは、『政治学』第一巻第十一章で、「幸運にも財貨を獲得した人々が、その方法を各地で語っているので、散在する言説を集めてみるべきである」（一二五九a三―五）といわれていることに応答した叙述のようにも見えます。

第三巻は、善い夫婦関係の規範が主題になっており、『政治学』第一巻第十三章で述べられる夫の徳と妻の徳に多少は関連するものの、むしろ、妻の役割を論じるクセノフォンの『家政論』に近い内容になっています。しかし、夫婦の互恵を強調する点はいずれの著作とも異なることから、紀元後の時代の著作だと考える研究者もいます。このように、それぞれの巻の内容が著しく異なるため、おそらくは著者も異なると考えられますが、執筆した人物を特定できるだけの材料はありません。

（三）第二巻の議論内容――先人はどう考えたか

第一巻の末尾で「最善の国制に関する意見を表明した人々について、まずは考察することにしよう」と述べられた通り、第二巻は先人の国制論と、実際に国制を確立して国家を運営した人々の事例が取り上げられます。このように先人の見解や経験を参照して検討することは、アリストテレスの探究方法の一部をなし、『政治学』に限って見られるわけではありません。

他者との対話

先人や同時代の人々の見解を吟味する方法が顕著に見られるのは、『魂について』第一巻第二—五章と『ニコマコス倫理学』第一巻第四—六章です。それぞれ、「魂とは何か」、「人間の究極目的となる最高善とは何か」という問題について、アリストテレス以外の人々の考え方が取り上げられ、賛成できる点と反対するべき点が区別されます。ただちには賛否を明確にできない場合でも、先人たちが積み上げた議論の中に、解明するべき問題を発見できることがこの方法の利点です。

そもそも哲学は、ソクラテスが行ったように他者と対話し、問答を重ねることで真理に近づいてゆく探究です。プラトンもアリストテレスも、数学（とくに幾何学）を哲学探究の理想的なモデルにしましたが、数学と異なって哲学は、最初に定義や公理を掲げ、そこから演繹的に「AゆえにB、それゆえC……」と議論を進めてゆくことができません。むしろ、考察対象の本質的な定義は、探究の末に確立されるべきものです。例えば、最善の国家を探究するには、「国家とは何か」の本質的な定義が最初から把握されているのが理想的ですが、実際には、「最高善を目指す共同体」のような暫定的な定義を基礎において考察を進めてゆくことになります。この場合、「最高善」の具体的な内容は、議論によって明らかにされるべきものです。

もちろん、先人の見解を引用して批判を加えたところで、既に世を去った相手が反論してくれるわけではありません。その意味で真の対話は成立しませんが、考察者が自問自答の形で問答を続けることにより、真理に近づくことができます。また、失敗と考えられる歴史的経験から学ぶこともできます。『政治学』第二巻の論述では、随所にそのようすが見られるでしょう。

共同体と共有の問題

第一―五章では、最初に「共有」の問題が考察の出発点になるといわれた後、プラトンの『国家』でソクラテスが語る共有論、すなわち、全市民が妻子と財産を共有するべきだという議論への批判が展開されます。このうち「財産の共有」については『国家』の中で明示されていないものの、ソクラテスが「では、どうだろう。自分の身体を除いては自分だけの所有物がなく、他のものはみな共有されるのだから、市民たちの間での裁判や訴訟は、いわば消え去ってしまうのではないだろうか」（第五巻四六四Ｄ）と述べていることから、人々の争いのもとになる財産も共有されるとアリストテレスは解釈したのでしょう。

なぜ共有論が出発点になるのかというと、国家が共同体（共同関係）である以上、最善の国家は最善の共同関係ですから、それは全市民の最善の共有関係によって実現されるという発想が生まれるからです。ソクラテスによれば、最善の共有関係とは、市民同士が所有物を奪い合う余地のないよう、最愛の対象となる妻子も含め、あらゆるものが共有される状態です。市民同士の争いがなくなれば「国家の全体が最大限に一つになる」（第二章一二六一ａ一五―一六）ので、最善の状態になるというわけです。

このようなソクラテスの共有論に対するアリストテレスの反論は、「国家が一つになる」という目的それ自体への批判と、その目的を実現するための方法に対する批判から成ります。まず、国家は多様な人々から構成されなければ自足できないため、一様な人々から構成されるという意味で「国家が一つになる」ことに批判が向けられます（第二章）。これは、現代的にいえば、国家に関する「多元主義（pluralism）」の主張です。次いで、妻子の共有という方法に関しては、私有ではなく共有されるものに対しては顧慮の程度が低下するため、妻子がないがしろにされる結果になると批判されます（第三章）。しかも、本来、妻子を他人と共有したい人はいないわけですから、共有を強いられることで市民同士はかえって仲が悪くなり、友愛が弱まります（第四章）。アリストテレスは、妻子の共有制ではなく、市民同士の友愛こそが正しく国家を一つにすると説き、友愛の意義を強調します。

そして、第五章は「アリストテレスの所有論」と呼べる内容を持ちます。その中心的な主張は、「所有の面では財産を私有にしつつ、使用の面では共有化する方が善い」（一二六三a三八―三九）というものです。なぜ私有財産が肯定されるのかというと、それによって「各個人が自分のことだけに専念して、邁進する」（一二六三a二八―二九）ことができ、「自己愛」（一二六三b一）も持てるからです。つまり、独立した「個」や「私」の原理を確立するには、私有が欠かせないということです。そして、「私」の原理なしには人間の幸福もないと考えるアリストテレスは、ソクラテスに従って国家の守護者（支配者）に私有財産を禁じると、幸福まで奪うことになると批判します（一二六四b一五―一六）。つまり、私有財産なしには「人生を生きることがまったく不可能になる」(一二六三b二九)のです。こうした議論には、「個人の幸福追求」を保障しようする姿勢が明確に見られます。

財産を公共的に使う

他方、財産の「使用の面では共有化する方が善い」という内容は、『政治学』最大の主張の一つになっています。財産の使用を共有化するとは、公共のために財産を使うということです。富裕者が個人の財産を使って公共奉仕を行うことも該当しますが、国家的な規模でいえば、第五章一二六三b四一で最初に言及される「共同食事」(ただし、そこで述べられるラケダイモンとクレタの制度は、財産の所有の面での共有化と考えられています)がそうです。私有あるいは公有される畑の収穫物などの食糧を集め、全市民で消費する共同食事は、「所得の再分配」の原型にも見えれば、福祉や厚生といった近代的な制度の最も原初的な形態にも見えます。アリストテレスは食糧を財産の典型と考えていますので、食糧を公共的に使うことこそが「財産の使用の共有化」の模範にほかなりません。

無論、有徳な市民でなければ財産の私物化に執着し、財産の公共的使用に賛成しようとはしないでしょう。それゆえ第五章では、財産の公共的使用は「徳によって実現されるべき事柄」（一二六三a二九―三〇）であり、有徳な市民を作り出すことが「立法者に固有の仕事」（一二六三a三九―四〇）といわれるのです。ここには、既に教育の重要性が示唆されています。所有に関連する社会問題の一切は、私有を禁じることで解決されるのではなく、徳の教育によってこそ正しく解決される――これがアリストテレスの見解にほかなりません。

『国家』と対照的な『法律』の現実的姿勢

続く第六章ではプラトンの『法律』の国制論が取り上げられ、『国家』とは異なる内容が主に検討されます。例えば『法律』では、市民に財産を均等に分け与えた上で、「個人が財産の総体を五倍まで増やすことは許容」（一二六五b二一―二三）すると述べられていますが、財産に含まれるはずの土地だけは増やすことが許されないため、この不整合をアリストテレスは批判します。また、『法律』では、種類の異なる国制の混合が推奨されているにもかかわらず、混合の仕方が不十分な点や、混合の要素として選ばれた国制の不適切さなどにも批判が向けられます（一二六五b二六―一二六六

a二八）。こうした批判は、理論的というよりも実際的かつ具体的なものですが、それは、アリストテレスが『法律』の議論を、「現実の諸国家にとって共有しやすいものにするという意図で提示されている」（一二六五a三）ととらえるからです。『法律』が、財産の増殖を「五倍」までに抑えるという具体的な政策を示すのは、そうしなければ貧富の差が広がる現実があったからでしょう。非現実的な財産の共有を説く『国家』とは、およそ対照的な政策です。国制の混合論にしても、民主制、寡頭制、独裁制（僭主制）という、アリストテレスの基準からすれば正しくない国制ばかりが混合の要素に挙げられていますが、そうした国制が大多数を占める現実に『法律』は目を向けているという証拠でもあります。先に、この「解説」一（三）節で述べたように、『法律』の現実的な探究姿勢が『政治学』に影響を与えたことは明らかだと思われます。

貧富の差の現実を見た先人

第七―十二章では、先人の国制論と、実際に存在した国制が検討されます。内容は多岐にわたりますが、財産の平等と教育の平等を目指したファレアス（第七章）、戦死者の遺児を公費で養育する法律を構想したヒッポダモス（第八章）、極端な寡頭制を解体し、民衆の奴隷化を終わらせたソロン（第十二章）に共通するのは、貧富の差が広がる現実への対処だと思われます。それは、人々の平等化という高邁な理想に向かってというよりも、むしろ、「貧民になった人々が反乱者にならないよう防ぐのは難しい仕事」（第七章一二六六b一三―一四）だという現実的な認識に立ち、国家の安定化を図るためだったでしょう。この三人は概ね実践家であり、現実との格闘から独自の政策を考案したわけですから、現実的な姿勢の面でアリストテレスの探究を促したことは疑いえません。その点では、『法律』が『政治学』に与えた影響に似ています。

中でも、第九―十一章において比較されるラケダイモン人、クレタ人、カルタゴ人の国制では、共通して共同食事のあり方が論じられています。アリストテレスによれば、この制度は「公費でまかなわれるべき」（第九章一二七一a二八）ものです。実際に公費で参加者すべての食事をまかなうクレタ人の制度は、「より公共性の高い」ものであり、より優れています（第十章一二七二a一二―一七）。いま「より公共性の高い」と表現したギリシャ語の koinoterōs は、「より共有性が高い」、「より共同性が高い」と訳すこともでき、第一章の出発点であった「共有」の問題が、変わることなく意識されていることがわかります。

また、第十一章ではカルタゴ人の国制の問題点に触れ、重要な公職の地位を金銭で買うことへの批判が展開されます。公職者が余裕のある生活を送れるようにするべきだと論じつつ、金銭の力で支配的な地位に就くことを批判するアリストテレスは、はるか古代に金権政治の問題を見抜いていたかのようです。

（四）第三巻の議論内容——正義と平等の政治哲学

第一巻では暫定的に「最高善を目指す共同体」と考えられていた国家が、第三巻では「そもそも国家とは何か」（第一章一二七四b三三—三四）と、あらためて哲学的に問われます。その考察方法は、第一巻第一章一二五二a一七—二三で予示されていた通り、全体を部分ないし要素に分ける方法で、アリストテレスが自然物を研究する際の常套手段です。国家の部分は市民ですが、第三巻において「民主制のもとでは市民である人が、寡頭制のもとでは市民でなくなること、これはしばしば起こる」（第一章一二七五a三―五）といわれるように、国制が異なれば市民も異なるため、国家、国制、市民の三者は、緊密な関係を保って同時並行的に考察されなければなりません。

第三巻の考察は次第に国制論に移行し、その過程で、国家における正義や平等の問題が取り上げられます。第十二章に登場する「国家の運営に関する哲学（politikē philosophia）」（一二八二b二三）という言葉は、英語の political philosophy の原型に当たりますから「政治哲学」と訳すこともでき、これは第三巻の表題にもなりうるでしょう。しかし、国家、国制、市民についての原論とはいえ、純理論的な探究ではなく、随所で各国の事例が参照されますので、先人の見解や実践を検討した第二巻の論述姿勢が引き継がれてもいます。

市民とは何か

「国家は、ある意味では多数の市民の集まり」（第一章一二七四b四一）ですが、「市民とは何か」の定義は、どのようなものになるのでしょうか。この問題を扱う第一―五章は、国家の運営についての審議や裁判の判決に当たる公職に目を向けます。誰が市民になるかは国制によって異なり、政治的な変革によっても変わるとはいえ、「任期の限られない仕方で公職に就く人々を市民と見なす」（第一章一二七五a三二―三三）ことができるとアリストテレスは考えます。この「公職に就く」は、現代的にいえば、参政権を行使することや裁判員を務めることに近いでしょう。実際には、「父親か母親の一方だけではなく、両親ともに市民であるなら、その子どもは市民である」（第二章一二七五b二二―二三）などのような実用的な市民の定義が用いられるため、親の親の親というように祖先まで遡って初めて確定されるわけですが、その場合も、祖先が公職に就いていたことを条件に市民と認めるのが、アリストテレスの考え方です（第二章一二七五b三一―三二）。

しかし、国制が変わるときに市民というものが変わるのなら、国家も変わるのかもしれません。あるいは、国制が変わっても、同じ場所に同じ人々がいれば同じ国家のままなのでしょうか。第三章の回答によれば、「民族の点では同じ人々であっても、種類の異なる国制に変わってしまえば、もはや同じ国家ではないと思われるのが必然」（一二七六b一―四）です。この文に含まれる「民族」に着目すると、政治的支配によって人々が共同体にまとまった「国家」と、同じ種類の人々の集まりにすぎない

「民族」が区別されており、この区別は『政治学』の中に繰り返し現れます。つまり、民族は変わらなくても、国制が変われば市民も国家も変わるということです。するると、市民に求められる立派さ、すなわち「市民の徳は必然的に国制と相関することになる」（第四章一二七六b三〇―三一）ので、「完全な一つの徳」（第四章一二七六b三二―三三）となる「善い人間の徳」（第四章一二七六b三二―三三）と同じにはなりません。しかし、少なくとも支配者は人間として立派でなくてはならないと考えられることから、「善い人間の徳」を備えている必要があります。さらには、市民による交替制の支配を考慮に入れると、「市民の能力として実際に賞讃の的になるのは、支配し、かつ支配される能力である」（第四章一二七七a二五―二六）ため、最善の国制を目指す限りは被支配者も徳を備えなければなりません。むしろ、被支配者の有徳性こそが優れた国家の維持につながるというのが『政治学』の主張です。

そして、市民論の最後となる第五章で論じられるのが、公職に就いていない職人などの位置づけです。先ほど挙げた市民の定義によれば、職人は市民ではないことになりますが、とはいえ、外国人でもなく、奴隷でもありません。そこでアリストテレスは、「国家の成立にとって必要不可欠な人々、その全員を「完全な意味で」市民と見なさなければならないわけではない」（一二七八a三）と主張し、職人などを「不完全な市民」と位置づけた上で（一二七八a四―六）、完全な市民に求められる徳を備えられなくてもよいと結論します。

こうした第一―五章の市民論では、市民と公職の関係が示されるだけで、「どのような条件を満たせば公職に就けるか」という問題は先送りされています。それは、国制によって条件の設定が異なるからであり、この点は第六章以降の国制論を貫く主題になります。国制によって市民になれる人々が変わるのは、国制ごとに正義の原理や価値の基準が本質的に異なることに起因しますから、支配者が一人、少数、多数という点に着目した国制の分類は本質に基づかないことが次第に明らかにされます。

国制の種類と原理

「国制というのは国家の公職に関する組織体制のこと」（第六章一二七八b八―九）ですから、第六―十三章の国制論は常に公職論でもあります。また、アリストテレスが第四巻第十五章一二九九a二五―三〇で触れているように、「公職」と訳されるギリシャ語の arkhai は、「支配」を意味する arkhē に起源を持つとも考えられるため、公職論は支配論でもあります。公職に就く条件をめぐって正義や平等の問題が幾度も検討されるのは、取りも直さず、それが支配の正当性をめぐる問題だからです。

では、国制は何種類あるのでしょうか。第三巻は、まずもってこの問いに答えようとし、第六章では、支配者自身のための国制は「逸脱した国制」、被支配者のための国制、すなわち、公共のための国制は「正しい国制」と大きく二つに分けます。さらに第七章では、国家の最高の権限を持って支配する人間の数が、一人、少数、多数の三種類に分けられ、それぞれ、正しい国制の場合は、王制、貴族制（最優秀者支配制）、共和制になり、逸脱した国制の場合は、独裁制（僭主制）、寡頭制、民主制になると説明されます。

しかし、この六種類は、ありうる国制を網羅できるよう、形式的かつ概念的に分けられたもので、現実に存在するかどうかを考慮したものではありません。また、形式的な分け方そのものにも問題があり、第八章では、少数者支配を寡頭制、多数者支配を民主制と規定してよいかという問いを掲げ、国制の本質を考察します。アリストテレスは、富裕者が多数いて支配しても「民主制」とは呼ばれないし、貧困者が少数いて支配しても「寡頭制」とは呼ばれないことを根拠に、富を持つ者の支配こそが寡頭制であり、富は持たないが自由を持つ者の支配が民主制だと結論します（一二七九b三八―一二八〇a三）。つまり、寡頭制と民主制の本質的な対立は、「富」と「自由」という、国家で尊重される原理の対立だということです。

それゆえ、寡頭制の支持者は、貧富の差がある現実に基づき、富の所有量によって人々の扱いを非対等にすること、つまり、格差を設けることが正義にかなうと考えます。他方、民主制の支持者は、人々はみな自由なのだから、対等に扱うことが正義にかなうと主張します。かくして、国制ごとに異なる正義の原理は、第九―十三章で展開される正義論の主役になります。

国制ごとの正義と平等

アリストテレス自身が考える「正義」は、一貫して「配分的正義」（『ニコマコス倫理学』第五巻第三章で説明）です。つまり、人間の価値が対等な者には対等な事物を配分すること、これが「平等」であり、正義にかなうというものです。第十六章一二八七a一四―一五で挙げられる例を借りれば、体格が対等ではない人々に、対等な大きさの衣服を配分することは平等ではないし、正義にもかなないません。このように、アリストテレスの思想を理解するには「対等」と「平等」を区別する必要があるため、この新訳では、同じisonというギリシャ語を文脈によって訳し分けました。

問題は、人間の価値の基準を何にするかということです。正義にかなうように公職を配分する場合、身体の大きさを基準にするのは論外です。寡頭制の支持者は「富」、民主制の支持者は「自由」を基準にするわけですが、第九章では、国家共同体は「善く生きる」ことを目指す以上、「真の意味で国家と呼ばれるにふさわしいものになるには、徳への配慮が必要」(一二八〇b七―八)だという理由で、「徳」こそが基準にされるべきだと主張されます。この「徳」は、どの国制でも重要になるものの、とりわけ貴族制の原理であることが第十三章一二八三b二〇―二一で示されます。

さらに、家系の点で富や徳や自由と関係する「生まれの善さ」も基準に加えられますが、どの基準が最も優れているかという議論は、さしあたり第三巻では行われません。それは、「最善の国制」を求める規範的な探究ではなく、各国制の本質的な違い、すなわち、公職に就くための基準の相違に現れる「正義」の違いや、市民の資格の違いを明確にする探究が進められているからです。つまり、原論である第三巻は、国制間の優劣を問わない中立的な議論を展開しており、その限りでは、各国制にとっての正義や平等の相対的な異なりを認めているのです。よって、もっと善い国制にするために複数の国制を混合するべきだという見解も提示されません。

論理的な問題

しかしなお、規範的に「最善の国制」を求めなくても、論理的な問題は次々と起こります。例えば、第十二章で触れられる「善の通約性」あるいは「価値の通約性」の問題がそうです。「笛吹き」の例（一二八二b三六―一二八三a三）を参考にして考えてみましょう。もしも、ある国家では、所有する富が多いか、徳を備えているか、容姿が美しいか、いずれかの条件において基準を超えれば公職に就けるとしたなら、A氏の所有する富と、B氏の備える徳と、C氏の容姿の美しさは、どのようにして価値の大小を比較できるでしょうか。アリストテレスの回答は、まず、国家の運営に関わらない容姿の美しさは除外するべきだということです（一二八三a九―一五）。次に、富と徳は、それぞれ国家の運営に役立つけれども、役立ち方が異なるということです（一二八三a一六―二二）。おそらく、富と徳の価値の大小は、国制によって異なるということでしょう。

また、国家は性質の異なる人々から構成されるため、富、自由、徳、生まれの善さのいずれを基準にしても、ただ一人が飛び抜けて優る場合もあれば、総和で考えると多数者の集団が優る場合もあります。この事実を踏まえ、単独者支配、少数者支配、多数者支配のいずれが望ましいのかをあらためて考えると、難問になります。

第十三章で挙げられる「富」の例でいうと、ある一人の富裕者が他のすべての人々に優る富を所有している場合（一二八三b一六—一七）もあれば、大衆が持つ富の総和が少数者の財産の総和を上回る場合（一二八三b三三—三五）もあります。では、富を基準にして公職を配分するとき、断然優る一人にのみ与えて単独者支配とする方が望ましいのか、それとも、大衆に与えて多数者支配とする方が望ましいのでしょうか。アリストテレスの見解は、「多数者が権限を持つべきだという主張」（第十一章一二八一a四〇）に一定の理解を示す姿勢からすれば、大衆に公職を与えるというものでしょう。実際、「財産の査定額を合算すれば……上回る」（第十一章一二八二a三九—四一）と説明しています。けれども、第十三章では、一人が断然優ったり、大衆の総和が優ったりするという揺れがあるゆえに、富、自由、徳、生まれの善さのいずれも基準として決定的にはならないという意味で正当ではないと述べています（一二八三b二八―三〇)。おそらく、この場合も、どうするかは国制によって異なるということでしょう。

一方、徳の点で断然優る一人が存在する場合は終身の王として君臨するのが自然だと、第十三章の末尾では主張されています。この議論が、第十四章以降の王制論への橋渡しになります。

三　現実的な最善の国制論へ

既に一（二）節で説明したように、『政治学』全八巻の配列については研究者の意見が分かれています。仮に第三巻と第四巻は論述が連続していると考えても、なぜ王制論だけが第三巻第十四―十七章で展開され、第四巻では王制以外の諸国制が検討されるのか、理解しにくい面があります。また、「最善の国制」の研究に関する序文になっている第三巻第十八章が、論述の連続性を妨げているようにも見えます。

そこで、あえて王制論を第三巻の他の議論から切り離して扱い、王制の位置づけを解説しつつ、第十八章の問題にも触れることにします。

（一）王制の位置づけ

第三巻第十四―十七章の王制論は、有徳者が被支配者のために支配する制度として王制をとらえるため、有徳者が一人ではなく複数いる場合には貴族制（最優秀者支配制）の方が望ましいという主張（第十五章一二八六b三―七）も含んだ内容になっています。実際、第四巻第二章では、「貴族制と王制については既に述べた」（一二八九a三〇―三二）と記した上で、「最善の国制」の研究とは、実質的にはこの二つの国制の研究だとも叙述しています。要するに、有徳者の支配する国制が「最善の国制」であり、その有徳者は一人の場合もあれば、複数の場合もある、という主張です。

それならば、現実的な姿勢で「最善の国制」について探究する第四―六巻の主題は、王制と貴族制になるはずですが、そうなってはいません。いま第四巻だけに着目すると、その第七章では確かに貴族制が主題化されているものの、王制は検討の対象外です。「あらゆる国制の中で『国制』と呼ばれるに最もふさわしくない」（第八章一二九三b二八―二九）といわれる独裁制は第十章でごく簡単に触れられるだけですが、第四巻の大半は、寡頭制、民主制、共和制に関する議論で占められます。つまり、問題外の独裁制を別とすれば、王制だけを除外する形で「最善の国制」が探究されているということです。

なぜ除外されたか

王制が除外された理由をつきとめるため、再び第三巻に立ち戻ってみましょう。その第十五章一二八六b八—二二では、王制→貴族制あるいは共和制→寡頭制→独裁制→民主制という典型的な変遷パターンを示した上で、「国家が以前に比べて大きくなってもいることから、もはや民主制以外の国制が出現することは、おそらく容易ではないだろう」と述べられています。つまり、典型的な王制は、まだ国家が小さかった時代に、特別に有徳な一人の人物が、いわば「建国の父」ないし「国家の父」のように君臨した制度であって、人口が増えるにつれ、新規に構築される国制としては現実味を失ったということです。第十四章は五種類の王制を列挙していますが、一部の例外を除けば先祖伝来の世襲制ですから、たとえ王制が「最善の国制」であっても、突如、ある時代に生み出すのは不可能だといえます。アリストテレスは時々、王国以外を一括して「国家」と呼びますが(例えば、第一巻第一章一二五二a一二)、それは、多くの市民によって運営される国家を典型と考えたとき、王国は国家のあり方として特殊だからでしょう。従来の『政治学』研究では、王国においては王だけが真の意味で公職に就くのだから、アリストテレスによる市民の定義からすると王だけが市民だという、理解し難い結論になるとの指摘がありました。しかし、王国には市民の資格を持つ人々がいないか、不完全な市民だけが存在するか、そのどちらかになると思われます。

このような王国の特殊性を考えると、第四巻以降の現実的な最善の国制論から王制の論だけを切り離すよう、第三巻に含めたことも理解できなくはありません。ただ、そのように措置したのがアリストテレス自身だったのか、後世の誰かだったのかはわからないままです。

第三巻第十八章の問題

第三巻第十七章までの王制論と、第四巻以降の最善の国制論を区切るようにして、短い第三巻第十八章が存在します。「人間を有徳にする方法や手段は、結局のところ、貴族制の国家なり、王制の国家なりを構築する方法や手段と同じになる」（一二八八a三九—四一）と、教育の意義を主張するほかは、「最善の国制」を主題に据えた考察の開始を告げるだけの章です。王制と貴族制に言及する点は第十七章までの議論を踏まえていますが、そうであれば、あえて独立した一つの章として立てる必要がなく、この短い文章を第十七章の末尾に含めてもよいように思われます。古来伝わる写本の章立てではアリストテレス自身の手によるものではないため、後世の編者が自分の判断で第十八章を独立させたのかもしれません。あるいは、後世の誰かが新たに第十八章を執筆して挿入した可能性もあります。その場合、執筆の動機が問題になりますが、教育論を含む第七―八巻のグループに第三巻を直接的に接続させたかったとも考えられます。結局は、全八巻の内容と構造をどうとらえるかで、第三巻第十八章をめぐる推測も分かれますから、真相をつきとめるのは困難です。

人治とパティキュラリズム

さて、第三巻の王制論には、現代哲学や現代倫理学の視点から見て極めて興味深い論点が含まれています。それは、第十五章で提起される「最善の法律によって支配されるよりも、最善の人間によって支配される方が国家のためになるか」(一二八六a七―九)という問題に関わる論点です。法律による支配を「法治」と呼び、人間による支配を「人治」と呼ぶならば、ただ一人の人間が支配する王制は人治の最たるものですが、それを支持する人々は、「法律は一般的な事柄を言葉で規定するだけで、個別的な状況に対する指示を与えない」（第十五章一二八六a一〇―一一）ことを理由に挙げます。つまり、最も単純な例で説明すれば、「罪を犯した者を罰する」のように、法律の条文は固有名詞を含まないで表現されますから、どれほど精密に規定しても、一つ一つの事案について具体的な指示を与えないということです。その点、有徳者ならば、この人が、この日、この場所で行った、この振る舞いは「罪」に該当するのか、該当するとすれば、この罰を与えるべきだ、というように個別に判断できるわけです。確かに、人間の判断は感情に左右される場合がありますが、有徳者は思慮深いため、その悪影響は最小限に抑えられます。それゆえアリストテレスは、「人間は感情を持っている代わりに、個別の事情について、法律よりもいっそう優れた仕方で熟慮できる」（第十五章一二八六a二〇―二二）と主張するのです。

このように、人間が適切な実践を行おうとするとき、個別の状況の判断が最も重要になるという考え方を、現代思想では「実践的個別主義（practical particularism）」、あるいは「倫理的個別主義（ethical particularism）」と呼び、近年では「パティキュラリズム」の名で呼ぶことが多くなっています。普遍的な倫理的知識（道徳的知識）と個別の状況をどう関連づけるかによって、パティキュラリズムの立場はさまざまに分かれますが、『ニコマコス倫理学』第六巻などで、個別的な事柄についての判断能力こそが「思慮」だと説明するアリストテレスの思想は、源流の一つと見なされています。実際、『ニコマコス倫理学』第六巻第五章一一四〇b七―一一では、アテナイの政治家ペリクレスを例に挙げ、家政や国家の運営に優れた人は思慮ある人だと説かれていますので、アリストテレスのパティキュラリズムが『政治学』の随所に見られるのは当然ともいえます。

では、個別の事情を熟慮する有徳者の人治が有効なのだとすると、法律は何のためにあるのでしょうか。『政治学』第三巻第十六章一二八七a一六―二二の論述を参照しましょう。それによれば、市民が交替制で順番に国家の支配を行うとき、その方法は法律で定められます。なぜなら、秩序規定こそが法律であり、そうした部分に関しては、一人の人間が支配するよりも法律に依存する方が望ましいからです。そのことは、支配者が複数の場合も同様ですから、公職に就いて支配に当たる人々は「法律の守護者」ないし「法律の手下」にならなければなりません。アリストテレスの想定では、王さえも「法律に従って権限を行使する」のであり（第三巻第十五章一二八六b三一―三三）、例外は、「法律が存在せず、いわば支配者自身が法律となる」全権型王制

(絶対王政) だけです（第三巻第十七章一二八八a二一―三)。

アリストテレスが考える人治と法治の関係は、次のようにまとめられています。「正しく制定されている限り、さまざまな法律にこそ最高の権限があるべきであり、公職に就いて支配に当たる者は、一人であろうと多数であろうと、法律が厳密に言葉で規定できない［個別の事情を含む］事柄に限って権限を持つべきだということである。それというのも、あらゆる事例に適用できるよう、普遍的に法律を規定するのは容易ではないからである」（第三巻第十一章一二八二b二―六)。とはいえ、ここでアリストテレスが想定している法律は、現代の憲法のようなものではないらしく、「国制の本質を示す事柄からは離れたもの」であり、「支配者が支配を実行したり、不法行為を取り締まったりする際に従うべき規則」（第四巻第一章一二八九a一八―二〇）と説明されています。「憲法」を意味する英語の constitution は、「組み立てられたもの」を意味するギリシャ語の syntagma に相当するものの、この語が「憲法」の意味で『政治学』に登場することはなく、同系の動詞 syntassō は、法律を含めた制度の全般を「組織する」、「組み立てる」という意味で用いられています。この動詞が名詞化した syntaksis も、「国家組織」の意味で第二巻第六章一二六五b二六に現れています。

「ためになる」は善の実現

付言すれば、前項の「人治とパティキュラリズム」の最初の引用文に、国家の「ためになる」という表現がありますが、原語は sympherei という動詞で、従来は「利益になる」、「有益である」と訳されてきました。しかし、この語が意味するのは、金銭的な利益をはじめとする手段的な意味での有益性ではありません。むしろ、金銭的な利得を指す kerdos という語とは対極の「善の実現」、「目的の達成」という含意を持ち、同系の形容詞・中性形である sympheron は、目的実現の意味で「善い」ことを表します。実際、第三巻第六章では「善い」を意味する agathon（一二七九a一二）が、次の行では sympheron に置き換えられています。それゆえ、この新訳では文脈に応じて「善い結果を生む」、「功を奏する」、「有効な」などと訳しました。この語は、とりわけ第五、六巻で重要な役割を果たします。

(二) 第四巻の議論内容——寡頭制と民主制の混合論

第四巻からは、現実的な最善の国制の探究(第六巻まで)が始まります。「訳者まえがき」に記したように、「現実的な」という意味は、第三巻第七章で示された六種類の国制を基盤にした探究だということですが、より正確にいえば、形式的かつ概念的に分けられた六種類を現実的な思考で再編し、実現可能な最善の国制を多角的に探る探究です。それは、いい換えれば、「現実に与えられた基礎条件のもとでの最善の国制」(第一章一二八八b二五―二六)の探究であり、個人が自分の置かれた条件下で最善の生き方を目指すのと同様の試みということになります。

こうした第四巻の特徴を三点にまとめれば、寡頭制と民主制に関する議論が中心であること、国制の混合が積極的に検討されること、「中庸」を規範として中間的な国制や中間層の市民の構築が推奨されることです。

寡頭制と民主制を中心に

先ほど三（二）節で解説したように、王制と独裁制は、第四巻では検討の対象外です。「正しい国制」とされる貴族制と共和制、「逸脱した国制」とされる寡頭制と民主制が論題ですが、後二者が実質的には主役です。その理由は、第十一章一二九六a二二―二七で述べられているように、「現実には大多数の国制が民主制的か、寡頭制的かのいずれかになっている」のであり、「大多数の国家では、しばしば中間の人々が少ないため、財産を持つ富裕者か貧しい民衆のどちらかが優勢になるたび、優勢に立った側の人々が中庸の国家運営を踏み外し、自分たち本位に国制を動かす結果、民主制か寡頭制が出現する」ということです。現実から出発して最善の国制を目指すには、寡頭制か民主制をいわば足場にしなければならないということです。

第三章一二九〇a一三―二九にも、類似した主張が見られます。すなわち、国制には民主制と寡頭制の二種類しかないと考え、貴族制を寡頭制の一種と見なし、共和制を民主制の一種と見なす人々の習慣をアリストテレスは批判しますが、それは、「正しい国制」と「逸脱した国制」を区別する規範意識の欠如に対する批判にすぎません。実際にはアリストテレス自身も、後述するように、民主制と寡頭制を基本にして貴族制と共和制を説明しています。民主制と寡頭制それぞれの種類を挙げるために、第四―六章を費やしていることにも、両国制を重視する姿勢が表れています。

このように民主制と寡頭制、貧困者と富裕者を対極に置く見方は、「自由」と「富」を両極の二大原理としており、現代の「二大政党制」のあり方と似た面を持ちます。英国の労働党と保守党、米国の民主党と共和党を想起すれば、それは明らかではないでしょうか。とりわけ、貧困者救済策と富裕者優遇策のどちらを優先するか、という政策論争が行われるときに、この両極性が明瞭になります。ひいては、東西冷戦時代の社会主義と資本主義の対立も同じような構図だったといえるでしょう。アリストテレスが生きた古代は、政党政治の時代ではありませんでしたが、『政治学』がとらえる国制の二大原理は、現代でも変わらないほど普遍性を持つように思われます。

そして、極端な形態に進んだ究極の民主制は、一種の独裁制のようなものになるという指摘（第四章一二九二a一五―一八）も、現代への警鐘ではないでしょうか。

国制の混合

貴族制と共和制に主題を絞る第七―九章では、国制の混合という、第三巻には見られなかった考え方がはっきりと打ち出されます。まず、一般の人々の習慣では、寡頭制と民主制の混合の中でも、民主制に傾いている場合を「共和制」と呼び、寡頭制に傾いている場合を「最優秀者支配制」と混同して「貴族制」と呼びます（第八章一二九三b三四―三八）。それに対しアリストテレスは、「単純にいえば、共和制は寡頭制と民主制の混合」（第八章一二九三b三三―三四）だと認めつつも、「富と自由の二つの要素に対応して富裕者と貧困者を混合している場合は『共和制』と呼ばれるべきであるのに対し、徳を含め三要素のすべてを混合している国制の場合には、最初に挙げられた真の貴族制は別としても、とりわけ他の種類の貴族制に該当すると認められるべきだ」（第八章一二九四a二二―二五）と主張します。

つまり、アリストテレスの結論は、貧困者が自由を尊重する民主制を一方の極に置き、富裕者が富を尊重する寡頭制を他方の極に置き、その両極の要素を混合することで共和制が成立し、さらに徳の尊重も加わる場合は貴族制が成立するというものです。これは、少数者支配の正しい国制が貴族制で、多数者支配の正しい国制が共和制だとする第三巻第七章の形式的分類とは異質な、現実を踏まえた国制のとらえ方です。実質的に、国制の種類分けは再編されたと見なしてよいでしょう。ただ、混合することで善い国制になるとの趣旨からすれば、「正しい国制」に属する貴族制と共和制が混合によって成立するという議論は、ある程度、第三巻第七章と整合します。国家は自然発生すると考えるアリストテレスにとって、さまざまな国制は、動物や植物の種類と同じく「自然種」に見えているようです。当然、混合によって「雑種」も生じうるわけです。混合のない純粋な国制は理念的にしか存在せず、むしろ「雑種」の国制こそ自然な存在だという見方が論述に貫かれています。

では、なぜ混合すると善い国制になるのでしょうか。第二巻第六章では、「より多くの国制から合成されれば、より優れた国制になる」（一二六六a四―五）という考え方が紹介されており、これは、プラトンが『法律』で混合を推奨したことに関連するものでした。『政治学』第四巻に話を戻すと、第九章では、民主制と寡頭制がうまく混合された場合、「同じ国制を指して『民主制』とも『寡頭制』とも呼べる」（一二九四b一五―一六）状態になると説明されています。その例に挙げられたラケダイモン人の国制（第九章一二九四b一八―三四）については、貧困者の子どもと同じ教育を受けられ、さらには成人の教育も同様である点が民主制的であり、富裕者の子どもと同じ教育を受けられ、さらには成人の教育も同様である点が民主制的であるといわれています。一方、公職者が籤引きではなく選出制で決められる点は寡頭制的だとされています。選出制にすると有徳者あるいは富裕者が選ばれる割合が高まることから、国家の中の少数者による支配になるという意味で寡頭制的とされているわけです。

つまり、民主制と寡頭制を混合すると、貧困者、富裕者、有徳者それぞれが国家から恩恵を受けられる状態になり、それぞれの人々が、自分に適した国制だと受け止められるということです。こうして、多様な立場の人々、多様な価値観を持つ人々が同じ国家の中で暮らしやすくなるゆえに、より善い国制になるわけです。アリストテレスが「中間的な国制」(第九章一二九四b一七—一八)と呼ぶものの一つがこれです。

中庸であることが最善

このように制度的な意味での「中間的な国制」とは別に、国家の部分として貧困者と富裕者の「中間の人々」、すなわち、富の所有における中間層を作り出すことによって構築される制度も「中間的な国制」と呼ばれています。第十一章では、「中間の人々によって共同体の運営が担われるときに最善となる」(一二九五b三五)と述べられ、第十二章一二九七a四—六の叙述では、富裕者と貧困者の双方から信頼される

「国家の中の仲裁者」として、中間の人々が位置づけられています。現代でも、市民の中間層を厚くすることが国家や社会の安定化につながるといわれることがありますが、アリストテレスの主張に近いのではないでしょうか。先ほど少し触れた現代の政党政治でいえば、両極の二大政党とは別に、中道政党が存在意義を持つことにも関係しそうです。

なお、「中間的な」と訳したmesonは、『ニコマコス倫理学』第二巻などで「徳」の説明に用いられる「中庸」と同じ語です。例えば、勇気という徳は、臆病と無謀を両極に置いたときの中間にあるため、「中庸」であると説明されます（『ニコマコス倫理学』第二巻第二章一一〇四a一八―二七）。『政治学』の国制論では寡頭制と民主制を両極に置き、その中庸として「中間的な国制」を説明すると同時に、富裕者と貧困者を両極に置き、その中庸として「中間の人々」を説明していますから、アリストテレスは同じ論法を使っていることになります。「中庸であることが最善」（第四巻第十一章一二九五b四）という思想は、『政治学』でも重要な役割を果たしているといえます。

また、第十三章で用いられるsophismata（一二九七a三五など）というギリシャ語は、「知恵をめぐらしたもの」、「賢い策」を意味しますが、民主制において不満を持ちがちな富裕者への対策、寡頭制において不満を持ちがちな貧困者への対策を指していることから「懐柔策」と訳しました。第五巻第八章で「懐柔策が欺瞞であることは事実によって証明される」（一三〇七b四〇―一三〇八a二）といわれるように、「悪知恵」、「悪賢い策」のような意味合いを含んでいるものの、懐柔策を施すことによって「中間的な国制」に見せかけている現実があるとアリストテレスは考えたようです。

第十四―十六章では、国制の中で審議、公職、裁判を担う部分のあり方が整理されています。これらの部分は、ほぼ立法、行政、司法に相当し、別々の任務を持つと見なされています。しかし、相互の独立性が主題化されてはいないため、いわゆる三権分立を主張するための議論にはなっていません。むしろ、三つの部分のそれぞれについて国制ごとの違いが説明されており、第四巻の総まとめになっています。

kobunsha classics
光文社古典新訳文庫

政治学《せいじがく》（上）

著者　アリストテレス
訳者　三浦《みうら》 洋《ひろし》

2023年7月20日　初版第1刷発行

発行者　三宅貴久
印刷　萩原印刷
製本　ナショナル製本

発行所　株式会社光文社
〒112-8011東京都文京区音羽1-16-6
電話　03（5395）8162（編集部）
03（5395）8116（書籍販売部）
03（5395）8125（業務部）
www.kobunsha.com

落丁本・乱丁本は業務部へご連絡くだされば、お取り替えいたします。
ISBN978-4-334-75482-2 Printed in Japan

いま、息をしている言葉で、もういちど古典を

長い年月をかけて世界中で読み継がれてきたのが古典です。奥の深い味わいある作品ばかりがそろっており、この「古典の森」に分け入ることは人生のもっとも大きな喜びであることに異論のある人はいないはずです。しかしながら、こんなに豊饒で魅力に満ちた古典を、なぜわたしたちはこれほどまで疎んじてきたのでしょうか。

ひとつには古臭い教養主義からの逃走だったのかもしれません。真面目に文学や思想を論じることは、ある種の権威化であるという思いから、その呪縛から逃れるために、教養そのものを否定しすぎてしまったのではないでしょうか。

いま、時代は大きな転換期を迎えています。まれに見るスピードで歴史が動いていくのを多くの人々が実感していると思います。

こんな時わたしたちを支え、導いてくれるものが古典なのです。「いま、息をしている言葉で」――光文社の古典新訳文庫は、さまよえる現代人の心の奥底まで届くような言葉で、古典を現代に蘇らせることを意図して創刊されました。気取らず、自由に、心の赴くままに、気軽に手に取って楽しめる古典作品を、新訳という光のもとに読者に届けていくこと。それがこの文庫の使命だとわたしたちは考えています。

光文社古典新訳文庫　好評既刊

プロタゴラス　――あるソフィストとの対話
プラトン
中澤　務　訳

若きソクラテスが、百戦錬磨の老獪なソフィスト、プロタゴラスに挑む。通常イメージされる老人のソクラテスはいない。躍動感あふれる新訳で甦る、ギリシャ哲学の真髄。

饗宴
プラトン
中澤　務　訳

悲劇詩人アガトンの優勝を祝う飲み会に集まったソクラテスほか6人の才人たちが、即席でエロスを賛美する演説を披瀝しあう。プラトン哲学の神髄であるイデア論の思想が論じられる対話篇。

テアイテトス
プラトン
渡辺　邦夫　訳

知識とは何かを主題に、知識と知覚について、記憶や判断、推論、真の考えなどについて対話を重ね、若き数学者テアイテトスを「知識の哲学」へと導くプラトン絶頂期の最高傑作。

ゴルギアス
プラトン
中澤　務　訳

人びとを説得し、自分の思いどおりに従わせることができるとされる弁論術にたいし、ソクラテスは、ゴルギアスら3人を相手に厳しい言葉で問い詰める。プラトン、怒りの対話篇。

ソクラテスの思い出
クセノフォン
相澤　康隆　訳

徳、友人、教育、リーダーシップなどについて対話するソクラテスの日々の姿を、自らの見聞に忠実に記した追想録。同世代のプラトンによる対話篇とはひと味違う「師の導き」。

光文社古典新訳文庫　好評既刊

人生の短さについて　他2篇
セネカ
中澤 務 訳

古代ローマの哲学者セネカの代表作。人生は浪費すれば短いが、過ごし方しだいで長くなると説く表題作ほか2篇を収録。２０００年読み継がれてきた、よく生きるための処方箋。

神学・政治論（上・下）
スピノザ
吉田 量彦 訳

宗教と国家、個人の自由について根源的に考察したスピノザの思想こそ、今読むべき価値がある。破門と焚書で封じられた哲学者スピノザの〝過激な〟政治哲学、70年ぶりの待望の新訳！

リヴァイアサン1、2
ホッブズ
角田 安正 訳

「万人の万人に対する闘争状態」とはいったい何なのか。この逆説をどう解消すれば平和が実現するのか。近代国家論の原点であり、西洋政治思想における最重要古典の代表的存在。

市民政府論
ロック
角田 安正 訳

「私たちの生命・自由・財産はいま、守られているだろうか？」近代市民社会の成立の礎となった本書は、自由、民主主義を根源的に考えるうえで今こそ必読の書である。

君主論
マキャヴェッリ
森川 辰文 訳

傭兵ではなく自前の軍隊をもつ。人民を味方につける……。フィレンツェ共和国の官僚だったマキャヴェッリが、君主に必要な力量を示した、近代政治学の最重要古典。

光文社古典新訳文庫　好評既刊

人間不平等起源論
ルソー
中山元 訳

人間はどのようにして自由と平等を失ったのか？　国民がほんとうの意味で自由で平等であるとはどういうことなのか？　格差社会に生きる現代人に贈るルソーの代表作。

社会契約論／ジュネーヴ草稿
ルソー
中山元 訳

「ぼくたちは、選挙のあいだだけ自由になり、そのあとは奴隷のような国民なのだろうか」。世界史を動かした歴史的著作の画期的新訳。本邦初訳の「ジュネーヴ草稿」を収録。

永遠平和のために／啓蒙とは何か 他3編
カント
中山元 訳

「啓蒙とは何か」で説くのは、その困難と重要性。「永遠平和のために」では、常備軍の廃止と国家の連合を説いている。他三編をふくめ、現実的な問題を貫く論文集。

自由論 新たな訳による決定版
ミル
斉藤悦則 訳

個人の自由、言論の自由とは何か？　本当の「自由」とは？　21世紀の今こそ読まれるべき、もっともアクチュアルな書。徹底的に分かりやすい訳文の決定版。（解説・仲正昌樹）

幸福について
ショーペンハウアー
鈴木芳子 訳

「人は幸福になるために生きている」という考えは人間生来の迷妄であり、最悪の現実世界の苦痛から少しでも逃れ、心穏やかに生きることが幸せにつながると説く幸福論。

光文社古典新訳文庫　好評既刊

経済学・哲学草稿

マルクス
長谷川 宏 訳

経済学と哲学の交叉点に身を置き、社会の現実に鋭くせまろうとした青年マルクス。のちの『資本論』に結実する新しい思想を打ち立て、思想家マルクスの誕生となった記念碑的著作。

ユダヤ人問題に寄せて／ヘーゲル法哲学批判序説

マルクス
中山 元 訳

宗教批判からヘーゲルの法哲学批判へと向かい、真の人間解放を考え抜いた青年マルクス。その思想的跳躍の核心を充実の解説とともに読み解く。画期的な「マルクス読解本」の誕生。

善悪の彼岸

ニーチェ
中山 元 訳

西洋の近代哲学の限界を示し、新しい哲学の営みの道を拓こうとした、ニーチェ渾身の書。アフォリズムで書かれたその思想を、肉声が音楽のように響いてくる画期的新訳で！

道徳の系譜学

ニーチェ
中山 元 訳

『善悪の彼岸』の結論を引き継ぎながら、新しい道徳と新しい価値の可能性を探る本書によって、ニーチェの思想は現代と共鳴する。ニーチェがはじめて理解できる決定訳！

ツァラトゥストラ（上・下）

ニーチェ
丘沢 静也 訳

「人類への最大の贈り物」「ドイツ語で書かれた最も深い作品」とニーチェが自負する永遠の問題作。これまでのイメージをまったく覆す、軽やかでカジュアルな衝撃の新訳。

★続刊

死霊の恋／ヴィシュヌの化身 ゴーティエ恋愛奇譚集
テオフィル・ゴーティエ／永田千奈・訳

司祭としての人生が始まる瞬間に絶世の美女の悪魔に見初められた男を描く「死霊の恋」、人妻に片思いする青年とその女性の夫の魂が魔術によって入れ替わってしまう「ヴィシュヌの化身」など、欲望と幻想が美しく混淆する官能の奇譚集。

判断力批判（上・下） カント／中山元・訳

『純粋理性批判』『実践理性批判』につぐ第三の批判書と呼ばれるカントの主著。知性（世界の認識）の能力と理性（意思の自由）の能力の橋渡しとしての「判断力」について、美と崇高さの分析から自然の合目的性という概念へと考察を進める。

ドラキュラ ブラム・ストーカー／唐戸信嘉・訳

トランシルヴァニア山中の城に潜んでいたドラキュラ伯爵は、獲物を求めて英国ロンドンへ向かう。嵐の中の帆船を意のままに操り、コウモリに姿を変えて忍び寄る魔の手から、ロンドン市民は逃れることができるのか。吸血鬼文学の不朽の名作。